Mitbestimmungsvielfalt in Deutschland und Europa

Schriftenreihe zum deutschen und europäischen Gesellschafts- und Wirtschaftsrecht

Herausgegeben von Christoph Teichmann und Florian Bien

Begründet von Günter Christian Schwarz †

Band 11

PETER LANG

Christoph Teichmann / Martin Kraushaar (Hrsg.)

Mitbestimmungsvielfalt in Deutschland und Europa

PETER LANG

Bibliografische Information der Deutschen Nationalbibliothek
Die Deutsche Nationalbibliothek verzeichnet diese Publikation in der Deutschen Nationalbibliografie; detaillierte bibliografische Daten sind im Internet über http://dnb.d-nb.de abrufbar.

ISSN 1614-239X
ISBN 978-3-631-68114-5 (Print)
E-ISBN 978-3-653-07255-6 (E-PDF)
E-ISBN 978-3-631-70672-5 (EPUB)
DOI 10.3726/b17886

Peter Lang – Berlin · Bern · Bruxelles · New York · Oxford · Warszawa · Wien

Diese Publikation wurde begutachtet.

www.peterlang.com

Vorwort der Herausgeber

Die unternehmerische Mitbestimmung der Arbeitnehmer ist in Deutschland fester Bestandteil des ordnungspolitischen Rahmens. Nach dem Drittelbeteiligungs- und dem Mitbestimmungsgesetz haben die Arbeitnehmer das Recht, ein Drittel bzw. die Hälfte der Aufsichtsratsmitglieder zu bestellen. Diese rechtliche Gewährleistung ist zwingender Natur und nicht verhandelbar. Zumindest dachte man das, bis der europäische Gesetzgeber der deutschen Rechtspolitik im Jahre 2001 mit der Societas Europaea (SE) ein Kuckucksei ins Nest legte: Bei der Gründung einer SE kann über die Beteiligungsrechte der Arbeitnehmer verhandelt werden.

Der innovative SE-Ansatz brachte frischen Wind in die deutsche Mitbestimmungsdebatte und schon bald setzte eine rechtswissenschaftliche Arbeitsgruppe die Segel mit einem Gesetzesvorschlag zur Änderung des Mitbestimmungsgesetzes (Arbeitskreis „Unternehmerische Mitbestimmung", ZIP 2009, 885–889). Der Kern des Vorschlags bestand darin, in Gesellschaften deutschen Rechts Mitbestimmungsverhandlungen zu ermöglichen, wie sie für die SE-Gründung mittlerweile seit vielen Jahren praktiziert werden.

Die Herausgeber dieses Sammelbandes nahmen die damalige Initiative zum Anlass für eine Tagung über „Verhandelte Mitbestimmung in Deutschland und Europa", die im Juli 2009 mit Unterstützung des VAA Führungskräfte Chemie an der Universität Würzburg stattfand. Bei vielen der damals behandelten Themen rechnete man mit unmittelbar anstehenden Veränderungen: Aufnahme von Mitbestimmungsverhandlungen in das deutsche Recht, Einführung einer zweiten supranationalen Rechtsform („Europa-GmbH"), Veränderung der Mitbestimmungslandschaft in Europa.

Einige Jahre später zeigte sich indessen, dass auf all diesen Feldern eine Flaute eingetreten war. Der Vorschlag des Arbeitskreises „Unternehmerische Mitbestimmung" fiel ihr ebenso zum Opfer wie der Vorschlag für eine zweite supranationale Rechtsform. Es vergingen weitere Jahre – dann trat der französische Gesetzgeber auf den Plan. Er schuf ein aus deutscher Sicht zwar moderates, aber für die internationale Debatte doch bemerkenswertes Mitbestimmungsmodell *à la française*. Gleichzeitig bemüht sich eine deutsch-französische Arbeitsgruppe um einen Neuanlauf zur Einführung einer supranationalen Rechtsform (vgl. *Teichmann*, GmbHR 2018, 713–722). Auch das Verhandlungsmodell der SE bekommt neuen Schwung: Mittlerweile erreichte die erste Entscheidungsvorlage eines deutschen Gerichtes den Europäischen Gerichtshof (BAG, Beschluss vom 18. August 2020, Az. 1 ABR 43/18 (A)).

Diese Leuchtfeuer aus der jüngeren Zeit belegen die anhaltende Aktualität der Themen, über die vor mehr als einem Jahrzehnt intensiv gestritten wurde: Die Vielfalt der Mitbestimmungsmodelle in Deutschland und Europa steht wieder auf der Tagesordnung. Die Herausgeber haben sich daher entschlossen, gemeinsam mit den Referenten der damaligen Tagung einen runderneuerten Sammelband zu den seinerzeit diskutierten Fragen zu erstellen. Den Autoren sei herzlicher Dank für ihre Bereitschaft zur mittlerweile mehrfachen Aktualisierung ihrer Manuskripte, ebenso wie den Mitarbeitern des Lehrstuhls für Bürgerliches Recht, Deutsches und Europäisches Handels- und Gesellschaftsrecht, die dieses Projekt tatkräftig unterstützt haben.

Wiesbaden/Würzburg im September 2021

Dr. Martin Kraushaar　　　　Prof. Dr. Christoph Teichmann

Inhalt

Vorwort der Herausgeber 5

Peter Hommelhoff
Mitbestimmungsvereinbarungen im Rechtsgespräch 9

Thomas Müller-Bonanni
Mitbestimmungsverhandlungen aus der Sicht der Praxis 23

Achim Seifert
Mitbestimmung im monistischen Leitungssystem – Frankreich und Luxemburg als Beispiele – 39

Rüdiger Krause
Die Beteiligung der Arbeitnehmer in der geplanten Europäischen Privatgesellschaft (SPE) 85

Christoph Teichmann
Unionsrechtskonforme Mitbestimmungserstreckung auf EU-Auslandsgesellschaften 107

Martin Kraushaar
Vom Anfang und Ende der Mitbestimmungsverhandlung aus Sicht der Leitenden Angestellten 145

Kai Kühne und Dieter Sadowski
Empirische Mitbestimmungsforschung und Öffentlichkeit: Zur Differenz von sozialwissenschaftlichem und massenmedialem Diskurs über Arbeitsrecht 163

Prof. Dr. *Peter Hommelhoff*, Universität Heidelberg

Mitbestimmungsvereinbarungen im Rechtsgespräch

Abstract: *The author discusses how German co-determination should be liberalised by endorsing co-determination agreements. These agreements would allow for a more flexible coordination of business interests and should therefore be the object of both further academic discussion as well as legislative measures.*

A. Zur Legitimation von Mitbestimmungsvereinbarungen 10
  I. Der Einbezug ausländischer Arbeitnehmer 10
  II. Selbstgestaltetes Mitbestimmungsrecht 11
  III. Anregungen an den europäischen Gesetzgeber 12
B. Rechtspolitische Perspektiven 12
C. Einzelfragen 14
  I. Kodifikatorisches Leitprinzip 14
  II. Gestaltbare Rechtsformen 15
  III. Verhandlungsführung auf Arbeitnehmerseite 16
  IV. Zum Initiativrecht 17
  V. Abänderungen des Vereinbarten 17
  VI. Zum Vereinbarungsinhalt 18
  VII. Entscheidungszuständigkeit der Anteilseigner 18
  VIII. Organisationsautonomie des Aufsichtsrats 19
  IX. Konzernvereinbarungen 19
D. Einbeziehung bestimmter Unternehmensträger im Ausland 20
E. Fazit 21

Als die Würzburger Fachtagung im Juli 2009 zum Thema „Verhandelte Mitbestimmung“ zusammentrat,[1] war dies die erste Reaktion auf den Vorschlag des Arbeitskreises „Unternehmerische Mitbestimmung“,[2] das deutsche Mitbestimmungsrecht für Mitbestimmungsvereinbarungen zu öffnen. In der Zwischenzeit hat es weitere Reaktionen gegeben,[3] vor allem in der Konferenz

1 S. die Vorabveröffentlichungen in ZIP 2009, 1785 ff.

2 ZIP 2009, 885.

3 DGB, Thesen zum Entwurf des AK „Unternehmerische Mitbestimmung“, www.dgb.de; *Hommelhoff*, ZGR 2010, 48; *Raiser*, FS Hopt, 2010, S. 1167, zuletzt *Wißmann*,

„Auslaufmodell AG? Reform der unternehmerischen Mitbestimmung“,[4] die in der Universität Frankfurt/Main im Oktober 2009 veranstaltet wurde. Parallel hierzu hat der Arbeitskreis „Aktien- und Kapitalmarktrecht“ (AAK) im November 2010 Vorschläge zu den Mitbestimmungsvereinbarungen in der deutschen SE, der Europäischen Aktiengesellschaft unterbreitet.[5] Und schließlich hat auch die rechtspolitische Diskussion um die Europäische Privatgesellschaft (SPE) einiges zu den Mitbestimmungsvereinbarungen beigesteuert[6]– vor allem die Stellungnahme des deutschen Bundestages zur SUP-Richtlinie rechtspolitisch breit getragenen Aufforderung, einen neuen SPE-Vorschlag vorzulegen.[7] Vor diesem Hintergrund scheint es reizvoll, das seit 2009 laufende Rechtsgespräch zu den Mitbestimmungsvereinbarungen nun auch in der Dokumentation der Würzburger Fachtagung fortzusetzen – zumal die Ziele, die der AK „Unternehmerische Mitbestimmung“ mit seinem Gesetzesvorschlag zur verhandelten Mitbestimmung ursprünglich verfolgt hatte, in der Zwischenzeit erheblich ausgeweitet und nach vorn verlagert worden sind.

A. Zur Legitimation von Mitbestimmungsvereinbarungen

Es geht nämlich nicht mehr allein darum, die (paritätisch mitbestimmte) AG deutschen Rechts im Wettbewerb der Rechtsformen gegenüber der SE zu stärken. Darüber hinaus stellt sich (schon seit geraumer Zeit und jetzt erst recht) die Aufgabe, die Unternehmen und Konzerne in Deutschland mitbestimmungsrechtlich gegenüber dem europäischen Binnenmarkt und global zu öffnen.

I. Der Einbezug ausländischer Arbeitnehmer

In europa- und weltweit aufgestellten Konzernen mit deutscher Mutter (wie BASF, Siemens oder VW) erodiert die Legitimation gleichberechtigter Entscheidungsteilhabe aller Arbeitnehmer, wenn diese allein von den Repräsentanten der Arbeitnehmer in Deutschland wahrgenommen wird.[8] Dem Einbezug auch der ausländischen Arbeitnehmer wird man nicht ernsthaft

---

in: Wißmann/Kleinsorge/Schubert, Mitbestimmungsrecht, 5. Auflage 2017. Vorbem. MitbestG, Rn. 82 m.w.N.

4 Referate und einführende Statements sind abgedruckt in ZIP 2009 Beilage zu Heft 48.

5 ZIP 2010, 2221.

6 *Hommelhoff*, ZEuP 2011, 7, 12.

7 BT-Drucks. 18/4843; dazu *Hommelhoff*, ZIP 2016, Beilage zu Heft 22, S. 31 ff.

8 So *Habersack*, Beilage (Fn. 4), S. 3 f.; *Hommelhoff*, ZGR 2010, 48, 60 ff.; *Teichmann*, Beilage (Fn. 4), S. 17; *Wißmann*, aaO, S. 37 f.

entgegenhalten können, ausländische Belegschaften seien nicht legitimiert, das Mitbestimmungsrecht deutscher Kapitalgesellschaften abzuändern.[9] Denn in mitbestimmten Unternehmen und Konzernen wurzelt die gleichberechtigte Teilhabe der Arbeitnehmer an bestimmten Entscheidungen bekanntlich in der Tatsache, dass die Arbeitnehmer von diesen Entscheidungen betroffen sind oder zumindest sein können – und zwar unabhängig davon, ob ihr Arbeitsplatz im In- oder Ausland liegt. Folglich müssen auch die ausländischen Arbeitnehmer an den Verhandlungen beteiligt werden, wenn Gegenstände anstehen, die sie betreffen oder betreffen können. Man denke nur an die Restrukturierung eines unionsweit aufgestellten Unternehmens oder Konzerns mit Arbeitsplatzabbau in mehreren EU-Mitgliedsstaaten. Mit der angeblich „fehlenden Legitimation ausländischer Arbeitnehmer" sollte die rechtspolitische Diskussion in Deutschland nicht weiter belastet werden.[10] – Schon diese *Gelegenheit* zur Entscheidungsteilhabe[11] für ausländische Arbeitnehmer erfordert eine durchgreifende Reform des deutschen Mitbestimmungsrechts – und zwar des zur paritätischen Mitbestimmung (nach dem MitbestG 1976) ebenso wie des der Drittelbeteiligung. Dabei sollte der deutsche Gesetzgeber das schon unionsrechtsdogmatisch zweifelhafte Tui-Urteil des EuGH rechtspolitisch bereinigen.

II. Selbstgestaltetes Mitbestimmungsrecht

Aber damit nicht genug: Die Konstruktionsprinzipien und -elemente des deutschen Mitbestimmungsrechts, seit mehr als einem halben Jahrhundert starr und zwingend festgeschrieben und rechtspolitisch unverrückbar, werden den spezifischen Anforderungen nicht länger gerecht, die der globale Wettbewerb in all' seiner Dynamik auch an die Organisation der Unternehmen und Konzerne stellt. Individualität und Flexibilität sind gefordert.[12] Gerade weil dabei die gleichberechtigte Entscheidungsteilhabe aller Arbeitnehmer nicht unter die Räder geraten darf, sollte ein zu mitbestimmungsrechtlicher Gestaltung allenfalls marginal bereiter Gesetzgeber sich dazu durchringen, den Beteiligten in den Unternehmen und Konzernen (selbstverständlich einschließlich ihrer

9 *Hexel*, Beilage (Fn. 4), S. 37; s. in diesem Zusammenhang auch *Hanau*, Beilage (Fn. 4), S. 7 (I 4).

10 S. auch den Diskussionsbeitrag von *Bachmann*, Beilage (Fn. 4), S. 18 sowie *Raiser*, FS Hopt, S. 1182: ein ernstes Problem.

11 *Habersack*, Beilage (Fn. 4), S. 4; *Jacobs*, aaO, S. 22; a.A.EuGH vom 18.7.2017 C- 566/ 15, NZG 2017, 949 Tz. 36 ff. – Erzberger/Tui mit Anm. u.a. von *Schanze*, AG 2017, 573, 575 f.; *Habersack*, NZG, 2017, 1021, 1022 ff.; *Seifert*, ZGR 2019, 702 ff.

12 So auch, wenn auch nur in engen Grenzen: *Kiem*, ZHR 2007, 713, 716 f.

Arbeitnehmer) die Freiheit zu eröffnen, von den bislang zwingenden Regeln des geltenden Mitbestimmungsrechts in ausgehandelten Mitbestimmungsvereinbarungen abzuweichen; ja: sie sogar (innerhalb gewisser gesetzlich fixierter Grenzen) vollständig zu ersetzen. Oder anders formuliert: Die Modernisierung des überkommenen Mitbestimmungsrechts sollte der deutsche Gesetzgeber den Beteiligten in der Unternehmenspraxis überantworten.[13] Damit würde er zugleich seinem jüngeren Anliegen gerecht, das deutsche Unternehmensrecht im Wettbewerb mit dem anderer EU-Mitgliedstaaten, aber auch mit dem der Union an rechtspolitisch markanter Stelle zu ertüchtigen.[14]

III. Anregungen an den europäischen Gesetzgeber

Auf der Ebene der Europäischen Union fungiert die Mitbestimmungsvereinbarung zwischen den am Unternehmen oder Konzern Beteiligten als Instrument, um die ganz unterschiedlichen Mitbestimmungskulturen in den EU-Mitgliedstaaten zum Ausgleich zu bringen.[15] Trotz mancher Erfahrungen, die zu Mitbestimmungsverhandlungen und -vereinbarungen vor allem in Deutschland gesammelt worden sind,[16] hat sich dies Instrument im SE-Recht noch nicht vollständig konsolidiert. Hierzu könnte ein modernes Recht der Mitbestimmungsvereinbarungen in Deutschland beispiel-gebend beitragen; auch ein solches Ziel nationaler Gesetzgebung ist legitim und könnte überdies für eine Europäische Privatgesellschaft dereinst noch erheblich an Bedeutung gewinnen.

B. Rechtspolitische Perspektiven

Ziel der wissenschaftlichen Diskussion um die Reform der deutschen Unternehmensmitbestimmung sollte es sein, den Gesetzgeber zu veranlassen, eine solche Reform als rechtspolitisches Projekt aufzugreifen. Das wird stetes und intensives Bemühen erfordern; denn die deutschen Gewerkschaften, ohne deren grundsätzliche Akzeptanz und deren konstruktives Mitwirken Reformen

---

13 So schon *Hommelhoff*, ZGR 2010, 48.

14 Nicht dagegen kann es Aufgabe einer Modernisierung des Mitbestimmungsrechts sein, unter Verzicht auf seine Geltung Unternehmen nach Deutschland zu locken; so aber wohl *Wolf*, Beilage (Fn. 4), S. 39 (sub 2 f).

15 *Wißmann*, Beilage (Fn. 4), S. 38 spricht erhellend von der „Brückenfunktion" der SE-Mitbestimmungsregeln.

16 S. etwa die Erfahrungsberichte von *Hemeling*, Beilage (Fn. 4), S. 35 f. und *Hanau*, aaO, S. 7.

nicht mit Aussicht auf Erfolg auf den Weg gebracht werden können, lehnen binnenmarkt-weit angelegte Mitbestimmungsvereinbarungen für deutsche Unternehmen und Konzernmütter unter Einbezug auch der ausländischen Arbeitnehmer und Belegschaften scharf ab,[17] und auch im übrigen erheben die Gewerkschaften für mitbestimmungs-modifizierende Vereinbarungen die rechtspolitisch selbstmörderische Forderung, diese müssten in Tarifverträgen geregelt werden, also erstreikbar sein.

Überdies lassen sich die deutschen Gewerkschaften offenbar von der Vorstellung leiten, allein sie seien im Kreis der europäischen Arbeitnehmer und ihrer organisierten Repräsentation in der Lage, effektive Mitbestimmungsverhandlungen zu führen; denn ausländische Arbeitnehmer kennten das deutsche Partizipationssystem nicht und verfügten deshalb nicht über die notwendige Verhandlungsmächtigkeit.[18] Dem wird mancher schon die Verhandlungsmacht und das Verhandlungsgeschick entgegenhalten wollen, das gewerkschaftlich geprägte Mitglieder des Europäischen Parlaments bei der Beratung des Verordnungsentwurfs für die Europäische Privatgesellschaft (SPE) an den Tag gelegt haben.[19]

Aber darauf kommt es nicht an; entscheidend ist vielmehr die Aufgabe, die Gewerkschaften in Deutschland für die notwendige Reform der Mitbestimmung zu gewinnen. Das beginnt beim Appell an ihre Mitverantwortung für die auch rechtliche Wettbewerbsfähigkeit deutscher Unternehmen in Europa und weltweit, für deren Gesamtbelegschaft einschließlich ihrer Arbeitnehmer im Ausland und mündet schlussendlich in diese Erkenntnis aus: Mitbestimmungsverhandlungen müssen so angelegt werden können, dass sie auch für die Gewerkschaften und die von ihnen repräsentierten Arbeitnehmer vorteilhaft sind. Deshalb sind geflissentlich alle Einseitigkeiten zugunsten der Unternehmensseite zu vermeiden (wie etwa ein exklusives Initiativrecht der Unternehmensleitung); ja: vermieden werden muss schon der bloße Eindruck, Mitbestimmungsverhandlungen dienten vornehmlich dazu, die gesetzliche Mitbestimmung abzubauen. Völlig zutreffend daher der Hinweis, auch eine Ausweitung der Mitbestimmung oder verstärkte Mitentscheidungsmacht müsse vereinbart werden können (etwa ein Vetorecht der Arbeitnehmerrepräsentanten bei der Berufung des Arbeitsdirektors).[20] – Kurzum: die Gewerkschaften

17 S. *Hexel*, Beilage (Fn. 4), S. 37: völlig abwegiger Vorschlag.

18 *Hexel*, Beilage (Fn. 4), S. 36.

19 Dazu *Kuck*, Der Konzern 2009, 131, 135 f.

20 *Raiser*, FS Hopt, S. 1176 f.

für die Aufnahme des Gesprächs zur Reform der deutschen Unternehmensmitbestimmung zu gewinnen, wird in absehbarerZeit die schwierigste, aber zugleich die wichtigste Aufgabe im rechtspolitischen Raum sein.

C. Einzelfragen

Seit dem ursprünglichen Vorschlag des Arbeitskreises „Unternehmerische Mitbestimmung" ist das Gespräch zum Grundkonzept solcher Mitbestimmungsverhandlungen und -vereinbarungen, aber auch zu einzelnen Eckpunkten ein gutes Stück vorangekommen; hier und da zeichnen sich sogar schon konsolidierte Ergebnisse ab.

I. Kodifikatorisches Leitprinzip

Das gilt bereits für das kodifikatorische Leitprinzip, das der Gesetzgeber einem Recht der Mitbestimmungsvereinbarungen zugrunde legen sollte. Während der Ausgangsvorschlag lediglich die paritätische Mitbestimmung vor allem in der Aktiengesellschaft vorsichtig für Abänderungen öffnen wollte, brach sich in der Anschlussdiskussion der Gedanke von der grundsätzlich unbeschränkten Regelungsautonomie aller Beteiligten, der Gedanke ihrer Mitbestimmungsautonomie Bahn.[21] Um allen Arbeitnehmern im Unternehmen und Konzern über ihre Repräsentanten die gleichberechtigte Teilhabe an den unternehmerischen Entscheidungen und ihren Abläufen und somit die Chance zu sichern, die Beschlussfassungen zu beeinflussen,[22] sollte der Freiraum für Mitbestimmungsvereinbarungen möglichst groß sein; in der Tat: ihre Dynamik kann sich desto stärker entfalten, je freier die Beteiligten sind, ihre Beziehungen autonom zu gestalten.[23] Ein möglichst großer Freiraum bewahrt vor Einseitigkeiten und eröffnet die Perspektive, die Belange und Interessen der Beteiligten zum Vorteil aller ausgewogen zum Ausgleich bringen zu können.[24] Hierin wurzelt die

---

21 *Habersack*, Beilage (Fn. 4), S. 2; *Hommelhoff*, ZGR 2010, 48, 51. – Dem steht das Konzept des Arbeitskreises „Aktien- und Kapitalmarktrecht" mit seiner Forderung nach einer maßvollen Erweiterung der Verhandlungsfreiheit (ZIP 2010, 2221) nicht wirklich entgegen, da es ihm bloß um eine Fortschreibung der transformierten Regelung der SE-Beteiligung geht; im Ziel, den Beteiligten die Einbringung ihrer spezifischen Interessen zur Geltung zu bringen, stimmt dieser Arbeitskreis mit dem allgemeinen Trend überein.

22 *Hommelhoff*, ZGR 2010, 48, 52.

23 *Raiser*, FS Hopt, S. 1179.

24 *Raiser*, FS Hopt, S. 1184.

rechtspolitische Dimension von Vereinbarungen unter dem Leitprinzip der Mitbestimmungsautonomie.

Allerdings müsste der deutsche Gesetzgeber diese Mitbestimmungsautonomie ausdrücklich auf das Ziel der gleichberechtigten Entscheidungsteilhabe der Arbeitnehmer ausrichten und ihr einige rechtspolitische Eckpunkte vorgeben, um seiner juristischen Infrastrukturverantwortung[25] gerecht zu werden, aber auch um die in Deutschland überkommene Mitbestimmungskultur zu pflegen. Zu ihr gehört vor allem der Gestaltungsbeitrag der Gewerkschaften,[26] zugleich jedoch die Repräsentanz der leitenden Angestellten.[27]

II. Gestaltbare Rechtsformen

Welchen Rechtsformen der deutsche Gesetzgeber den Zugang zu Mitbestimmungsvereinbarungen eröffnen sollte und ggf. ab welcher Belegschaftsgröße, ist in der rechtspolitischen Diskussion bis auf den heutigen Tag strittig geblieben, wenn auch wenigstens über eines breitflächiger Konsens mittlerweile erzielt worden ist: Vereinbarungs-dispositiv sollte nicht bloß die paritätische Mitbestimmung gestellt werden, sondern in gleicher Weise die Drittelbeteiligung.[28]

Sehr viel reservierter, wenn nicht gar ablehnend[29] stehen manche Diskussionsteilnehmer der Überlegung gegenüber, ein Recht der Mitbestimmungsvereinbarungen gleichfalls für (echte) Personengesellschaften, Einzelkaufleute und sogar für ausländische Unternehmensträger mit Geschäftssitz und/oder Arbeitnehmern in Deutschland zu öffnen. Dahinter mag die Furcht vor verhandlungs-starken und durchsetzungs-mächtigen Gewerkschaften stehen; sie wäre begründet, wenn solche Vereinbarungen erstreikt werden könnten. Solange dies aber nicht der Fall ist, kommt es entscheidend auf die Rechtsstellung der Gesellschafter bzw. Unternehmensinhaber an. Wenn diese nicht nur der schlussendlich ausverhandelten Mitbestimmungsvereinbarung von Rechts

---

25 *Fleischer*, ZHR 168 (2004), 673, 677, 691 m.w.N.

26 Dabei mag dahinstehen, ob ihnen ein „eigenes Teilhaberecht im Interesse der Arbeitnehmer“, wie *Hexel*, Beilage (Fn. 4), S. 37 meint, schon nach geltendem Recht zusteht. – Reserviert gegenüber einer „Sitzgarantie“ für Gewerkschaftsvertreter *Jacobs*, Beilage (Fn. 4), S. 23.

27 Dazu *Kraushaar*, ZIP 2009, 1789 und in diesem Band S. 147 ff.; s. auch *Jacobs*, Beilage (Fn. 4), S. 22 f. sowie den Diskussionsbericht aaO S. 40.

28 *Habersack*, Beilage (Fn. 4), S. 5; *Hommelhoff*, ZGR 2010, 48, 53 f.; *Raiser*, FS Hopt, S. 1177; *Veil*, Beilage (Fn. 4), S. 34; s. auch *AAK*, ZIP 2010, 2221, 2228.

29 S. *AAK*, ZIP 2010, 2221, 2228: Er will die Ausweitung der Mitbestimmung auf andere als die in § 1 I MitbestG bezeichneten Unternehmen ausdrücklich ausschließen.

wegen zustimmen müssen, sondern schon zuvor auf den Vereinbarungsinhalt mitgestaltenden Einfluss nehmen können,[30] steht der Einbeziehung auch dieser Rechtsträgerformen in den Regelungsrahmen freiwilliger Mitbestimmungsvereinbarungen nichts Wesentliches entgegen: volenti non fit iniuria.[31]

Vor diesem Hintergrund versteht es sich, dass auch die Schwellenwerte des geltenden Mitbestimmungsrechts für Vereinbarungen keine Bedeutung haben dürfen. Dies und die Freigabe der vereinbarungs-fähigen Rechtsträgerformen könnten zugleich einen Beitrag leisten, um den Gewerkschaften die Befürchtung zu nehmen, Mitbestimmungsvereinbarungen seien vordringlich darauf angelegt, die Mitwirkungsrechte der Arbeitnehmer zu schwächen oder gar gänzlich zu beseitigen.

III. Verhandlungsführung auf Arbeitnehmerseite

Zu einem rechtspolitischen Zankapfel könnte die Frage heranreifen, wer auf der Arbeitnehmerseite die Verhandlungen führt. Hierfür hatte der AK „Unternehmerische Mitbestimmung" in seinem Ausgangsvorschlag ein Besonderes Verhandlungsgremium vorgesehen, europäisch zusammengesetzt nach dem Vorbild des SE-Beteiligungsrechts. Dagegen wehren sich die Gewerkschaften mit dem Argument, ausländische Arbeitnehmervertreter seien nicht erfahren und konsequent auch nicht verhandlungsmächtig genug.[32]

Aber mangelnden Erfahrungen mit dem deutschen Partizipationssystem können die deutschen Gewerkschaften als kundige Berater der Verhandlungsführer auf Arbeitnehmerseite leichter Hand abhelfen. Auch deshalb besteht kein Anlass, das europäisch zusammengesetzte Verhandlungsgremium, das ggf. einen kleineren Arbeitsausschuss bilden kann und sollte,[33] durch die deutschen Gewerkschaften als exklusiven Verhandlungspartner zu ersetzen.

Auf einem rechtspolitisch anderem Blatt steht, ob man, sofern vorhanden, dem Europäischen Betriebsrat die Mitbestimmungsverhandlungen übertragen sollte,[34] um den Zeit- und Kostenaufwand zu vermeiden, der mit der Etablierung des Besonderen Verhandlungsgremiums in Binnenmarkt-weit aufgestellten Unternehmen und Konzernen verbunden ist.

---

30 Dazu unten C.VII.

31 *Hommelhoff*, ZGR 2010, 48, 54; *Raiser*, FS Hopt, S. 1177 (wenigstens, wenn diese Rechtsträgerformen als Konzernmutter fungieren); *Veil*, Beilage (Fn. 4), S. 33.

32 *Hexel*, Beilage (Fn. 4), S. 36.

33 *Hommelhoff*, ZGR 2010, 48, 65.

34 Dazu eingehend *Teichmann*, Beilage (Fn. 4), S. 10 ff.

IV. Zum Initiativrecht

Das Recht, Mitbestimmungsverhandlungen zu initiieren, muss der Arbeitnehmerseite ebenso zustehen wie der Unternehmens- oder Konzernleitung. Darüber ist sich die Folgediskussion weithin einig.[35] Ergänzend ist hierzu vorgeschlagen worden, die Unternehmensleitung müsse eine Initiative so schnell zurückweisen können, dass keine nennenswerten Kosten entstünden.[36] Damit lasse sich einer missbräuchlichen Ausnutzung des Initiativrechts begegnen. Aber ein Zurückweisungsrecht der Leitung würde das Initiativrecht der Arbeitnehmerseite entwerten,[37] wenn nicht gar ins Leere laufen lassen.

V. Abänderungen des Vereinbarten

Im SE-Beteiligungsrecht hat es offenbar große Schwierigkeiten bereitet, die Abänderbarkeit von Mitbestimmungsvereinbarungen in ihren Voraussetzungen normativ[38] und kautelarjuristisch[39] zu erfassen. Mit vergleichbaren Schwierigkeiten rechnet mancher für ein deutsches Recht der Mitbestimmungsvereinbarungen. Aber im Verordnungsentwurf für die SPE liegt nun eine hilfreiche Blaupause bereit:[40] Er will zum einen die Geschäftsleitung zur Prüfung innert längstens drei Jahren verpflichten, ob die Voraussetzungen für den Einsatz der (europäischen) Mitbestimmung erfüllt sind; zum anderen will der Verordnungsgeber zur Ausgestaltung der Mitbestimmungsvereinbarung den Verhandlungsparteien mehrere Regelungsaufträge[41] erteilen: zu den Voraussetzungen für Neuverhandlungen, zur Laufzeit der Vereinbarung sowie zum Verfahren für Neuverhandlungen. Diese Kombination aus normierter Prüfpflicht und obligatorischen Regelungsaufträgen scheint grundsätzlich geeignet, auch

35 *Hanau*, Beilage (Fn. 4), S. 6; *Hommelhoff*, ZGR 2010, 48, 66; *Jacobs*, Beilage (Fn. 4), S. 20; *Kraushaar*, ZIP 2009, 1789, 1790.

36 S. Diskussionsbericht, Beilage (Fn. 4), S. 9.

37 Zutreffend *Jacobs*, Beilage (Fn. 4), S. 20.

38 Zur Wiederaufnahme der Verhandlungen bei strukturellen Änderungen nach § 18 III SE BG *Oetker* in: Lutter/Hommelhoff/Teichmann, SE-Kommentar, 2. Aufl. 2015, § 18 SEBG, Rn. 16 ff.

39 *AAK*, ZIP 2010, 2221 berichtet von Schwierigkeiten, die Beendigung einer Beteiligungsvereinbarung kautelarjuristisch zu gestalten.

40 Dazu *Hommelhoff*, ZEuP 2011, 7, 27 ff.

41 Mit dem Instrument des Regelungsauftrags hat auch schon der AK „Unternehmerische Mitbestimmung“ gearbeitet; vgl. *Hommelhoff*, ZIP 2009, 1785, 1786.

in einem deutschen Recht der Mitbestimmungsvereinbarungen das Problem der Vereinbarungs-Abänderungen wesentlich zu entschärfen.

VI. Zum Vereinbarungsinhalt

Zum Inhalt einer Mitbestimmungsvereinbarung hatte der Ausgangsvorschlag des Arbeitskreises „Unternehmerische Mitbestimmung" bereits wesentliche Eckpunkte vorgegeben: zum einen die Vorstrukturierung durch einen obligatorisch zu regelnden Mindestinhalt der Vereinbarung und zum anderen die grundsätzlich frei vereinbarungsfähigen sonstigen Gegenstände der Mitbestimmungsvereinbarung. Deren Struktur und die Mitbestimmungsautonomie sind in der Folgediskussion nicht in Zweifel gezogen worden. Im Gegenteil steuerte mancher noch weiteres Interessantes zum möglichen Vereinbarungsinhalt bei, so z.B. die „Mitbest 76 plus",[42] den Verzicht auf das Zweitstimmrecht des Aufsichtsratsvorsitzenden[43] oder die fachliche Zusammensetzung der Arbeitnehmerseite im Aufsichtsrat;[44] sogar Abreden über die Unternehmens- und Konzernpolitik wurden erwogen, wenn auch wieder verworfen.[45] Schon die Einrichtung von Aufsichtsratsausschüssen (und nicht erst, wie der AK „Unternehmerische Mitbestimmung" meinte: die Besetzung eingerichteter Ausschüsse) kann Gegenstand einer Mitbestimmungsvereinbarung sein.[46]

VII. Entscheidungszuständigkeit der Anteilseigner

Im Grundsatz herrscht allgemeine Einigkeit darüber, dass Mitbestimmungsvereinbarungen der Zustimmung im Basisorgan des Unternehmensträgers bedürfen. Begründet wird dies, wie schon vom AK „Unternehmerische Mitbestimmung",[47] mit den Auswirkungen der Vereinbarung auf die Organisationsverfassung der Gesellschaft, also auf den Unternehmensträger. Freilich wollen vereinzelte Stimmen auf die Zustimmung verzichten, falls die Mitbestimmungsvereinbarung nicht in Anteilseigner-Rechte eingreife[48] – so etwa,

---

42 S. *Habersack*, Beilage (Fn. 4), S. 2 mwN.

43 *Raiser*, FS Hopt, S. 1177.

44 Diskussionsbericht, Beilage (Fn. 4), S. 9.

45 *Veil*, Beilage (Fn. 4), S. 34.

46 *Hommelhoff*, ZGR 2010, 48, 57; im Ergebnis so auch schon *Hanau*, Beilage (Fn. 4), S. 8 – allerdings mit der abzulehnenden Begründung, die Bildung von Ausschüssen unterfalle nicht zwingend der unantastbaren Funktionsautonomie des Aufsichtsrats.

47 ZIP 2009, 885, 894 (zu § 33 a IV MitbestGE).

48 *Hanau*, Beilage (Fn. 4), S. 6.

wenn Schulungsveranstaltungen oder die Verteilung von Arbeitnehmersitzen auf die einzelnen Konzernunternehmen Gegenstand der Vereinbarung seien. Dem ist jedoch nicht zu folgen, weil solche Gegenstände nicht isoliert vereinbart werden, sondern bloß innerhalb einer umfassenden Mitbestimmungsvereinbarung; dafür wird schon ihr gesetzlich fixierter Mindestinhalt[49] sorgen.

Noch nicht vollständig ausdiskutiert ist dagegen die Frage, ob und wie das Basisorgan in die Verhandlungen zur Mitbestimmungsvereinbarung eingeschaltet werden sollte. Während die einen es mit qualifizierten Beschlussvorlagen an das Basisorgan für dessen Zustimmungsentscheid ausreichen lassen wollen,[50] favorisieren andere die mittelbare Beteiligung der Gesellschafter über Eignervertreter in einem besonderen Unternehmensverhandlungsgremium, welche die Aufsichtsratsmitglieder der Anteilseignerseite berufen.[51] Hierüber wird das weitere Gespräch zu führen sein.

VIII. Organisationsautonomie des Aufsichtsrats

Weiterer Diskussionsbedarf besteht vor allem jedoch zur Organisationsautonomie des Aufsichtsrats. Denn eine Vielzahl von Vereinbarungsgegenständen wird seine innere Verfassung, die Organisation seiner Arbeitsabläufe und die Besetzung seiner Einrichtungen betreffen. Hieraus ist die Forderung hergeleitet worden,[52] der Aufsichtsrat müsse über seine Anteilseignervertreter bereits in die Verhandlungen zwischen der Geschäftsleitung und dem Besonderen Verhandlungsgremium in der Weise eingeschaltet werden, dass Vereinbarungsgegenstände, die den Autonomiebereich des Aufsichtsrats betreffen, ausschließlich von den Aufsichtsratsmitgliedern der Anteilseignerseite verhandelt werden und nicht von der Geschäftsleitung. Hilfreich wäre überdies ein (zusätzlicher) gesetzlicher Zustimmungsvorbehalt zugunsten des Aufsichtsrats.

IX. Konzernvereinbarungen

In der rechtspolitischen Diskussion um eine gesetzliche Regelung der Mitbestimmungsvereinbarungen in Deutschland stand von Anbeginn die

49 Oben bei C.VI.

50 *Hommelhoff*, ZGR 2010, 48, 59.

51 *AAK*, ZIP 2010, 2221, 2222 f.

52 *Hommelhoff*, ZGR 2010, 48, 57 f.; zur Rechtslage auf dem Boden des geltenden Rechts: *Kiem*, ZHR 2007, 713, 719 ff.

Vereinbarung im Konzern im Zentrum.[53] Da in ihm die Leitungs- und Steuerungslinien sehr häufig nicht entlang der gesellschaftsrechtlich vorgegebenen Strukturen verlaufen, besteht im Konzern besonderer Bedarf, um das Leitprinzip der gleichberechtigten Entscheidungsteilhabe in der Konzernwirklichkeit über Mitbestimmungsvereinbarungen umzusetzen. Deshalb ist der Ausgangsvorschlag des AK „Unternehmerische Mitbestimmung" zurecht sehr intensiv diskutiert worden.[54]

Zwar konnte dabei manche Eingrenzung des Ausgangsvorschlags überzeugend überwunden werden (so insbesondere der Ausschluss der Drittelbeteiligung[55]); aber dennoch ist ein Grundphänomen aller Konzerne in der Rechtswirklichkeit noch nicht zufriedenstellend aufgegriffen und konzeptionell bewältigt worden: ihre individuelle Vielfalt, die sich starren Einheitslösungen entzieht. Hierzu hat der AK „Aktien- und Kapitalmarktrecht" zwar einen für den Inhalt möglicher Konzernvereinbarungen weiterführenden Vorschlag unterbreitet;[56] für die Verhandlungsgremien und ihre Zusammensetzung jedoch lässt sich auch dieser AK erneut von der verfehlten Vorstellung eines Einheitskonzerns leiten, wenn er dem Unternehmensverhandlungsgremium der Konzernmutter auch die Interessen der Tochtergesellschaften sogar dann überantworten will, wenn an einer Tochtergesellschaft außenstehende Gesellschafter beteiligt sind.[57] Damit wird auf der Ebene der Gesellschafter und Anteilseigner jener Fehler wiederholt, der auf der Ebene der Arbeitnehmer schon dem AK „Unternehmerische Mitbestimmung" unterlaufen war. Das Regelungsfeld der Konzernvereinbarungen ist mithin immer noch besonders pflegebedürftig.

D. Einbeziehung bestimmter Unternehmensträger im Ausland

Ein deutsches Recht für Mitbestimmungsvereinbarungen würde keinen hinreichenden Anreiz zur Wahrnehmung seiner Möglichkeiten entfalten, wenn deutschen Unternehmen freigestellt bliebe, nach dem Vorbild der Air Berlin plc

---

53 S. schon *Raiser* in: Ständige Deputation des Deutschen Juristentages (Hrsg.), Unternehmensmitbestimmung vor dem Hintergrund europarechtlicher Entwicklungen, Gutachten B für den 66. DJT, 2006, B 92.

54 *Hommelhoff*, ZGR 2010, 48, 68 ff.; *Raiser*, FS Hopt, S. 1167, 1173 ff.; *Veil*, Beilage (Fn. 4), S. 26 ff.

55 *Veil*, Beilage (Fn. 4), S. 34 (zusammenfassend).

56 *AAK*, ZIP 2010, 2221, 2228.

57 *AAK*, ZIP 2010, 2221, 2222 f.

ausländische Rechtsformen zu benutzen, um mitbestimmte Überwachungs- und Leitungsstrukturen zu vermeiden. Daher muss ein Recht der Mitbestimmungsverhandlungen und -vereinbarungen abrundend um Regelungen ergänzt werden, die solche Umgehungskonstruktionen eigentlich deutscher Unternehmen abriegeln. Hierfür hat die Folgediskussion einige Sympathie erkennen lassen.[58] Für ein Lösungskonzept könnte sich der deutsche Gesetzgeber am europäischen Regelungsvorschlag für die SPE mit transnationaler Belegschaft orientieren:[59] im Ausland registrierter Unternehmensträger mit beschränkter Haftung; Gesamtbelegschaft mehr als fünfhundert Arbeitnehmer; von der Gesamtbelegschaft mehr als die Hälfte in Deutschland beschäftigt; das Recht des Registerstaats weist ein geringeres Mitbestimmungsniveau als das deutsche auf. – Fragen bleiben freilich offen: Wie können Mitbestimmungsverhandlungen gegenüber einer sich verweigernden Geschäftsleitung durchgesetzt werden? Wie soll deutsches Auffangrecht einer ausländischen Rechtsform oktroyiert werden können?[60]

E. Fazit

Deutsche Unternehmen und Konzerne, breitflächig im europäischen Binnenmarkt, wenn nicht gar global in vielfältiger Weiser aktiv, brauchen dringend und zügig Mitbestimmungsvereinbarungen, um die Entscheidungsteilhabe ihrer sämtlichen Arbeitnehmer (der inländischen ebenso wie zumindest der im EU-Ausland) mit den realen Überwachungs- und (Mit-)Leitungsstrukturen im Unternehmen oder Konzern geschmeidig harmonisieren zu können. Dazu muss der deutsche Gesetzgeber das bislang zwingende Mitbestimmungsrecht öffnen, aber zugleich das Ziel und einen Rahmen aus Eckpunkten für Mitbestimmungsverhandlungen und -vereinbarungen vorgeben. Für ein solches Recht der Mitbestimmungsvereinbarungen haben der AK „Unternehmerische Mitbestimmung" mit seinem Ausgangsvorschlag und die an ihn anknüpfende Folgediskussion bereits wertvolle Hilfestellung geleistet. Dieses Rechtsgespräch muss nun in dem Bestreben fortgesetzt werden, die im Bundestag vertretenen Parteien für ein solches Gesetzgebungsprojekt zu gewinnen, aber auch und vor allem die deutschen Gewerkschaften zu

58 *Habersack*, Beilage (Fn. 4), S. 4; *Hommelhoff*, ZGR 2010, 48, 55; s. aber auch *Raiser*, FS Hopt, S. 1183; *Teichmann*, ZIP 2009, 1787 f.; a.A. *Schanze*, AG 2017, 573, 576.

59 Dazu näher *Hommelhoff*, ZEuP 2011, 7, 11.

60 Vgl. in diesem Zusammenhang auch *Weiss/Seifert*, ZGR 2009, 542; *Wolf*, Beilage (Fn. 4), S. 39 (2 e).

überzeugen: Mitbestimmungsvereinbarungen sind keineswegs einseitig darauf angelegt, die geltende und praktizierte Mitbestimmung in Deutschland zu minimieren oder gar zu schleifen, sondern vor allem im Interesse aller Arbeitnehmer darauf, die Mitentscheidungsmechanismen an die modernen Unternehmens- und Konzernstrukturen in ihrer Individualität geschmeidig und ggf. auch flexibel anzupassen. Auch mit seinem einzigartig ausgleichenden Mitbestimmungsrecht muss Deutschland im Wettbewerb der Standorte[61] und Unternehmensrechte Unions-weit und global bestehen können.

---

61 Insoweit, aber auch nur insoweit ist *Wolf*, Beilage (Fn. 4), S. 39 (2 f) zuzustimmen.

Dr. *Thomas Müller-Bonanni*, LL.M. (New York)[1]

Mitbestimmungsverhandlungen aus der Sicht der Praxis

Abstract: *The author analyses the negotiations of workers co-determination in the Societas Europaea (SE) from a practical perspective. Müller-Bonnani describes the principal steps in the negotiation process and illustrates deviations from the legal default rules that are common in practice, and the reasons behind them.*

I. Anwendbares Recht 24
II. Wesentliche Schritte des Arbeitnehmerbeteiligungsverfahrens 25
1. Einleitung des Verfahrens 25
a) Ermittlung der Arbeitnehmerzahlen 26
b) Übersetzung des Informationsschreibens 26
c) Zugang des Informationsschreibens 27
2. Wahl der Mitglieder des BVG 27
a) Größe und Zusammensetzung des BVG 27
b) Wahlverfahren 28
c) Gewerkschaftliche BVG-Mitglieder 29
3. Konstituierende Sitzung 30
4. Verhandlungen mit dem BVG 31
III. Typische Abweichungen von den gesetzlichen Auffangregelungen 32
1. Verfahren zur Unterrichtung und Anhörung – SE-Betriebsrat 32
a) Größe und Zusammensetzung des SE-Betriebsrats 33
b) Wahl der Mitglieder des SE-Betriebsrats 33
c) Wahl der Arbeitnehmervertreter im Aufsichtsrat 34
2. Arbeitnehmervertreter im Aufsichtsrat 34
a) „Internationalisierung" der Arbeitnehmerbank im Aufsichtsrat 35
b) Zwingende Gewerkschaftsrepräsentanz 36
c) Repräsentation der leitenden Angestellten 36
d) Stellvertretender Aufsichtsratsvorsitz 37
e) Verfahren zur Bestellung des Vorstands 37
IV. Fazit 38

1 Der Autor ist Partner der Sozietät Freshfields Bruckhaus Deringer LL.P. Die Vortragsform wurde im Wesentlichen beibehalten.

Grundsätzlich muss jeder Gründung einer Societas Europaea („SE“) ein Arbeitnehmerbeteiligungsverfahren gem. §§ 4 ff. SEBG[2] vorausgehen: Der ordnungsgemäße Abschluss des Verfahrens ist gem. Art. 12 Abs. 2 SE-VO[3] Voraussetzung für die Eintragung der SE.

Die rechtssichere Gestaltung und Durchführung des Arbeitnehmerbeteiligungsverfahrens stellen die Unternehmenspraxis jedoch vor zahlreiche Herausforderungen. Diese beruhen zum einen auf einer Vielzahl offener Rechtsfragen, zum anderen auf praktischen Schwierigkeiten, die sich aus der Komplexität des Verfahrens, insbesondere im internationalen Kontext ergeben. Der vorliegende Beitrag stellt ausgewählte Praxisprobleme vor und unterbreitet Lösungsvorschläge zu ihrer Bewältigung.

I. Anwendbares Recht

Eine erste Schwierigkeit im Rahmen des Arbeitnehmerbeteiligungsverfahrens bildet die Bestimmung des anwendbaren Rechts. Gem. Art. 6 der SE-Richtlinie[4] richtet sich das Arbeitnehmerbeteiligungsverfahren grundsätzlich nach dem Recht desjenigen Mitgliedstaats, in dem die SE ihren Sitz haben wird. Von diesem Grundsatz finden sich in der SE-Richtlinie jedoch eine Reihe von Ausnahmen. Die wichtigste Ausnahme enthält Art. 3 Abs. 2 b) SE-Richtlinie,

---

2 Zur Frage der Entbehrlichkeit des Arbeitnehmerbeteiligungsverfahrens bei der Gründung arbeitnehmerloser Vorratsgesellschaften: OLG Düsseldorf, Beschluss vom 30.3.2009 – I – 3 Wx 248/08, DNotZ 2009, 699; *Casper/Schäfer*, ZIP 2007, 653 (653 f., 658); *Bayer* in: Lutter/Hommelhoff/Teichmann, SE-Kommentar, 2. Aufl. 2015, Art. 2 SE-VO Rn. 31 ff.; *Kiem* in: Kölner Kommentar zum Aktiengesetz, Band 1, 4. Aufl. 2021, Art. 12 SE-VO Rn. 42, 24; zur Frage nach der Pflicht, das Arbeitnehmerbeteiligungsverfahren bei der erstmaligen Aufnahme einer wirtschaftlichen Tätigkeit durch die Vorratsgesellschaft nachzuholen: OLG Düsseldorf, Beschluss vom 30.3.2009 – I – 3 Wx 248/08, DNotZ 2009, 699; *Feuerborn* in: Kölner Kommentar zum Aktiengesetz, Band 2, 4. Aufl. 2021, § 18 SEBG Rn. 53; *Schäfer* in: Münchener Kommentar zum Aktiengesetz, 5. Aufl. 2021, Art. 16 SE-VO Rn. 13; *Bayer* in: Lutter/Hommelhoff/Teichmann, SE-Kommentar, 2. Aufl. 2015, Art. 2 SE-VO Rn. 35; *Thiergart/Olbertz*, BB 2010, 1547 (1551); *Reinhard*, RIW 2006, 68 (70); *Casper/Schäfer*, ZIP 2007, 653 (659); Habersack/Drinhausen/*Hohenstatt/Müller-Bonanni*, SE-Recht, 2. Aufl. 2016, § 3 SEBG Rn. 11; *Forst*, NZG 2009, 687 (689).

3 Verordnung (EG) Nr. 2157/2001 des Rates vom 8. Oktober 2001 über das Statut der Europäischen Gesellschaft (SE).

4 Richtlinie 2001/86/EG des Rates vom 8. Oktober 2001 zur Ergänzung des Statuts der Europäischen Gesellschaft hinsichtlich der Beteiligung der Arbeitnehmer.

demzufolge die Mitgliedstaaten das Verfahren für die Wahl oder die Bestellung der Mitglieder des Besonderen Verhandlungsgremiums („BVG“), die in ihrem Hoheitsgebiet zu wählen oder zu bestellen sind, jeweils selbständig regeln. Im Ergebnis entsteht auf diese Weise ein komplizierter „Mix“ aus Sitzstaatrecht und den Rechtsordnungen derjenigen Mitgliedstaaten, in denen die künftige SE und ihre Tochtergesellschaften ebenfalls Arbeitnehmer beschäftigen. Eine rechtssichere Durchführung des Arbeitnehmerbeteiligungsverfahrens ohne Einholung ausländischen Rechtsrats ist vor diesem Hintergrund kaum möglich.

Darüber hinaus wirft die Bestimmung, ob ein Aspekt des Arbeitnehmerbeteiligungsverfahrens dem Sitzstaatrecht oder dem Recht eines anderen Mitgliedstaats unterliegt, zahlreiche Abgrenzungsfragen auf. Diese resultieren daraus, dass sich entsprechend dem Regelungskonzept der Richtlinie auch in den nationalen Umsetzungsgesetzen keine umfassenden Kollisionsnormen finden. § 3 SEBG, der Art. 6 SE-Richtlinie im Inland umsetzt, bestimmt exemplarisch lediglich, dass das Gesetz für SE mit Sitz im Inland und „unabhängig vom Sitz der SE auch für Arbeitnehmer der SE, die im Inland beschäftigt sind sowie für beteiligte Gesellschaften, betroffene Tochtergesellschaften und betroffene Betriebe mit Sitz im Inland“ gelte. Ob ein bestimmter Aspekt des Arbeitnehmerbeteiligungsverfahrens in- oder ausländischem Recht unterliegt, muss daher jeweils durch Auslegung der einschlägigen Sachnorm ermittelt werden. Auf diese Weise ergibt sich beispielsweise, dass sich der Inhalt des Informationsschreibens, mit dem das Arbeitnehmerbeteiligungsverfahren eingeleitet wird, gem. § 4 Abs. 3 SEBG nach inländischem Recht richtet.[5] Die Frage, wem das Unterrichtungsschreiben (i.e. welchen Arbeitnehmervertretungen) im Ausland zu übermitteln ist, beantwortet sich demgegenüber nach ausländischem Recht.[6]

II. Wesentliche Schritte des Arbeitnehmerbeteiligungsverfahrens

1. Einleitung des Verfahrens

Das Arbeitnehmerbeteiligungsverfahren beginnt gemäß § 4 Abs. 2 SEBG mit der Übermittlung des bereits erwähnten Informationsschreibens an die zuständigen Arbeitnehmervertretungen in den Mitgliedstaaten, in denen die

---

5 Begr. RegE, BT-Drucksache 15/3405, S. 45; *Köklü* in: Van Hulle/Maul/Drinhausen, Handbuch zur Europäischen Gesellschaft (SE), 2007, 6. Abschnitt Rn. 19.

6 *Köklü* in: Van Hulle/Maul/Drinhausen, Handbuch zur Europäischen Gesellschaft (SE), 2007, 6. Abschnitt Rn. 14.

künftige SE und ihre Tochtergesellschaften Arbeitnehmer beschäftigen. Für den Fall, dass in einem Mitgliedstaat keine Arbeitnehmervertretung besteht, sehen die nationalen Umsetzungsgesetze durchgängig eine Pflicht zur Übermittlung des Informationsschreibens an alle in dem betreffenden Mitgliedstaat tätigen Arbeitnehmer vor, was einen erheblichen logistischen Aufwand bedeuten kann.

a) Ermittlung der Arbeitnehmerzahlen

Als Herausforderung erweist sich für die Gründungsunternehmen häufig das Zusammentragen der Informationen, zu denen sich das Unterrichtungsschreiben gemäß § 4 Abs. 3 SEBG verhalten muss. Dies betrifft insbesondere die gemäß § 4 Abs. 3 Ziffer 3 SEBG auf die Gesellschaften und Betriebe herunterzubrechende Zahl der in den Mitgliedstaaten beschäftigten Arbeitnehmer. In der Regel liegen die Arbeitnehmerzahlen nicht an einer zentralen Stelle vor, sondern müssen einzeln in den Auslandsgesellschaften abgefragt werden. Hierin liegt ein bedeutsamer Unsicherheitsfaktor für die – in börsennotierten Unternehmen häufig auch rechtlich gebotene – Geheimhaltung des Gründungsvorhabens.

Aus rechtlicher Sicht ist die Ermittlung der Arbeitnehmerzahlen mit der Schwierigkeit verbunden, dass § 2 Abs. 1 SEBG hinsichtlich des Arbeitnehmerbegriffs auf das jeweilige nationale Recht verweist. Da insoweit zum Teil erhebliche Unterschiede zwischen den Rechtsordnungen der Mitgliedstaaten bestehen, hat dies zur Folge, dass die Erhebung der Arbeitnehmerdaten nicht nach einheitlichen Kriterien erfolgen kann.

Die durch § 4 Abs. 4 SEBG eingeforderte Aktualität der Zahlen („Zahl der Arbeitnehmer im Zeitpunkt der Information") kann schließlich kaum jemals gewährleistet werden. Arbeitnehmerzahlen werden typischerweise nur stichtagsbezogen erhoben und unterliegen, zumal in großen Organisationen, ständigen Änderungen durch Ein- und Austritte. Die Praxis kann sich daher nur darum bemühen, die Arbeitnehmerzahlen möglichst nahe am Zeitpunkt der Information gemäß § 4 Abs. 2 SEBG zu ermitteln.

b) Übersetzung des Informationsschreibens

Einen Kostenfaktor bildet die von zahlreichen Rechtsordnungen geforderte, jedenfalls aber aus Gründen der Praktikabilität und der Rechtssicherheit gebotene Übersetzung des Informationsschreibens in die jeweilige Landessprache. Informationsschreiben nach § 4 SEBG enthalten in der Regel eine ausführliche Darstellung des Verfahrens zur Bildung des BVG sowie umfangreiche Anlagen mit den Informationen gemäß § 4 Abs. 3 SEBG. Da es sich um ein rechtlich bedeutsames Dokument handelt, können sich die Unternehmen nicht drauf beschränken, dieses nur jeweils durch ein Übersetzungsbüro in die jeweilige Landessprache überführen zu lassen, sondern müssen die Übersetzungen zusätzlich rechtlich überprüfen lassen, was weitere Kosten verursacht.

c) Zugang des Informationsschreibens

Schließlich muss sichergestellt werden, dass das Informationsschreiben allen Adressaten zugeht, weil das Informationsschreiben gemäß § 11 Abs. 1 SEBG eine Frist von zehn Wochen in Gang setzt, innerhalb derer die Wahl der Mitglieder des BVG erfolgen muss. Insbesondere dann, wenn das Informationsschreiben mangels einer Arbeitnehmervertretung den Arbeitnehmern unmittelbar zu übermitteln ist, sind mit der Sicherstellung des Zugangs zahlreiche Schwierigkeiten verbunden. Diese sind teils rechtlicher Natur, weil es in den Mitgliedstaaten keine einheitliche Regelung der Frage gibt, wann die betreffende Information als zugegangen zu betrachten ist. Teilweise sind die Schwierigkeiten aber auch rein praktischer Natur. Beispielhaft kann hier die Sicherstellung des Zugangs bei Arbeitnehmern in Elternzeit oder bei langzeiterkrankten Arbeitnehmern genannt werden, deren Anschrift nicht bekannt ist.

2. Wahl der Mitglieder des BVG

a) Größe und Zusammensetzung des BVG

Im nächsten Schritt des Arbeitnehmerbeteiligungsverfahrens sind in allen Mitgliedstaaten, in denen die künftige SE und ihre Tochterunternehmen Arbeitnehmer beschäftigen, Mitglieder des BVG zu wählen. Nach der Sitzverteilungsregel des § 5 Abs. 1 SEBG entfällt hierbei auf jeden Mitgliedstaat mindestens ein Sitz, wobei die Arbeitnehmer derjenigen Mitgliedstaaten, in denen mehr als 10 % der europäischen Gesamtbelegschaft beschäftigt werden, für jede 10 % der europäischen Gesamtbelegschaft einen weiteren BVG-Sitz beanspruchen können.[7]

---

7 *Jacobs* in: Münchener Kommentar zum Aktiengesetz, 5. Aufl. 2021, § 5 SEBG Rn. 2; *Köklü* in: Van Hulle/Maul/Drinhausen, Handbuch zur Europäischen Gesellschaft (SE), 2007, 6. Abschnitt Rn. 27; *Oetker* in: Lutter/Hommelhoff/Teichmann, SE-Kommentar, 2. Aufl. 2015, § 5 SEBG Rn. 8; Habersack/Drinhausen/*Hohenstatt/Müller-Bonanni*, SE-Recht, 2. Aufl. 2016, § 5 SEBG Rn. 2.

Die Zuweisung von mindestens einem BVG-Sitz an alle Mitgliedstaaten, in denen Arbeitnehmer der SE und ihrer Tochtergesellschaften beschäftigt werden, bewirkt in der Sache eine Privilegierung kleinerer Belegschaften, die durch das von § 15 Abs. 2 SEBG geforderte Quorum für Beschlussfassungen im BVG (Mehrheit der Mitglieder, in der zugleich die Mehrheit der vertretenen Arbeitnehmer enthalten sein muss) nur teilweise abgemildert wird. Sie führt zudem zu sachlich nur schwer zu rechtfertigendem Mehraufwand, wenn in einer Vielzahl von Mitgliedstaaten eine im Verhältnis zur Gesamtbelegschaft sehr geringe Zahl von Arbeitnehmern beschäftigt wird. Eine „Bagatellgrenze", unterhalb derer von der Wahl eines BVG-Mitglieds abgesehen werden könnte, ist allerdings weder in der SE-Richtlinie, noch im SEBG vorgesehen. Es kommt freilich vor, dass kleinere Belegschaften schlicht von der Wahl eines BVG-Mitglieds absehen. Die Wirksamkeit der BVG-Wahl insgesamt wird hierdurch nicht berührt, wie sich u.a. aus §§ 11 Abs. 2, 15 Abs. 1 Satz 2 SEBG ergibt.[8]

b) Wahlverfahren

Wählbarkeit und Wahlverfahren richten sich nach dem Recht des jeweiligen Mitgliedstaats, in dem nach der vorstehend beschriebenen Sitzverteilungsregel Mitglieder des BVG zu wählen sind; § 7 Abs. 1 SEBG. Um einen zeitnahen Abschluss des Wahlverfahrens zu gewährleisten und Anfechtungsrisiken zu vermeiden, empfiehlt es sich, die Wahlen zentral zu koordinieren und zu überwachen. Die Unternehmenspraxis erstellt für diese Zwecke Zeit- und Maßnahmenpläne, die neben einer Beschreibung der durchzuführenden Verfahrensschritte auch die erforderliche Begleitdokumentation (Wahlaushänge, Wählerlisten etc.) beinhalten und kontrolliert deren Durchführung an zentraler Stelle.

Die auf das Inland entfallenden Mitglieder des BVG werden durch ein Wahlgremium gewählt, das sich gem. § 8 SEBG aus den Mitgliedern des Konzernbetriebsrats, mangels eines solchen aus den Mitgliedern des Gesamtbetriebsrats und, sofern auch ein Gesamtbetriebsrat nicht besteht, aus den Mitgliedern der Einzelbetriebsräte zusammensetzt.[9] Die Stimmgewichtung im Wahlgremium

---

8 Vgl. auch *Freis* in: Nagel/Freis/Kleinsorge, SEBG, SCEBG, MgVG - Arbeitnehmerbeteiligung nach europäischem Recht, 3. Aufl. 2018, § 11 Rn. 7, § 15 Rn. 4.

9 Für bestimmte Sonderkonstellationen („Mischfälle") sieht § 8 Abs. 5 SEBG eine abweichende Zusammensetzung des Wahlgremiums vor, hierzu: *Kleinsorge* in: Nagel/Freis/Kleinsorge, SEBG, SCEBG, MgVG - Arbeitnehmerbeteiligung nach europäischem Recht, 3. Aufl. 2018, § 8 SEBG Rn. 22 ff.; *Köklü* in: Van Hulle/Maul/Drinhausen, Handbuch zur Europäischen Gesellschaft (SE), 2007, 6. Abschnitt Rn. 118 f.

richtet sich nicht nach den betriebsverfassungsrechtlichen Stimmgewichtungsregeln für das Gremium, aus dem die Mitglieder des Wahlgremiums stammen (Konzernbetriebsrat, Gesamtbetriebsrat), sondern nach den Sonderregelungen des § 10 Abs. 2, 3 SEBG. Dies führt in bestimmten Konstellationen zu Abweichungen von den sich nach §§ 55 Abs. 3, 47 Abs. 7 BetrVG ergebenden Stimmgewichten, was häufig Verständnisprobleme bei den Mitgliedern des Wahlgremiums hervorruft.

c) Gewerkschaftliche BVG-Mitglieder

Im Inland sind zu Mitgliedern des BVG gem. § 6 Abs. 2 SEBG (im Inland tätige)[10] Arbeitnehmer der künftigen SE und ihrer Tochtergesellschaften sowie Gewerkschaftsvertreter wählbar. Gewerkschaftsvertreter in diesem Sinne können sowohl Arbeitnehmer der künftigen SE und ihrer Tochtergesellschaften als auch Externe sein. Entscheidend ist, dass das BVG-Mitglied gem. § 8 Abs. 1 SEBG von einer in der künftigen SE oder einem ihrer Tochterunternehmen vertretenen inländischen[11] Gewerkschaft zur Wahl vorgeschlagen wird.

Die Wahl von Gewerkschaftsvertretern in das BVG ist gem. § 6 Abs. 3 SEBG nicht nur fakultativ, sondern obligatorisch, wenn dem BVG mehr als zwei Mitglieder aus dem Inland angehören. In diesem Fall ist jedes dritte auf das Inland entfallende BVG-Mitglied auf Vorschlag einer inländischen Gewerkschaft zu wählen, die in der künftigen SE oder einer ihrer Tochtergesellschaften[12] vertreten ist.[13] In der Praxis sind die Gewerkschaften jedoch teilweise bereit, anstelle

---

Habersack/Drinhausen/*Hohenstatt/Müller-Bonanni,* SE-Recht, 2. Aufl. 2016, § 8 SEBG Rn. 4. Bei Fehlen einer Arbeitnehmervertretung kommt es zu einer Urwahl der inländischen Mitglieder des BVG durch die Arbeitnehmer gem. § 8 Abs. 7 SEBG.

10 *Kleinsorge* in: Nagel/Freis/Kleinsorge, SEBG, SCEBG, MgVG - Arbeitnehmerbeteiligung nach europäischem Recht, 3. Aufl. 2018, § 6 SEBG Rn. 3; *Oetker* in: Lutter/Hommelhoff/Teichmann, SE-Kommentar, 2. Aufl. 2015, § 6 SEBG Rn. 9.

11 Nach *Oetker* in: Lutter/Hommelhoff/Teichmann, SE-Kommentar, 2. Aufl. 2015, § 6 SEBG Rn. 16, sind gem. § 6 Abs. 3 SEBG auch Vertreter einer ausländischen Gewerkschaft wählbar.

12 Vgl. zur Auslegung des Begriffs der „an der Gründung der SE beteiligten Unternehmen“ in § 6 Abs. 3 SEBG: *Feuerborn* in: Kölner Kommentar zum Aktiengesetz, Band 2, 4. Aufl. 2021, § 6 SEBG Rn. 7; *Oetker* in: Lutter/Hommelhoff/Teichmann, SE-Kommentar, 2. Aufl. 2015, § 6 SEBG Rn. 16.

13 Zur Europarechtskonformität des § 6 Abs. 3 SEBG: *Feuerborn* in: Kölner Kommentar zum Aktiengesetz, Band 2, 4. Aufl. 2021, § 6 SEBG Rn. 8; *Jacobs* in: Münchener Kommentar zum Aktiengesetz, 5.Aufl. 2021, § 6 SEBG Rn. 7; Habersack/Drinhausen/*Hohenstatt/Müller-Bonanni,* SE-Recht, 2. Aufl. 2016, § 6 SEBG Rn. 4.

von unternehmensfremden Gewerkschaftsvertretern Unternehmensangehörige zu nominieren, wenn dies sachnäher erscheint, z.B. deshalb, weil der Organisationsgrad im Unternehmen nur sehr gering ist.

Jeder siebte auf das Inland entfallende BVG-Sitz ist gem. § 6 Abs. 4 SEBG den leitenden Angestellten vorbehalten. Allerdings besteht die Möglichkeit, auf freiwilliger Basis mehr leitende Angestellte in das BVG zu wählen, wie sich aus §§ 6 Abs. 2 Satz 1, 2 Abs. 1 Satz 2 SEBG ergibt.

3. Konstituierende Sitzung

Gemäß § 12 Abs. 1 Satz 1 SEBG laden die Leitungen der Gründungsgesellschaften unmittelbar nach der Benennung aller BVG-Mitglieder zur konstituierenden Sitzung des Gremiums ein. Sind bei Ablauf der Zehnwochenfrist des § 11 Abs. 1 Satz 1 SEBG noch nicht alle BVG-Mitglieder gewählt, haben die Leitungen die Möglichkeit, die bereits gewählten BVG-Mitglieder zur konstituierenden Sitzung einzuladen. Die Konstituierung findet in diesem Fall ohne die Vertreter aus den Mitgliedstaaten statt, in denen die BVG-Wahlen noch nicht abgeschlossen sind. Die später gewählten BVG-Mitglieder haben zwar die Möglichkeit, sich nachträglich an den BVG-Verhandlungen zu beteiligen, müssen aber den Verhandlungsstand akzeptieren, der im Zeitpunkt ihres Hinzutretens besteht.[14] Bei den bisherigen SE-Gründungen im Inland spielt diese Regelung, soweit ersichtlich, nur eine untergeordnete Rolle. Die Verfahrensvorschriften aller Mitgliedstaaten ermöglichen eine Wahl der BVG-Mitglieder innerhalb von zehn Wochen. Zu Verzögerungen kommt es vor allem dann, wenn die Wahlen in einem Mitgliedstaat angefochten werden.

Die Konstituierung ist vollzogen mit der Wahl des Vorsitzenden des BVG und mindestens zweier Stellvertreter; § 12 Abs. 1 Satz 2 SEBG. Vorgaben für das insoweit zu beachtende Verfahren enthält das SEBG nicht, was einerseits eine gewisse Flexibilität eröffnet, andererseits aber Quelle rechtlicher Unsicherheit ist. Dies betrifft beispielsweise die Frage, ob und ggf. unter welchen Voraussetzungen die Wahl des Vorsitzenden und seiner Stellvertreter geheim erfolgen muss und ob eine Stimmgewichtung vorzunehmen ist. Eine Anlehnung an die Regelungen des Betriebsverfassungsgesetzes erscheint hier naheliegend.[15] Der

---

14 *Freis* in: Nagel/Freis/Kleinsorge, SEBG, SCEBG, MgVG - Arbeitnehmerbeteiligung nach europäischem Recht, 3. Aufl. 2018, § 11 SEBG Rn. 7.

15 Vgl. zur Anlehnung an das BetrVG: *Oetker* in: Lutter/Hommelhoff/Teichmann, SE-Kommentar, 2. Aufl. 2015, § 12 SEBG Rn. 23, § 15 SEBG Rn. 8; *Jacobs* in: Münchener Kommentar zum Aktiengesetz, 5. Aufl. 2021, § 12 SEBG Rn. 4.

Vorsitzende wäre danach nicht gesetzlicher Vertreter des BVG, sondern vertritt das BVG im Rahmen der gefassten Beschlüsse analog § 26 Abs. 2 S. 1 BetrVG.[16]

4. Verhandlungen mit dem BVG

Mit dem Tag, für den der Vorstand zur konstituierenden Sitzung des BVG eingeladen hat (nicht: mit der Konstituierung des BVG), beginnt gemäß § 20 Abs. 1 die sechsmonatige Frist für die Verhandlungen zwischen dem BVG und den Leitungen der Gründungsgesellschaften über die Ausgestaltung der Arbeitnehmerbeteiligung in der künftigen SE („Mitbestimmungsvereinbarung"). In der Praxis werden die Verhandlungen regelmäßig nicht mit dem Plenum des BVG, sondern mit einem von diesem gebildeten Verhandlungsausschuss geführt. Dies ist nicht nur in Anbetracht der typischen Größe des BVG von 20 und mehr Mitgliedern, sondern auch im Hinblick auf die Sprachbarriere sinnvoll.[17] Die Beschlussfassung über den Abschluss der Mitbestimmungsvereinbarung gemäß §§ 13 Abs. 1, 17 SEBG kann allerdings nicht auf eine Verhandlungskommission delegiert werden. Hierüber muss das Plenum des BVG Beschluss fassen.

Gegenstand der Verhandlungen sind gemäß § 21 Abs. 1 SEBG die Einrichtung eines Verfahrens zur Unterrichtung und Anhörung der Arbeitnehmer sowie die Arbeitnehmerbeteiligung im Aufsichtsorgan der SE. Kommt innerhalb der gesetzlichen Verhandlungsfrist eine Mitbestimmungsvereinbarung zustande, richtet sich die Arbeitnehmerbeteiligung in der SE – innerhalb bestimmter Grenzen[18] – nach der Vereinbarung. Scheitern die Verhandlungen, richtet sich die Arbeitnehmerbeteiligung in der SE[19] nach den gesetzlichen Auffangregelungen der §§ 22 ff. SEBG. Da mithin jede Seite durch schlichtes Verstreichenlassen der gesetzlichen Verhandlungsfrist die Geltung der gesetzlichen Auffangregelungen durchsetzen kann, werden die Verhandlungen stets

16 Habersack/Drinhausen/*Hohenstatt/ Müller-Bonanni*, SE-Recht, 2. Aufl. 2016, § 12 SEBG Rn. 3.

17 Der Entwurf des Arbeitskreises „Unternehmerische Mitbestimmung" sieht demgemäß in § 33i Abs. 3 zwingend die Bildung eines zahlenmäßig begrenzten Verhandlungsausschusses vor; hierzu *Jacobs*, ZIP 2009, 18 (23f.).

18 Zu diesen *Teichmann*, AG 2008, 797 ff.; *Jacobs*, in Festschrift für Karsten Schmidt zum 70. Geburtstag, 2009, S. 795 ff. (insbesondere S. 799 ff.).

19 Vorbehaltlich eines Beschlusses des BVG gem. § 16 SEBG, keine Verhandlungen aufzunehmen oder bereits aufgenommene Verhandlungen abzubrechen; zu den Rechtsfolgen *Freis* in: Nagel/Freis/Kleinsorge, SEBG, SCEBG, MgVG - Arbeitnehmerbeteiligung nach europäischem Recht, 3. Aufl. 2018, § 16 SEBG Rn. 8 ff.

mit Blick auf die Auffangregelungen geführt. Jede Seite muss demgemäß vor Beginn der Verhandlungen sorgfältig prüfen, in welchen Beziehungen aus ihrer Sicht eine Abweichung von den §§ 22 ff. SEBG notwendig erscheint. In den bisherigen SE-Gründungsverfahren haben sich dabei eine Reihe von Themen herauskristallisiert, die typischerweise als regelungsbedürftig empfunden werden.

III. Typische Abweichungen von den gesetzlichen Auffangregelungen

1. Verfahren zur Unterrichtung und Anhörung – SE-Betriebsrat

Als Verfahren zur Unterrichtung und Anhörung der Arbeitnehmer in der SE sehen die gesetzlichen Auffangregelungen in §§ 22 – 26 SEBG die Errichtung eines SE-Betriebsrats vor. Der SE-Betriebsrat ist eine international zusammengesetzte Arbeitnehmervertretung mit Unterrichtungs- und Anhörungsrechten. Erzwingbare Mitbestimmungsrechte im Sinne der deutschen Betriebsverfassung weist das Gesetz dem SE-Betriebsrat nicht zu. Nach der Konzeption der gesetzlichen Auffangregelung beschränken sich die Beteiligungsrechte des Gremiums vielmehr auf eine jährliche Unterrichtung über und Anhörung zu der Entwicklung der Geschäftslage und den Perspektiven der SE; § 28 SEBG. Über außergewöhnliche Umstände, die erhebliche Auswirkungen auf die Interessen der Arbeitnehmer haben, hat die Leitung der SE den SE-Betriebsrat gem. § 29 SEBG auch unterjährig zu unterrichten und anzuhören. Als außergewöhnliche Umstände in diesem Sinne gelten insbesondere die Verlegung oder Verlagerung von Unternehmen, Betrieben oder wesentlichen Betriebsteilen, die Stilllegung von Unternehmen, Betrieben oder wesentlichen Betriebsteilen sowie Massenentlassungen. Wegen der Ähnlichkeit in der Zusammensetzung und der Ausgestaltung der Befugnisse des SE-Betriebsrats zu denjenigen eines Europäischen Betriebsrats bestimmt § 47 Abs. 1 Nr. 2 SEBG, dass das Europäische Betriebsrätegesetz auf die SE keine Anwendung findet. Die Errichtung eines Europäischen Betriebsrats kann daher auf der Ebene der SE nicht erzwungen werden. Ein bereits gebildeter Europäischer Betriebsrat entfällt mit der Eintragung der SE.[20]

---

20 *Jacobs* in: Münchener Kommentar zum Aktiengesetz, 5. Aufl. 2021, Vorbemerkung §§ 23–33 Rn. 2 und § 47 SEBG Rn. 4; zur Frage nach dem Schicksal Europäischer Betriebsräte auf höherer oder tieferer Ebene im Konzern: *Oetker* in: Lutter/Hommelhoff/Teichmann, SE-Kommentar, 2. Aufl. 2015, § 47 SEBG Rn. 9.

a) *Größe und Zusammensetzung des SE-Betriebsrats*

Als unpraktikabel wird häufig die Regelung des § 23 Abs. 1 Satz 1 SEBG zur Zusammensetzung des SE-Betriebsrats empfunden, der inhaltlich auf die Regelungen zur Zusammensetzung des BVG verweist.[21] Aus Unternehmenssicht ist die Wahl von BVG-Mitgliedern in allen Mitgliedstaaten, in denen die SE und ihre Tochtergesellschaften Arbeitnehmer beschäftigen, mit einem hohen Verwaltungsaufwand und entsprechenden Kosten verbunden. Dies gilt insbesondere dann, wenn in einer Vielzahl von Mitgliedstaaten nur eine geringe Zahl von Arbeitnehmern beschäftigt wird. Aus Arbeitnehmersicht wird häufig moniert, dass die Regelung zu einem übergroßen Gremium führt. Die Praxis behilft sich hier mit der Bildung sog. Entsendungsregionen, innerhalb derer die Belegschaften mehrerer Mitgliedstaaten ein oder mehrere Mitglieder des SE-Betriebsrats gemeinsam wählen.[22]

b) *Wahl der Mitglieder des SE-Betriebsrats*

Ebenfalls sowohl von Arbeitgeberseite als auch von Arbeitnehmerseite oft als unpraktikabel empfunden wird der Umstand, dass die Mitglieder des SE-Betriebsrats gem. § 23 Abs. 1 Satz 1 i.V.m. § 7 Abs. 1 SEBG nach dem Recht der jeweiligen Mitgliedstaaten zu wählen sind, auf die Sitze im SE-Betriebsrat entfallen, zumal die Rechtsordnung einiger Mitgliedstaaten insoweit keine Regelungen enthalten. Zahlreiche Mitbestimmungsvereinbarungen etablieren daher ein einheitliches, vom Recht der jeweiligen Mitgliedstaaten unabhängiges Verfahren zur Wahl der Mitglieder des SE-Betriebsrats.[23]

---

21 Externe Gewerkschaftsvertreter können allerdings im Inland nicht Mitglied des SE-Betriebsrats sein; vgl. den Verweis in § 23 Abs. 1 S. 2 SEBG, der § 6 Abs. 3 SEBG explizit ausspart; vgl. auch *Jacobs* in: Münchener Kommentar zum Aktiengesetz, 5. Aufl. 2021, Vorbemerkung §§ 23–33 Rn. 4; Habersack/Drinhausen/*Hohenstatt/Müller-Bonanni*, SE-Recht, 2. Aufl. 2016, § 23 SEBG Rn. 3.

22 Vgl. z.B. § 2.2 der Mitbestimmungsvereinbarung der Porsche Automobil Holding SE vom 22.6.2007; § A.2.1 der Mitbestimmungsvereinbarung der Allianz SE vom 20. September 2006; § 3.2 der Mitbestimmungsvereinbarung der MAN Diesel SE vom 27. April 2006; I.2.1 der Mitbestimmungsvereinbarung der BASF SE vom 15. November 2007 (bezüglich der Business Center).

23 Vgl. z.B. § 3.5 der Mitbestimmungsvereinbarung der MAN Diesel SE vom 27. April 2006.

c) Wahl der Arbeitnehmervertreter im Aufsichtsrat

Als zusätzliche Befugnis zu den gesetzlichen Unterrichtungs- und Anhörungsrechten wird dem SE-Betriebsrat häufig die Wahl der Arbeitnehmervertreter im Aufsichtsrat der SE zugewiesen. Die gesetzliche Auffangregelung sieht insoweit in § 36 Abs. 2 SEBG eine Wahl nach den Rechtsordnungen und (nur) durch die Belegschaften derjenigen Mitgliedstaaten vor, auf die Arbeitnehmersitze im Aufsichtsrat entfallen. Für eine Wahl der Arbeitnehmervertreter durch den SE-Betriebsrat spricht, dass auf diese Weise eine breitere demokratische Legitimation erreicht werden kann. Darüber hinaus spricht für diesen Ansatz der Gesichtspunkt der Verfahrensvereinfachung.

2. Arbeitnehmervertreter im Aufsichtsrat

Die gesetzliche Auffangregelung zur Mitbestimmung im Aufsichtsrat der SE schreibt das bei den Gründungsgesellschaften bestehende zahlenmäßige Verhältnis zwischen Anteilseigner- und Arbeitnehmervertretern im Aufsichtsrat fort („Vorher/Nachher-Prinzip"); vgl. § 35 Abs. 2 SEBG. Bestehen bei den Gründungsgesellschaften in diesem Sinne unterschiedliche Mitbestimmungsniveaus, setzt sich der zahlenmäßig größte Arbeitnehmeranteil durch. Die Festlegung der Aufsichtsratsgröße obliegt demgegenüber auch im Rahmen der gesetzlichen Auffangregelung dem Satzungsgeber. Der Satzungsgeber hat hierbei allerdings zu beachten, dass die Zahl der Aufsichtsratsmitglieder bei der drittelparitätisch mitbestimmten SE gem. § 17 Abs. 1 SEAG durch drei und bei der paritätisch mitbestimmten SE gem. § 17 Abs. 3 SEAG durch zwei teilbar sein muss.[24] Der Aufsichtsrat einer paritätisch mitbestimmten SE kann daher nur aus sechs, zwölf oder achtzehn Mitglieder bestehen. Abweichungen vom „Vorher/Nachher-Prinzip" durch die Mitbestimmungsvereinbarung sind grundsätzlich, nicht jedoch im Falle der Gründung einer SE durch Umwandlung möglich; § 35 Abs. 1 SEBG. Abweichungen vom „Vorher/Nachher-Prinzip" sind allerdings auch dort, wo sie rechtlich möglich gewesen wären, bislang nur sehr vereinzelt zu verzeichnen gewesen.[25]

---

24 Zur Abkehr vom Dreiteilbarkeitsgrundsatz durch das Abschlussprüfungsreformgesetz vom 16. Mai 2016: *Reichert/Brandes* in: Münchener Kommentar zum Aktiengesetz, 5. Aufl. 2021, Art. 40 SE-VO Rn. 68; zur zuvor bereits diskutierten Frage, ob durch die Mitbestimmungsvereinbarung vom Dreiteilbarkeitsgrundsatz abgewichen werden kann: LG Nürnberg-Fürth, Beschluss vom 8.2.2010 – 1 HK O 8471/09, ZIP 2010, 372; *Seibt*, ZIP 2010, 1057 (1059 ff.).

25 *Eidenmüller*, AG 2009, 845 (848 f.).

a) „Internationalisierung" der Arbeitnehmerbank im Aufsichtsrat

Mit Blick auf die Zusammensetzung der Arbeitnehmerbank im Aufsichtsrat ordnet § 36 Abs. 1 SEBG eine proportionale Verteilung der Arbeitnehmersitze auf die Mitgliedstaaten entsprechend den Beschäftigtenzahlen an. Anderes gilt jedoch für den letzten Arbeitnehmersitz im Aufsichtsrat, der, wenn wie üblich, bei der anteiligen Verteilung nicht alle Mitgliedstaaten, in denen die SE und ihre Tochtergesellschaften Arbeitnehmer beschäftigen, einen Sitz erhalten können, zwingend einem bisher unberücksichtigten Mitgliedstaat zuzuweisen ist. Die Zuweisung des letzten Sitzes obliegt im Rahmen der gesetzlichen Auffangregelung ebenso wie die proportionale Verteilung der Arbeitnehmersitze entsprechend den Beschäftigtenzahlen dem SE-Betriebsrat. In der Entscheidung, welchem Mitgliedstaat der SE-Betriebsrat den letzten Arbeitnehmersitz im Aufsichtsrat zuweist, ist dieser weitgehend frei.[26] Lediglich für den – eher theoretischen – Fall, dass im Rahmen der proportionalen Verteilung kein Sitz auf den Sitzstaat der SE entfällt, bestimmt § 36 Abs. 1 Satz 4 SEBG, dass der letzte Sitz, soweit angemessen, dem Sitzstaat zugewiesen werden soll.

Die durch § 36 Abs. 1 Satz 3 SEBG vorgegebene zwingende „Internationalisierung der Arbeitnehmerbank im Aufsichtsrat" wird teilweise sowohl von der Arbeitnehmer- als auch von der Arbeitgeberseite als nicht sachgerecht empfunden, wenn zwar in einer u.U. großen Zahl von Mitgliedstaaten Arbeitnehmer beschäftigt werden, die ausländischen Belegschaften aber für sich genommen zahlenmäßig klein im Vergleich zur Inlandsbelegschaft sind. Sachliche Kriterien für die Zuweisung eines Aufsichtsratssitzes an einen bestimmten Mitgliedstaat lassen sich hier kaum finden. Auch eine wirksame Vertretung der Interessen der ausländischen Belegschaften erscheint in einer solchen Situation kaum möglich. Eine Vielzahl von Mitbestimmungsvereinbarungen regelt die Verteilung der Arbeitnehmersitze im Aufsichtsrat auf die Mitgliedstaaten daher abweichend von den Vorgaben des § 36 Abs. 1 SEBG.[27] Zulässig ist

---

26 *Oetker* in: Lutter/Hommelhoff/Teichmann, SE-Kommentar, 2. Aufl. 2015, § 36 SEBG Rn. 8; *Nagel* in: Nagel/Freis/Kleinsorge, SEBG, SCEBG, MgVG - Arbeitnehmerbeteiligung nach europäischem Recht, 3. Aufl. 2018, § 36 SEBG Rn. 4 (in den Grenzen der Angemessenheit); Habersack/Drinhausen/*Hohenstatt/Müller-Bonanni*, SE-Recht, 2. Aufl. 2016, § 36 SEBG Rn. 3.

27 Vgl. § II.3.3 der Mitbestimmungsvereinbarung der Fresenius SE vom 13. Juli 2007; § B.3.2 der Mitbestimmungsvereinabrung der Allianz SE vom 20. September 2006: § 12.3 der Mitbestimmungsvereinbarung der MAN Diesel SE vom 27. April 2006; Teil A. § 6.9 der Umwandlungsdokumentation der BASF SE vom 27. Februar 2007.

beispielsweise eine streng proportionale Sitzverteilung nach dem d'Hondtschen Höchstzahlenverfahren.[28]

b) Zwingende Gewerkschaftsrepräsentanz

Das Drittelbeteiligungsgesetz sieht, anders als das Mitbestimmungsgesetz, keine zwingende gewerkschaftliche Mindestrepräsentanz im Aufsichtsrat vor. § 4 Abs. 2 Satz 2 Drittelbeteiligungsgesetz eröffnet lediglich die Möglichkeit, in Aufsichtsräten mit mehr als zwei Arbeitnehmervertretern externe Gewerkschaftsvertreter auf freiwilliger Basis zu wählen. Von dieser Möglichkeit wird in der Praxis jedoch kaum jemals Gebrauch gemacht. Wird eine dem Drittelbeteiligungsgesetz unterliegende Gesellschaft in die Rechtsform der SE überführt, so sichert § 36 Abs. 3 Satz 2 SEBG den Gewerkschaften demgegenüber eine Mindestrepräsentanz im Aufsichtsrat. Aus dem Verweis auf § 6 Abs. 3 SEBG ergibt sich insoweit, dass jedes dritte auf das Inland entfallende Aufsichtsratsmitglied der Arbeitnehmer zwingend auf Vorschlag einer im Unternehmen vertretenen inländischen[29] Gewerkschaft zu wählen ist.[30] Diese Vorgabe wird häufig von den inländischen Arbeitnehmervertretern im Aufsichtsrat als nicht sachgerecht empfunden, weil sie zusätzlich zu der beschriebenen Internationalisierung der Arbeitnehmerbank im Aufsichtsrat (oben III. 2 a)) zu einer weiteren Abschwächung des Einflusses der inländischen Arbeitnehmer im Aufsichtsrat führt. Eine Reihe von Mitbestimmungsvereinbarungen drittelmitbestimmter SE beschränkt daher das passive Wahlrecht auf Unternehmensangehörige.

c) Repräsentation der leitenden Angestellten

Gemäß §§ 15 Abs. 1 Satz 2, 18 MitbestG muss dem Aufsichtsrat einer paritätisch mitbestimmten Gesellschaft mindestens ein leitender Angestellter angehören. Dies gilt auch, wenn sich der Aufsichtsrat aus zwölf Mitgliedern zusammensetzt, so dass lediglich sechs Arbeitnehmervertreter zu wählen sind.

---

28 Vgl. z.B. § 4 der auf die SCA Hygiene Products SE anwendbaren Mitbestimmungsvereinbarung vom 2.6.2009.

29 Siehe Fußnote 10.

30 *Nagel* in: Nagel/Freis/Kleinsorge, SEBG, SCEBG, MgVG - Arbeitnehmerbeteiligung nach europäischem Recht, 3. Aufl. 2018, § 36 SEBG Rn. 7; *Oetker* in: Lutter/Hommelhoff/Teichmann, SE-Kommentar, 2. Aufl. 2015, § 36 SEBG Rn. 12; *Jacobs* in: Münchener Kommentar zum Aktiengesetz, 5. Aufl. 2021, § 36 SEBG Rn. 7. Die Richtlinienkonformität anzweifelnd Habersack/Drinhausen/*Hohenstatt/Müller-Bonanni*, SE-Recht, 2. Aufl. 2016, § 36 SEBG Rn. 10.

Diese zwingende Mindestrepräsentanz der leitenden Angestellten geht mit dem Wechsel in die Rechtsform der SE häufig verloren. Die §§ 6 Abs. 4, 36 Abs. 3 Satz 2 SEBG sichern den leitenden Angestellten nur jeden siebten auf das Inland entfallenden Arbeitnehmersitz im Aufsichtsrat, also nur in Aufsichtsräten mit achtzehn Mitgliedern und auch hier nur dann, wenn nicht mehr als zwei Sitze auf das Ausland entfallen. Die bislang bekannt gewordenen Mitbestimmungsvereinbarungen sehen in der Regel dennoch keine zwingende Mindestrepräsentanz der leitenden Angestellten vor. Die Wahl leitender Angestellter wird vielmehr der Entscheidung der Belegschaften im Rahmen der Aufsichtsratswahlen überlassen.

d) Stellvertretender Aufsichtsratsvorsitz

Ein häufiges Anliegen der Arbeitnehmerseite ist es, die durch § 27 Abs. 2 Satz 2 MitbestG bedingte Praxis der Wahl eines Arbeitnehmervertreters zum stellvertretenden Aufsichtsratsvorsitzenden fortzuschreiben. Aus Art. 50 Abs. 2 iVm. Art. 42 S. 2 SE-Verordnung ergibt sich indes, dass stellvertretender Aufsichtsratsvorsitzender in einer SE nur ein Anteilseignervertreter sein kann.[31] Die Praxis behilft sich hier mit der Benennung mehrerer stellvertretender Aufsichtsratsmitglieder, von denen erst der dritte oder vierte ein Arbeitnehmervertreter ist, so dass es praktisch nicht zu einem Einrücken eines Arbeitnehmervertreters in die Stellung des Aufsichtsratsvorsitzenden kommen kann. Parallel hierzu wird versucht, die ausschlaggebende Stimme des Aufsichtsratsvorsitzenden aus Art. 50 Abs. 2 Satz 1 SE-VO für stellvertretende Aufsichtsratsvorsitzende, die Arbeitnehmervertreter sind, durch eine entsprechende Regelung in der Mitbestimmungsvereinbarung und/oder der Satzung auszuschließen.[32]

e) Verfahren zur Bestellung des Vorstands

Von Gewerkschaftsseite wird bisweilen die Forderung erhoben, dass besondere Verfahren nach § 31 MitbestG für die Bestellung und die Abberufung der Mitglieder des Vorstands in der Mitbestimmungsvereinbarung nachzubilden. Dem steht jedoch die zwingende Regelung des Art. 50 Abs. 1 lit. b) SE-VO entgegen, derzufolge der Aufsichtsrat einer SE Beschlüsse mit der (einfachen)

---

31 Vgl. *Reichert/Brandes* in: Münchener Kommentar zum Aktiengesetz, 5. Aufl. 2021, Art. 42 SE-VO Rn. 20.

32 Hierzu *Reichert/Brandes,* in: Münchener Kommentar zum Aktiengesetz, 5. Aufl. 2021, Art. 42 SE-VO Rn. 20.

Mehrheit der anwesenden oder vertretenen Mitglieder fasst. Diese Regelung gilt auch für die Bestellung und die Abberufung der Mitglieder des Vorstands.[33] Abweichungen durch die Mitbestimmungsvereinbarung sind nicht möglich.[34]

IV. Fazit

Das Verfahren zur Bildung des BVG unterliegt in weiten Teilen ausländischem Recht. Dies betrifft insbesondere die Wahl oder Bestellung der Mitglieder des BVG. Ohne ausländischen Rechtsrat lässt sich das Verfahren daher kaum rechtssicher durchführen.

Da jede Seite das Eingreifen der gesetzlichen Auffangregelungen über ein schlichtes Verstreichenlassen der gesetzlichen Verhandlungsfrist erzwingen kann, werden die Verhandlungen über die Ausgestaltung der Arbeitnehmerbeteiligung in der SE stets mit Blick auf die Auffangregelungen geführt. Es haben sich jedoch Bereiche herausgebildet, in denen mit einer gewissen Regelmäßigkeit Abweichungen von den gesetzlichen Auffangregelungen vereinbart werden.

Mit Blick auf das Verfahren zur Unterrichtung und Anhörung der Arbeitnehmer betrifft dies die Bildung sog. Entsendungsregionen, innerhalb derer die Belegschaften mehrerer Mitgliedstaaten ein oder mehrere Mitglieder des SE-Betriebsrats gemeinsam wählen. Darüber hinaus wird die Aufgabe der Wahl der Arbeitnehmervertreter im Aufsichtsrat häufig dem SE-Betriebsrat zugewiesen, um auf diese Weise die Legitimationsbasis der Arbeitnehmervertreter im Aufsichtsrat zu verbreitern und das Wahlverfahren zu vereinfachen.

Die durch § 36 Abs. 1 SEBG vorgegebene „Internationalisierung der Arbeitnehmerbank im Aufsichtsrat“ wird teilweise als nicht sachgerecht empfunden, wenn der ganz überwiegende Teil der Arbeitnehmer im Inland beschäftigt ist. Entsprechende Mitbestimmungsvereinbarungen sehen demgemäß statt der zwingenden Zuweisung eines Aufsichtsratssitzes an das Ausland eine streng proportionale Verteilung der Arbeitnehmersitze auf die Mitgliedstaaten gemäß den Beschäftigtenzahlen vor. Die in drittelmitbestimmten Aufsichtsräten ab einer bestimmten Größe durch §§ 36 Abs. 3 Satz 2, 6 Abs. 3 SEBG zwingend vorgegebene Gewerkschaftsrepräsentanz wird regelmäßig durch eine Beschränkung des passiven Wahlrechts auf Unternehmensangehörige abbedungen.

---

33 *Reichert/Brandes* in: Münchener Kommentar zum Aktiengesetz, 5. Aufl. 2021, Art. 39 SE-VO Rn. 24, Art. 46 SE-VO Rn. 7.

34 Vgl. *Reichert/Brandes* in: Münchener Kommentar zum Aktiengesetz, 5. Aufl. 2021, Art. 39 SE-VO Rn. 24 f., Art. 50 SE-VO Rn. 2.

*Achim Seifert**

Mitbestimmung im monistischen Leitungssystem – Frankreich und Luxemburg als Beispiele –

***Abstract:** Employee board-level representation in one-tier board systems has been considered by some as differing from employee participation in two-tier board system in that it would go far beyond the latter since it would englobe the management of the whole day to day business of the company. The following paper aims at demonstrating that employee board-level representation in one-tier board systems have a tendency to converge with participation schemes that are embedded in a two-tier board system such as the German Mitbestimmung. It uses comparative law as a tool and takes the French and the Luxembourgian system of board-level employee representation as examples to show this convergence more in detail.*

A. Einleitung 40
B. Frankreich 42
I. Historische Entwicklung 43
II. Geltungsbereich 47
III. Bestellung der Arbeitnehmervertreter 50
1. Persönliche Voraussetzungen der Arbeitnehmervertreter 50
2. Die Bestellung nach den einzelnen Modellen 52
IV. Rechtsstellung der Arbeitnehmervertreter 53
1. Arbeitsrechtliche Rechtsstellung 54
2. Organschaftliche Rechtsstellung 55
V. Die Mitbestimmung im Verwaltungsrat 57
1. Verhältnis von Verwaltungsrat und Generaldirektor 57
2. Verwaltungsratsausschüsse 60
VI. Einbettung in das Gesamtgefüge der kollektiven Arbeitsbeziehungen 61
1. Einbeziehung des Wirtschafts- und Sozialausschusses in den Verwaltungsrat 61

---

* Professor für Bürgerliches Recht, Deutsches und Europäisches Arbeitsrecht und Rechtsvergleichung an der Friedrich-Schiller-Universität Jena. Änderungen aufgrund der neuesten französischen Rechtsentwicklung, namentlich in der Folge der loi du 22 mai 2019 relative à la croissance et la transformation des entreprises, dite loi PACTE (Plan d'action pour la croissance et la transformation des entreprises), konnten nicht mehr berücksichtigt werden.

2. Vertretung der Belegschaftsaktionäre im Verwaltungsrat 64
3. Mitbestimmung und System der Kollektivverhandlungen 67
C. Luxemburg 68
I. Historische Grundlagen 68
II. Geltungsbereich 70
III. Wahl der Arbeitnehmervertreter 72
IV. Rechtsstellung der Arbeitnehmervertreter 73
1. Arbeitsrechtliche Rechtsstellung 73
2. Organschaftliche Rechtsstellung 74
V. Die Mitbestimmung im Verwaltungsrat 77
1. Verlagerung von Geschäftsführungsaufgaben auf Direktoren 78
2. Verwaltungsratsausschüsse 78
3. Beteiligung bei der Bestellung eines der Abschlussprüfer 79
VI. Einbettung ins Gesamtgefüge der kollektiven Arbeitsbeziehungen 80
1. Verhältnis von betrieblicher und unternehmerischer Mitbestimmung 80
2. Mitbestimmung und System der Kollektivverhandlungen 81
D. Schlussfolgerungen 81

A. Einleitung

Die Mitbestimmung im monistischen Leitungsmodell ist nicht mehr nur für den Rechtsvergleicher von Interesse. Sie hat für Unternehmen mit Sitz in der Bundesrepublik Deutschland jedenfalls potentiell praktische Bedeutung dadurch erlangt, dass Art. 38 lit. b der Verordnung Nr. 2157/2001 über das Statut der Europäischen Aktiengesellschaft (SE) den Gründern einer SE die Freiheit gibt, zwischen einer dualistischen und einer monistischen Leitungsstruktur für die Gesellschaft zu wählen. Wird das monistische Modell gewählt, hat dies auch Auswirkungen auf die unternehmerische Mitbestimmung, die jedenfalls nach der Auffangregelung der Richtlinie 2001/86/EG zur Ergänzung des Statuts der Europäischen Gesellschaft hinsichtlich der Beteiligung der Arbeitnehmer dann im Verwaltungsrat ansetzt.[1] Auch Art. 133 der Richtlinie

1 Art. 7 i.V.m. dem Anhang der Richtlinie 2001/86/EG zur Ergänzung des Statuts der Europäischen Gesellschaft hinsichtlich der Beteiligung der Arbeitnehmer (ABl. EG Nr. 294/22); § 21 Abs. 3 Nr. 1, §§ 34 ff. SEBG. So waren nach einer Erhebung der Hans-Böckler-Stiftung zum 31.12.2020 von den 413 „normalen“ SE mit Sitz in Deutschland immerhin 157 und damit mehr als ein Drittel monistisch verfasst; siehe Institut für Mitbestimmung und Unternehmensführung der

(EU) 2017/1132 über bestimmte Aspekte des Gesellschaftsrechts[2] eröffnet die Möglichkeit, dass nach deutschem Recht mitbestimmungspflichtige Gesellschaften aufgrund der grenzüberschreitenden Verschmelzung in einer AG mit monistischer Leitungsstruktur nach dem Recht eines anderen Mitgliedstaates aufgehen und die Arbeitnehmer im Verwaltungsrat der aus der Verschmelzung hervorgehen-den Gesellschaft ein Mitbestimmungsrecht erlangen .[3]

Mit der Einbettung der Mitbestimmung in das monistische Leitungssystem verändert sich *prima facie* auch der Gesamtcharakter der Mitbestimmung: Sie ist dann nicht mehr nur wie im dualistischen Leitungssystem in erster Linie auf die Überwachung der Geschäftsführung (vgl. § 111 Abs. 1 AktG) beschränkt,[4] sondern schließt auch die Geschäftsführung der Gesellschaft ein.[5] Die Mitbestimmung im monistischen Leitungssystem wird deshalb zuweilen auch als ein *aliud* gegenüber der deutschen Aufsichtsratsmitbestimmung angesehen.[6]

Hans-Böckler-Stiftung, SE-Datenblatt - Fakten zur Europäischen Aktiengesellschaft - Stand: 31.12.2020).

2 ABl. EU Nr. L 169/46. Die Vorschrift hat die inhaltsgleiche Vorschrift des Art. 16 der Richtlinie 2005/56/EG über die Verschmelzung von Kapitalgesellschaften aus verschiedenen Mitgliedstaaten (ABl. EG Nr. 310/1) ersetzt.

3 Allerdings ist bislang kein Fall einer grenzüberschreitenden Verschmelzung bekannt, der dazu geführt hat, dass eine nach deutschem Recht mitbestimmte Gesellschaft in einer monistisch verfassten und aufgrund einer Vereinbarung nach Art. 16 der Richtlinie 2005/56/EG bzw. nach Art. 133 Richtlinie (EU) 2017/1132 mitbestimmten Gesellschaft aufgegangen wäre. Nur am Rande sei auf rechtspolitische Überlegungen hingewiesen, ein Gesetz über die Erstreckung der Mitbestimmung auf ausländische Gesellschaften mit Sitz im Inland zu schaffen, um einer „Flucht aus der Mitbestimmung" durch die Wahl einer Rechtsform eines anderen Mitgliedstaates, die nicht mitbestimmungspflichtig ist z.B. die englische *limited company*, zu begegnen. Eine solche Mitbestimmungserstreckung kann zur Verankerung der Mitbestimmung in monistischen verfassten Gesellschaftsformen führen. Zur Vereinbarkeit einer solchen Mitbestimmungserstreckung mit der Niederlassungsfreiheit (Art. 49 AEUV) näher *Weiss/Seifert*, ZGR 2009, 542–580.

4 Dabei sollte man indessen nicht vergessen, dass auch nach deutschem Recht in eingeschränktem Umfang wegen § 111 Abs. 4 S. 2 AktG eine Arbeitnehmerteilhabe an Geschäftsführungsentscheidungen mit einer gewissen Tragweite vorgesehen ist. Dazu im Überblick MünchKomm/*Habersack*, AktG, 5. Auflage (2019), § 111, Rn. 113 m.w.N.

5 So z.B. Art. 43 Abs. 1 SE-VO und § 22 Abs. 1 SEBG für das Verwaltungsorgan der monistisch verfassten SE.

6 So insbesondere *Lutter*, ZGR 2000, 1 (17); ähnlich *Gruber/Weller*, NZG 2003, 297 (299) und *Reichert/Brandes*, ZGR 2003, 767 (790). Teilweise werden aus diesem Grund sogar verfassungsrechtliche Bedenken gegen eine Mitbestimmung im

Vor diesem Hintergrund kann ein mitbestimmungsrechtlicher Blick über die Grenze nach Frankreich und nach Luxemburg besonders aufschlussreich sein. Die Rechtsordnungen beider Länder sehen Regeln über die Mitbestimmung in den Organen der AG vor, die jedenfalls rechtstatsächlich ganz überwiegend im Verwaltungsrat [*conseil d'administration*] ansetzen, auch wenn sowohl das französische als auch das Luxembuger Aktienrecht inzwischen ein Wahlrecht zwischen dem monistischen und dem dualistischen Leitungsmodell vorsehen. Der Vergleich zwischen beiden Rechtsordnungen bietet sich an, da sich an ihrem Beispiel gut zeigen lässt, dass die unternehmerische Mitbestimmung im monistischen Leitungsmodell nicht als einheitliches Phänomen gesehen werden kann, sondern in Abhängigkeit von den jeweils bestehenden konkreten gesellschafts- und arbeitsrechtlichen Rahmenbedingungen durchaus unterschiedliche Gestalt annehmen kann.

B. Frankreich

Das französische Aktienrecht kannte ursprünglich nur das monistische Leitungsmodell. Obgleich mit der Gesellschaftsrechtsreform von 1966 der französische Gesetzgeber auch die dualistische Verfassung zugelassen hat,[7] steht nach wie vor das Verwaltungsratsmodell in der Praxis im Vordergrund.[8] Dies mag es rechtfertigen, die folgenden Überlegungen zur unternehmerischen Mitbestimmung in Frankreich auf die monistisch verfasste AG zu beschränken.

Verwaltungsrat geltend gemacht: so z.B. *Henssler*, Unternehmerische Mitbestimmung in der Societas Europaea – Neue Denkanstöße für die Corporate-Governance-Diskussion, in: Habersack/Huffer u. a. (Hrsg.), Festschrift für Peter Ulmer zum 70. Geburtstag am 2. Januar 2003, Berlin 2003, 193 (201); ebenso *R. Wolf*, Zukunft der Mitbestimmung – eine Skizze, in: Wolfhard Kohte/Hans-Jürgen Dörner/Rudolf Anziger (Hrsg.), Arbeitsrecht im sozialen Dialog – Festschrift für Hellmut Wissmann zum 65. Geburtstag, München 2005, 489 (501).

7 Gesetz Nr. 66-537 v. 24. 7. 1966 über die Handelsgesellschaften [*loi sur les sociétés commerciales*] (Journal Officiel de la République Française [J.O.R.F.] 1966, 6402).

8 Nur 4% aller AG und 20% der 40 Unternehmen des Aktienindexes *CAC 40* (*Cotisation assistée en continu*) der Pariser Börse sind dualistisch verfasst: unter ihnen PSA, Pinaut-Printemps-Redoute, Axa und Vivendi Universal); zu diesen Zahlen siehe *Maurice Cozian/Alain Viandier/Florence Deboissy*, Droit des sociétés, 30. Auflage, Paris 2017, Rn. 939 m. N.

I. Historische Entwicklung

Die Mitbestimmung der Arbeitnehmer im Unternehmen hat in Frankreich eine weitaus kürzere Tradition als in Deutschland; dies ist allseits bekannt. Die kollektiven Arbeitsbeziehungen in Frankreich tragen weitaus mehr konfrontative Züge und weisen der Kooperation von Arbeitgeber und Arbeitnehmerschaft innerhalb des Unternehmens nur eine untergeordnete Bedeutung zu, auch wenn es nicht an Versuchen gefehlt hat, den Gedanken einer Sozialpartnerschaft im Unternehmen zu verankern. Trotz dieses eher ernüchternden Befundes hat die Mitbestimmung der Arbeitnehmer in den Unternehmensorganen in den vergangenen Jahrzehnten an Bedeutung gewonnen. Es lohnt sich deshalb, die Entwicklung des Rechts der unternehmerischen Mitbestimmung in Frankreich in knappen Zügen nachzuzeichnen.

Erste Regelungen über eine gesellschaftsrechtlich verfestigte Beteiligung der Arbeitnehmer an den Entscheidungen des Unternehmens gehen bis in die Zeit des ersten Weltkriegs zurück. Bereits das Gesetz vom 26. April 1917 („*Loi Chéron*")[9] enthält hierzu erste Ansätze, indem es die Rechtsform einer AG mit Arbeiterbeteiligung [*Société anonyme à participation ouvrière*] anerkannte, deren Anteile (Arbeitsaktien) nur an Mitarbeiter der Gesellschaft ausgegeben werden und an deren Ergebnis die Arbeitnehmer zu beteiligen sind. Allerdings ist die AG mit Arbeiterbeteiligung bis heute ohne nennenswerte praktische Bedeutung geblieben und hat die Debatte über die Mitbestimmung in der Folgezeit nicht nachhaltig prägen können.[10]

Eine weitere Etappe in der Entwicklung wurde mit § 8 der Präambel der französischen Verfassung von 1946 erreicht, die auch heute noch geltendes Verfassungsrecht ist[11] und bestimmt, dass jeder Arbeiter über seine Delegierten u. a. auch an der Leitung der Unternehmen [*gestion des entreprises*] mitwirkt. Dieses soziale Grundrecht blieb über lange Zeit hinweg ein vom Gesetzgeber unerfülltes Versprechen: Lediglich eine beratende Teilnahme von Vertretern

---

9 Loi Adjonction des art. 72 à 80 (Sociétés Anonymes à participation ouvrière) et modification de l'art. 64 (émission d'actions) de la loi du 27 juillet 1867 (J.O.R.F. 1917 du 28 avril 1917, 3386). Die AG mit Arbeiterbeteiligung ist heute in den Art. L.225-258 ff. C. com. geregelt.

10 Siehe statt vieler *Pierre Le Vey*, Jurisclasseur Sociétés Traités (2008), Fascicule 173-50 – Société Anonyme à Participation Ouvrière, Rn. 3 m. w. N.

11 Nach dem Urteil des Conseil constitutionnel v. 16. 7. 1971, n° 71-44 DC ist die Präambel der Verfassung von 1946 ebenso wie die Erklärung der Menschen- und Bürgerrechte v. 26. 8. 1789 Teil des sog. *bloc de constitutionnalité*.

des Unternehmensausschusses [*comité d'entreprise*] in den Verwaltungsräten der AG wurde im Jahre 1946 eingeführt.[12] Eine wirkliche Mit*bestimmung* an der Leitung großer Unternehmen blieb indessen lange Zeit aus.

Auch wenn die Schaffung einer Arbeitnehmerbeteiligung in den Verwaltungsräten bzw. den Aufsichtsräten größerer AG bereits während der siebziger Jahre des letzten Jahrhunderts als rechtspolitische Forderung erhoben wurde,[13] erfolgte der Durchbruch für die Mitbestimmung doch erst während der ersten Amtszeit von Präsident *François Mitterand* in den 1980er Jahren. Mit dem Gesetz vom 26. Juli 1983 über die Demokratisierung des öffentlichen Sektors (im Folgenden: Loi dém. sect. publ.),[14] das im Kontext der Verstaatlichungswelle zu Beginn der Ära *Mitterand* verabschiedet wurde, führte der französische Gesetzgeber eine mindestens drittelparitätische Mitbestimmung der Arbeitnehmer in den Leitungsorganen der AG des öffentlichen Sektors ein. Die Einführung der Mitbestimmung war Teil der arbeitsrechtlichen Reformen, die der sozialistische Arbeitsminister *Jean Auroux* in der ersten Phase der Präsidentschaft von Mitterand angestoßen hatte [„*lois Auroux*"] und die das Ziel verfolgten, eine *citoyenneté d'entreprise* der Arbeitnehmer zu verwirklichen.[15]

Für die privatwirtschaftliche AG erfolgte eine Regelung erst durch die Verordnung [*Ordonnance*] 86-1135 vom 21. Oktober 1986, welche die Einführung einer bis zu drittelparitätischen Mitbestimmung in den Verwaltungsräten bzw. Aufsichtsräten der Gesellschaft durch Satzung erlaubte. Die Regelungen zur unternehmerischen Mitbestimmung in der Privatwirtschaft wurden in das

---

12 Ordonnance n° 45-280 du 22 février 1945 sur l'institution de comités d'entreprise (J.O.R.F. 1945, 954). Zur Entwicklung des Rechts der Unternehmensausschüsse aus rechtshistorischer Perspektive *Jean-Pierre Le Crom*, L'introuvable démocratie salariale – Le droit de la représentation du personnel dans l'entreprise (1890–2002), Paris 2003. Ausführlich zur Einbeziehung des Unternehmensausschusses in die Verwaltungsratsarbeit unten V. I. m. w. N.

13 So insbesondere der *Sudreau*-Bericht von 1975: *Pierre Sudreau* (Hrsg.), La réforme de l'entreprise, Paris 1975 (Documentation Française), 95–104. Eine kritische Analyse dieses Berichts findet sich bei *Verdier*, Le comité Sudreau, in: Revue internationale de droit comparé 1976 (28), 771–783.

14 Loi n° 83-675 relative à la démocratisation du secteur public (J.O.R.F. 1983, 2267). Das Gesetz ist in seinen wesentlichen Teilen, insbesondere auch in den Teilen, welche die Arbeitnehmermitbestimmung betreffen, durch die Entscheidung Nr. 83-162 DC v. 20. 7. 1983 des französischen Verfassungsrats [*Conseil Constitutionnel*] für verfassungsmäßig erklärt worden.

15 Dazu näher *Jean Auroux*, Les droits nouveaux des travailleurs. Rapport au Président de la République et au Premier Ministre, Paris 1982.

Kapitel über die AG des französischen Handelsgesetzbuchs [*Code de Commerce*] eingefügt. Schon diese formale Zuordnung des Mitbestimmungsrechts zum Handelsrecht ist ein bemerkenswerter Unterschied zum deutschen, aber auch luxemburgischen Mitbestimmungsrecht. Sie spiegelt sich auch in der Rechtswissenschaft wider, denn die Mitbestimmung im Unternehmen nimmt im arbeitsrechtlichen Schrifttum eher eine untergeordnete Bedeutung ein.[16]

Eine neue Dimension hat die unternehmerische Mitbestimmung in Frankreich allerdings durch das Gesetz über die Beschäftigungssicherung vom 14. Juni 2013 erlangt.[17] Die Neuregelung geht in ihren wesentlichen Zügen auf den Bericht des ehemaligen Präsidenten des Verwaltungsrates von EADS *Louis Gallois* zurück, den dieser der französischen Regierung im Jahre 2012 vorgelegt hat[18] und dessen Vorschläge insoweit von den Sozialpartnern in der Interprofessionellen Vereinbarung vom 11. Januar 2013 übernommen wurden.[19] Im Rahmen dieser ersten größeren Reform des Arbeitsrechts, die von

---

16 Bereits ein kurzer Blick in französische Lehrbücher des Arbeitsrechts bestätigt diese Aussage: Während *Gilles Auzero/Dirk Baugard/Emmanuel Dockès*, Droit du travail, 31. Auflage (2018), Rn. 1301 ff. die Unternehmensmitbestimmung zumindest in ihren Grundzügen darstellen, enthalten beispielsweise die Lehrbücher von *Antoine Mazaud*, Droit du travail, 10. Auflage (2016) und *Françoise Favennec-Héry/Pierre-Yves Verkindt*, Droit du travail, 7. Auflage (2020) überhaupt keine Ausführungen zu ihr.

17 Art. 9 de la Loi n° 2013-504 relative à la sécurisation de l'emploi, J.O.R.F. 2013 v. 16. 6. 2013, 9958. Zu der Mitbestimmungsreform im Überblick: *Gilles Auzero*, La représentation obligatoire des salariés dans les conseils d'administration et de surveillance, in: Droit social 2013, 740; *Emeric Jeansen/Franck Maréchal*, Participation des salariés à la gestion de l'entreprise; nouvelle formule, in: Semaine Juridique Social Nr. 26 v. 25. 6. 2013, 1272 ff.; *Alexandra Stocki*, La participation directe des salariés aux organes de gouvernance, in: Semaine Sociale Lamy 2013, 1592; *Quentin Urban*, La représentation des salariés dans les conseils de sociétés par actions: „Quel progrès", in: Revue de droit du travail 2013, 689 ff.; *Raymonde Vatinet*, Représentation des salariés dans les conseils d'administration ou de surveillance – Article 9 de la loi n° 2013-504 du 13 juin 2013, in: Revue des sociétés 2014, 75 ff.; siehe auch *Bernard Teyssié*, Loi n° 2013-504 du 14 juin 2013: vers un nouveau droit du travail?, in: La Semaine Juridique Sociale Nr. 25 v. 25. 6. 2013, 1257.

18 *Louis Gallois*, Pacte pour la compétitivité de l'industrie française, Rapport au Premier Ministre, 5. 11. 2012, 56 f., abrufbar unter: http://www.gouvernement.fr/sites/default/files/fichiers_joints/rapport_de_louis_gallois_sur_la_competitivite_0.pdf.

19 Vgl. Art. 13 Accord National Interprofessionnel pour un nouveau modèle économique et social au service de la compétitivité des entreprises et de la sécurisation de l'emploi et des parcours professionnels des salariés, abrufbar unter: http://direccte.gouv.fr/IMG/pdf/ANI_securisation_de_l_emploi-2.pdf.

der sozialistischen Regierungsmehrheit in Angriff genommen wurde, hat der französische Gesetzgeber zum ersten Male auch für große Unternehmen der Privatwirtschaft eine Pflicht zur Einführung einer Mitbestimmung der Arbeitnehmer in den Verwaltungs- und Aufsichtsräten großer Gesellschaften verankert und den *Code de commerce* entsprechend ergänzt. Je nach Größe des Verwaltungsrates sind mindestens ein oder zwei Sitze für Arbeitnehmervertreter reserviert. Damit hat das französische Recht die unternehmerische Mitbestimmung gestärkt vollzogen, der eine entsprechende Öffnung einzelner großer französischer Gewerkschaftsverbände gegenüber der Mitbestimmung in den Aufsichts- und Verwaltungsräten großer Gesellschaften vorangegangen war.[20] Durch das Gesetz vom 17. August 2015 über den sozialen Dialog und die Beschäftigung[21] hat der Gesetzgeber noch einmal vor allem dadurch die Mitbestimmung in der AG ausgeweitet, dass er die Schwellenwerte für die Anwendung der Mitbestimmung halbiert hat.

Damit ist die Entwicklung des Mitbestimmungsrechts in Frankreich jedoch noch nicht zum Ruhen gekommen. So empfiehlt ein Bericht, den die ehemalige Vorsitzende des Gewerkschaftsbundes CFDT *Nicole Notat* zusammen mit dem Manager *Jean-Dominique Senard* im Auftrag mehrerer französischer Ministerien erstellt und im März 2018 vorgelegt hat, diverse kleinere Reformen des Mitbestimmungsrechts (z.B. Zahl der Arbeitnehmervertreter in Abhängigkeit von der Größe des mitbestimmten Gremiums und die Einführung einer Mitbestimmung in Konzernholding-Gesellschaften, um eine Umgehung der Mitbestimmung zu verhindern).[22] Bislang hat der französische Gesetzgeber diese mitbestimmungsrechtlichen Handlungsempfehlungen allerdings noch

---

20 Dies gilt insbesondere für die Confédération française du travail (CFDT), die seit einigen Jahren ganz im Gegensatz zur ihrer früheren Politik die gesetzliche Verankerung einer Mitbestimmung der Arbeitnehmer in den Verwaltungs- und Aufsichtsräten von Großunternehmen fordert; dazu *Jean-Paul Bouchet*, La représentation des salariés au conseil d'administration ou de surveillance des entreprises: les préconisations de la CFDT, in: Aline Conchon/Marie-Noëlle Auberger (Hrsg.), Les administrateurs salariés et la gouvernance d'entreprise, Paris 2009, 151 ff.

21 Art. 11 de la Loi n° 2015-994 relative au dialogue social et à l'emploi (J.O.R.F. 2015, 14346).

22 *Nicole Notat/Jean-Dominique Senard*, L'entreprise, objet d'intérêt collectif – Rapport aux Ministres de la Transition écologique et solidaire, de la Justice, de l'Économie et des Finances et du Travail, Paris 2018, 54 ff. (Ziffer 4.2) u. 78 f. (Nr. 6–8), abrufbar unter: https://minefi.hosting.augure.com/Augure_Minefi/r/ContenuEnLigne/Download?id=FAA5CFBA-6EF5-4FDF-82D8-B46443BDB61B&filename=entreprise_objet_interet_collectif.pdf.

nicht umgesetzt. Die Regierungsmehrheit der Bewegung „*La République en Marche*“ von Präsident *Emmanuel Macron* hat diese Reformvorschläge aufgegriffen und versucht, diese mit dem „Gesetz über das Wachstums und die Weiterentwicklung der Unternehmen“ umzusetzen. Bislang (März 2019) ist der mitbestimmungsrechtliche Teil dieses Gesetzesvorhabens jedoch noch nicht verabschiedet worden.

II. Geltungsbereich

Ebenso wie das deutsche ist auch das französische Mitbestimmungsrecht rechtsformspezifisch ausgestaltet. Unterworfen sind allerdings ausschließlich Aktiengesellschaften [*sociétés anonymes (S.A.)*] i. S. d. Art. L.225-1 ff. C. com. Andere Gesellschaftsformen wie etwa die GmbH [*société à responsabilité limitée (S.à.r.l.*] oder die Genossenschaft [*société coopérative*] sind nicht mitbestimmungspflichtig. Im Hinblick auf den Geltungsbereich des französischen Mitbestimmungsrechts ist zwischen der AG des privatwirtschaftlichen und des öffentlichen Sektors zu differenzieren.

Eine Mitbestimmungspflicht besteht für Gesellschaften des öffentlichen Sektors. AG, in denen der Staat die Mehrheit der Aktien hält, sind verpflichtet, mindestens ein Drittel der Mitglieder des Verwaltungsrats aus den Kreisen der Arbeitnehmerschaft der Gesellschaft wählen zu lassen (Art. 5 Nr. 3 i. V. m. Art. 14 ff. Loi dém. sect. publ.). Dieser Sektor der gemischten Wirtschaft [*sociétés d'économie mixte*] besitzt in der französischen Volkswirtschaft eine überaus große Bedeutung.[23] Allerdings wird die praktische Bedeutung dieser gesetzlichen Mitbestimmungspflicht dadurch gemindert, dass nach Art. 4 (1) Loi dém. sect. publ. Gesellschaften mit weniger als 200 Arbeitnehmern nicht mitbestimmt sind; ebenso wenig findet die gesetzliche Regelung auf diejenigen Gesellschaften Anwendung, die im Anhang zu Art. 4 aufgelistet sind und zu denen so bedeutende Unternehmen wie Air France und Crédit Agricole gehören. Auch wenn die Gaullistische Mehrheit bereits während der ersten „*Cohabitation*“ (1986–1988) eine Reprivatisierung zuvor verstaatlichter Unter-nehmen einleitete, verankerte sie unter der zweiten „*Cohabitation*“ (1993–1995) in Art. 1 des Gesetzes vom 25. Juli 1994[24] eine Mitbestimmungserhaltungsregelung, die jedoch unter einer drittelparitätischen Lösung blieb.

---

23 Dazu *Philippe Merle*, Droit commercial – sociétés commerciales, 20. Auflage (2017), Rn. 15 m. N.

24 Loi n° 94-640 relative à l'amélioration de la participation des salariés dans l'entreprise (J.O.R.F. 1994, 10832).

In privatwirtschaftlichen AG ist die Schaffung einer unternehmerischen Mitbestimmung indessen lange Zeit ausschließlich eine Frage der satzungsrechtlichen Gestaltungsfreiheit gewesen. Durch Satzung *kann* nämlich nach Art. L.225-27 C. com. vorgesehen werden, dass über die gesetzlich vorgesehene Zahl der Verwaltungsratsmitglieder[25] hinaus Arbeitnehmervertreter in den Verwaltungsrat von den Beschäftigten der Gesellschaft oder von den Beschäftigten der Gesellschaft und deren Tochtergesellschaften mit Sitz in Frankreich zu wählen sind. Die Zahl der Arbeitnehmervertreter darf allerdings vier und in Gesellschaften, die zu einem regulierten Markt zugelassen sind, fünf nicht überschreiten; auf jeden Fall ist sie aber auf ein Drittel der übrigen Verwaltungsratsmitglieder begrenzt. Ein den deutschen § 1 Abs. 1 Nr. 2 MitbestG, § 1 Abs. 1 DrittelbG vergleichbarer Schwellenwert für die satzungs-förmige Einführung der Mitbestimmung besteht insoweit nicht.

Eine Mitbestimmungspflicht für Gesellschaften des privatwirtschaftlichen Sektors ist allerdings in sehr engen Grenzen durch das bereits erwähnte Gesetz über die Beschäftigungssicherung vom 14. Juni 2013 eingeführt und durch das das Gesetz vom 17. August 2015 über den sozialen Dialog und die Beschäftigung verstärkt worden. Der neue Art. L. 225-27-1 (1) C. com. legt den Anteil der Arbeitnehmervertreter im Aufsichtsrat nicht abschließend fest, sondern zwingt die Gesellschaft, diesen per Satzung zu bestimmen.[26] Die neuen Mitbestimmungsregeln kommen in zwei Fällen zur Anwendung.[27] Zum einen besteht eine Mitbestimmungspflicht für sämtliche SA sowie Sociétés en commandite par actions [Kommanditgesell-schaft auf Aktien], die mindestens 1.000 Arbeitnehmer ständig unmittelbar oder mittelbar – unter Einschluss der auf französischem Territorium in Tochtergesellschaften mit Sitz in Frankreich beschäftigten Arbeitnehmer – in zwei aufeinanderfolgenden Geschäftsjahren beschäftigen. In die Berechnung des Schwellenwertes werden ausschließlich die in einem unbefristeten Arbeitsverhältnis stehenden und in Vollzeit beschäftigten Arbeitnehmer einbezogen, die während des gesamten Geschäftsjahres in dem

25 Die Einzelheiten enthält Art. L.225-17 C. com. Danach hat der Verwaltungsrat mindestens drei Mitglieder. Durch Satzung ist die Höchstzahl der Mitglieder festzulegen, die aber 18 nicht überschreiten darf.

26 Allerdings ordnet Art. L. 225-27-1 (2) C. com. an, dass bei Verwaltungsräten mit weniger als 12 Mitgliedern mindestens ein Arbeitnehmervertreter und bei solchen mit 12 oder mehr Mitgliedern mindestens zwei Arbeitnehmervertreter zu bestellen sind.

27 Zu den Einzelheiten siehe Art. L. 225-27-1 (1) C. com.

Unternehmen beschäftigt sind;[28] Teilzeitbeschäftigte sowie befristet beschäftigte Arbeitnehmer werden somit nicht berücksichtigt. Ist dieser Schwellenwert nicht erreicht, kann sich eine Mitbestimmungspflicht zum anderen aber daraus ergeben, dass die Gesellschaft mindestens 5.000 Arbeitnehmer unmittelbar oder mittelbar – nämlich in ihren inländischen oder ausländischen Tochtergesellschaften – in zwei aufeinanderfolgenden Geschäftsjahren ständig beschäftigt. Eine Mitbestimmungspflicht setzt nach beiden Alternativen aber voraus, dass das Unternehmen, in dem die Arbeitnehmer ein Mitbestimmungsrecht erhalten sollen, der gesetzlichen Pflicht zur Errichtung eines Unternehmensausschusses [*Comité d'entreprise*] unterliegt und somit mindestens 50 Arbeitnehmer beschäftigt: Damit ist praktisch ausgeschlossen, dass kleine Holding-Gesellschaften mitbestimmt werden.[29] Das Gesetz über die Beschäftigungssicherung ordnet für den privatwirtschaftlichen Sektor nicht nur zum ersten Male eine gesetzliche Mitbestimmungspflicht an, sondern enthält erstmals für die Ermittlung des Schwellenwertes eine Konzernregelung und geht über die deutschen Konzernregelungen des § 5 MitbestG und § 2 DrittelbG insoweit hinaus, als jedenfalls die zweite Alternative von Art. L. 225-27-1 (1) C. com. auch die in ausländischen Tochtergesellschaften beschäftigten Arbeitnehmer in die Berechnung einbezieht; dies darf als innovativ bezeichnet werden. Nach den Folgenabschätzungen der französischen Nationalversammlung überschritten im Jahre 2011 ungefähr 200 Unternehmen den Schwellenwert von 5.000 Arbeitnehmern; für die Zahl der Unternehmen, die von der zweiten Alternative von Art. L. 225-27-1 (1) C. com. erfasst sind, fehlt es allerdings an einer soliden Schätzung.[30]

Sieht man einmal von dieser gesetzlichen Neuregelung ab, gab es nach einer empirischen Untersuchung für die Hans-Böckler-Stiftung[31] im Jahre

---

28 So die allgemeine Begriffsbestimmung des Art. L. 1111-2 Nr. 1 C. trav., die auch für die Berechnung des Schwellenwertes in Art. L. 225-27-1 (1) C. com. gelten soll; so insbesondere *Jeansen/Maréchal*, Semaine Juridique Social Nr. 26 v. 25. 6. 2013, 1272 f.

29 Dies ist bereits in der parlamentarischen Beratung des Gesetzes kritisiert worden; dazu vor allem *Jeansen/Maréchal*, Semaine Juridique Social Nr. 26 v. 25. 6. 2013, 1272 f. sowie *Urban*, Revue de droit du travail 2013, 689 f. m.w.N.

30 Vgl. Assemblée Nationale, Projet de loi relative à la sécurisation de l'emploi – Etude d'impact, Partie II, section 2, Ziffer 2.3., abrufbar unter: http://www.assemblee-nationale.fr/14/projets/pl0774-ei.asp.

31 *Aline Conchon*, Übersicht über die Arbeitnehmervertreter mit Stimmberechtigung in den Leitungsorganen der französischen Unternehmen – Studie im Auftrag der Hans-Böckler-Stiftung 9/2006; vgl. auch *dies.*, Quelle régulation collective de la démocratie industrielle? Le cas des administrateurs salariés, in: Terrains & Travaux Nr. 14 2008, 48 (49).

2006 mindestens 545 Arbeitnehmervertreter in Verwaltungsräten und Aufsichtsräten in insgesamt 160 Gesellschaften. Von den Verwaltungs- bzw. Aufsichtsräten der 40 Gesellschaften, die zum Börsenindex *CAC 40* (*Cotisation assistée en continu*) gehören, waren im Jahr 2005 immerhin 27,5% (= 11/40) mitbestimmt.[32] 60% der insgesamt 160 mitbestimmten Gesellschaften gehörten dem öffentlichen Sektor an und nur 40% der Privatwirtschaft. Allerdings handelte es sich bei 87,5% der mitbestimmten Gesellschaften des privatwirtschaftlichen Sektors um Unternehmen, die zuvor dem öffentlichen Sektor angehörten und reprivatisiert wurden.[33] Der Schwerpunkt der französischen Unternehmensmitbestimmung liegt somit ganz klar im öffentlichen Sektor und in reprivatisierten Gesellschaften.

III. Bestellung der Arbeitnehmervertreter

Hinsichtlich der Bestellung der Arbeitnehmervertreter ist zwischen den persönlichen Voraussetzungen, welche diese nach dem Gesetz erfüllen müssen (1.), und dem Verfahren ihrer Bestellung zu unterscheiden (2.).

1. Persönliche Voraussetzungen der Arbeitnehmervertreter

Arbeitnehmervertreter können nur Arbeitnehmer der Gesellschaft oder einer ihrer direkten oder indirekten Tochtergesellschaften sein, die ihren Sitz innerhalb von Frankreich haben, und die eine Unternehmenszugehörigkeit von mindestens zwei Jahren zum Zeitpunkt ihrer Ernennung aufweisen können (Art. L.225-28 (1) C. com., Art. 15 Loi dém. sect. publ.). Unternehmensexterne Personen (z.B. Gewerkschaftsvertreter) sind somit von der Mitbestimmung in den Unternehmensorganen grundsätzlich ausgeschlossen.

Eine Besonderheit des französischen Rechts liegt darin, dass das Verwaltungsratsmandat der Arbeitnehmervertreter grundsätzlich unvereinbar mit der Funktion eines Gewerkschaftsdelegierten [*délégué syndical*],[34] eines

32 Siehe *Institut Français de Gouvernement d'Entreprises*, Chiffres & textes clés – Les administrateurs dans les entreprises du CAC 40 (2005), 2 und 5, abrufbar unter: http://www.ifge-online.org/docftp/CTC.pdf. In diesem Bericht findet sich auch eine tabellarische Aufstellung der Zahl der Arbeitnehmervertreter nach den einzelnen mitbestimmten Gesellschaften.

33 Siehe *Aline Conchon*, Terrains & Travaux, Nr. 14 2008, 48 (49).

34 Gewerkschaftsdelegierte sind in Unternehmen oder Betrieben mit mindestens 50 Arbeitnehmern von jeder repräsentativen Gewerkschaft im Unternehmen zu bestimmen (Art. L.2143-3 C. trav. franç); in Betrieben mit weniger als 50 Arbeitnehmern können die repräsentativen Gewerkschaften einen Personaldelegierten zum

Mitglieds des Unternehmensausschusses [*comité d'entreprise*],[35] eines Personaldelegierten [*délégué du personnel*][36] oder mit einem anderen Amt der Arbeitnehmervertretung ist (Art. L.225-30 Satz 1 C. com., Art. 23 (1) Loi dém. sect. pub.). Hat ein Arbeitnehmervertreter im Verwaltungsrat bei seiner Wahl derartige Ämter inne, muss er diese innerhalb von acht Tagen niederlegen und verliert andernfalls seine Mitgliedschaft im Verwaltungsrat automatisch (Art. L.225-30 Satz 1 C. com.); im Geltungsbereich der Loi dém. sect. pub. verliert er hingegen seine bisherigen Vertretungsämter mit dem Erwerb seiner Mitgliedschaft im Verwaltungsrat (Art. 23 (1) Loi dém. sect. pub.). Diese Unvereinbarkeitsregel ist rechtspolitisch nicht unumstritten, schränkt sie doch erheblich die Möglichkeit der Arbeitnehmervertreter im Verwaltungsrat ein, Arbeitnehmerinteressen im Unternehmen durch eine Verzahnung der verschiedenen Ebenen der Arbeitnehmervertretung wirkungsvoll wahrzunehmen.[37] Mit ihr sollen Interessenkonflikte zwischen einer reinen Vertretung von Arbeitnehmerinteressen und der Ausübung des Verwaltungsratsmandats zum Wohle der Gesellschaft [*intérêt social*] von vornherein ausgeschlossen

---

Gewerkschaftsdelegierten bestellen (vgl. Art. L.2143-6 C. trav. franç). Die Gewerkschaftsdelegierten nehmen die vom Gesetz den repräsentativen Gewerkschaften zuerkannten Rechte im Unternehmen wahr, insbesondere bei der Verhandlung von Kollektivverträgen und während eines Arbeitskampfes. Der Gewerkschaftsdelegierte ist in Art. L.2143-1 ff. C. trav. franç normiert; zu seinen Aufgaben im Überblick statt vieler *Auzero/Baugard/Dockès*, Droit du travail, Rn. 1292 ff.

35 Der Unternehmensausschuss wurde im Rahmen der Macron-Reformen von 26.12.2017 durch den Wirtschafts- und Sozialausschuss ersetzt, ohne dass damit wesentliche Änderungen in der Rechtsstellung dieser Institution verbunden gewesen wären (dazu näher unten VI.1. m.w.N.). Er hat im wesentlichen Unterrichtungs- und Anhörungsrechte und wirkt an der Verwaltung der betrieblichen Sozialeinrichtungen mit. Zu den Beteiligungsrechten des Unternehmensausschusses statt vieler *Auzero/Baugard/Dockès*, Droit du travail, Rn. 1222 ff. m. w. N.

36 Die Personaldelegierten, die in Betrieben mit mindestens 11 Arbeitnehmern zu wählen sind, tragen dem Arbeitgeber gegenüber die Beschwerden der Arbeitnehmer vor und nehmen in kleinen Betrieben im Wesentlichen Unterrichtungs- und Anhörungsrechte wahr, die in Unternehmen mit mindestens 50 Arbeitnehmern dem Unternehmensausschuss zustehen. Vgl. statt vieler *Auzero/Baugard/Dockès*, Droit du travail, Rn. 1199 ff. m. w. N.

37 Kritisch zu der Regelung insbesondere *Bernard Saintourens*, Revue des societies 2006, 73 f.; ebenfalls diesem Verbot skeptisch gegenüberstehend *Urban*, Revue de droit du travail 2013, 689 ff. *Notat/Senard*, L'entreprise, objet d'intérêt collectif, 57 empfehlen hingegen die Beibehaltung dieser Regel.

werden.[38] Gewerkschaftliche Gegenmachtbildung im Unternehmen und Einrichtungen der institutionalisierten Arbeitnehmermitwirkung sollen somit von der Teilhabe in den Leitungsorganen der Gesellschaft entkoppelt sein. Ob dieses Ziel tatsächlich durch eine Unvereinbarkeitsregel erreicht werden kann, ist indessen zweifelhaft: Empirische Untersuchungen zur Mitbestimmung in Frankreich haben nämlich gezeigt, dass die Arbeitnehmervertreter in den Gesellschaftsorganen regelmäßig gewerkschaftlich organisiert sind und zuvor ein oder mehrere Arbeitnehmervertretungsämter (z.B. als Mitglieder im Unternehmensausschuss (bzw. im wirtschaftlichen und sozialen Ausschuss), der Personaldelegation oder der Gewerkschaftsdelegation) ausgeübt haben.[39] Sie sind somit im Regelfall ausreichend durch die Arbeitnehmerinteressenvertretung sozialisiert, dass der Verlust des bisher innegehabten Vertretungsamtes keine nennenswerten Auswirkungen auf die Loyalität gegenüber der Gewerkschaft oder den übrigen Institutionen der Arbeitnehmervertretung innerhalb des Unternehmens haben dürfte.

2. *Die Bestellung nach den einzelnen Modellen*

Die Bestellung der Arbeitnehmervertreter in den Verwaltungsräten ist für die einzelnen Mitbestimmungsmodelle zum Teil unterschiedlich geregelt.

Sowohl bei der fakultativen Mitbestimmung nach Art. L.225-27 C. com. als auch bei der der Mitbestimmung nach der Loi dém. sect. publ. erfolgt die Bestellung der Arbeitnehmervertreter durch direkte Wahl der Arbeitnehmer der Gesellschaft. Das aktive Wahlrecht besitzen sämtliche Arbeitnehmer, die mindestens seit drei Monaten im Unternehmen beschäftigt sind (Art. L.225-28 C. com.). Auch die leitenden Angestellten [*cadres supérieurs*] sind somit wahlberechtigt.

Wahllisten können von repräsentativen Gewerkschaften[40] und von unternehmensangehörigen Arbeitnehmern aufgestellt werden, die von mindestens 5% der Arbeitnehmer und in Unternehmen mit mehr als 2.000 Beschäftigten

---

38 Dazu *Cour de cassation* [*chambre sociale*], Urt. v. 30. 9. 2005 (*Crédit lyonnais/Fédération française des syndicats CFDT des banques et sociétés financières*), Revue des sociétés 2006, 73 m. krit. Anm. *Bernard Saintourens*.

39 Zu diesem empirischen Befund siehe *Bénedicte Bertin-Mourot/Marc Lapôtre* (Observatoire des dirigeants LSCI – CNRS), Gouvernement d'entreprise: fonctionnement des organes de contrôle et rôle des représentants des salariés – Rapport d'étude, Paris 2003, 38 f.

40 Zum Begriff der gewerkschaftlichen Repräsentativität im französischen Arbeitsrecht siehe statt vieler *Auzero/Baugard/Dockès*, Droit du travail, Rn. 1069 ff. m. w. N.

von mindestens 100 Arbeitnehmern unterstützt sind (Art. L.225-28 (4) C. com.). Bei mindestens zwei Arbeitnehmervertretern im Verwaltungsrat ist ein Sitz für Ingenieure und *Cadres* reserviert (Art. L.225-27 (1) C. com., Art. 16 (2) Loi dém. sect. publ.). Der Begriff des *Cadre* ist weitergehend als derjenige des leitenden Angestellten i. S. v. § 5 Abs. 3 BetrVG.

Besonderheiten bestehen für die Wahl der Arbeitnehmervertreter nach dem Mitbestimmungsmodell des Gesetzes über die Beschäftigungssicherung vom 14. Juni 2013. Der neue Art. L. 225-27-1 (3) C. com. gibt dem Satzungsgeber vier Modelle vor, von denen eines auszuwählen ist. So kann die Bestimmung der Arbeitnehmervertreter durch unmittelbare oder mittelbare Wahl der Arbeitnehmer der Gesellschaft und ihrer Tochtergesellschaften, soweit sie ihren Sitz in Frankreich haben, erfolgen (Nr. 1); ebenso ist denkbar, durch Satzung dem Konzernunternehmensausschuss [*Comité de groupe*] bzw. dem zentralen Unternehmensausschuss [*Comité central d'entreprise*] (Nr. 2), der Gewerkschaft, welche die meisten Stimmen bei der letzten Wahl zu den Unternehmensausschüssen oder der Personaldelegierten [*Délégués du personnel*] innerhalb des Konzerns erhalten hat (Nr. 3), das Bestimmungsrecht einzuräumen; schließlich kann bei mindestens zwei zu bestellenden Arbeitnehmervertretern durch Satzung auch bestimmt werden, dass ein Arbeitnehmervertreter durch die Arbeitnehmer gewählt, vom Unternehmens- bzw. Konzernunternehmensausschuss bestellt oder von der repräsentativsten Gewerkschaft im Unternehmen bzw. Konzern benannt wird, während der andere Arbeitnehmervertreter vom Eurobetriebsrat, soweit vorhanden zu bestellen ist (Nr. 4). Fasst die Hauptversammlung innerhalb von sechs Monaten ab der Anwendbarkeit der Mitbestimmungsregelung auf die Gesellschaft keinen Beschluss über eine entsprechende Satzungsbestimmung, hat jeder Arbeitnehmer das Recht, beim Präsidenten des Zivilgerichts erster Instanz [*Tribunal de Grande Instance*] einen Antrag zu stellen, den Verwaltungsrat der Gesellschaft unter Androhung von Zwangsmitteln dazu anzuhalten, eine außerordentliche Hauptversammlung einzuberufen und diese über eine entsprechende Beschlussvorlage abstimmen zu lassen (Art. L. 225-27-1 (3) C. com.); die gerichtliche Entscheidung ergeht im Eilverfahren [*jugement en référé*].

IV. Rechtsstellung der Arbeitnehmervertreter

Die Rechtsstellung der Arbeitnehmervertreter im Verwaltungsrat ist eine doppelte. Da sie weiterhin Arbeitnehmer der Gesellschaft sind, ist sie zum einen durch arbeitsrechtliche Regeln bestimmt (1.). Zum anderen führt ihre Mitgliedschaft im Verwaltungsrat aber dazu, dass ihr Status auch gesellschaftsrechtlichen Regeln unterworfen ist (2.).

1. *Arbeitsrechtliche Rechtsstellung*

Die Arbeitnehmervertreter im Verwaltungsrat müssen Beschäftigte der Gesellschaft sein (siehe III). Grundsätzlich bewahren sie ihren arbeitsrechtlichen Status, wenn auch mit einigen Besonderheiten.

Ihr Entgeltanspruch darf aufgrund des Mandates nicht gekürzt werden (Art. L.225-31 C. com.). Darüber hinaus genießen sie einen besonderen Kündigungsschutz, der durch das Gesetz vom 14. Juni 2013 gegenüber der bisherigen Rechtslage[41] noch verstärkt worden ist: Eine wirksame Kündigung eines Arbeitnehmervertreters setzt nach Art. L. 2411-1 Nr. 12. i.V.m. Art. L. 2421-5 C. trav. voraus, dass der Verwaltungsrat zuvor eine Stellungnahme zu dem Kündigungsvorhaben abgegeben hat und die Arbeitsinspektion auf Antrag die Kündigung genehmigt hat. Bei Vorliegen eines wichtigen Grundes [*faute grave*] kann der Arbeitgeber den Arbeitnehmer sofort bis zur endgültigen Entscheidung von der Arbeit freistellen [*mise à pied*].

Gesetzliche Ansprüche der Arbeitnehmervertreter auf Schulung bestanden vor dem Inkrafttreten des Gesetzes vom 14. Juni 2013 grundsätzlich nicht. Allerdings haben schon bisher einzelne französische Gewerkschaften dieses gesetzliche Vakuum durch das Angebot von Schulungs- und Fortbildungsveranstaltungen sowie durch die Bildung von Netzwerken für Verwaltungsratsmitglieder ausgefüllt;[42] auch sind in diesem Zusammenhang die Fortbildungsangebote des *Institut Français des Administrateurs* (*IFA*) zu erwähnen, das sich auch Arbeitnehmervertretern öffnet.[43] Seit der Mitbestimmungsreform von 2013 ordnet Art. L. 225-30-2 C. com. an, dass Arbeitnehmervertreter in Verwaltungsräten, die nach den Vorschriften des C. com. mitbestimmt sind, eine auf die Bedürfnisse ihres Mandates zugeschnittene Fortbildung verlangen können, deren Kosten von der Gesellschaft zu tragen

---

41 Der bis dahin geltende Art. L. 225-33 C. com. sah vor, dass die Auflösung des Arbeitsverhältnisses eines Arbeitnehmervertreters nur vom Arbeitsgericht [*conseil de prudhommes*] durch Gestaltungsakt herbeigeführt werden konnte, es sei denn der Arbeitnehmervertreter hatte eine Eigenkündigung ausgesprochen.

42 Keine Bedeutung haben insoweit bislang die *Instituts du travail* gehabt, die an zahlreichen französischen Universitäten bestehen und insbesondere zur Fortbildung von Gewerkschaftsmitgliedern beitragen sollen: Sie haben derartige Schulungen für Arbeitnehmervertreter in Verwaltungs- oder Aufsichtsräten nicht angeboten; zum gesetzlichen Auftrag der Instituts du travail siehe Art. 2 Décret n° 89-266 v. 25. 4. 1989 relatif aux instituts du travail (J.O.R.F. 1989, 5498).

43 Nähere Informationen zu dieser Selbsthilfeeinrichtung von Verwaltungsratsmitgliedern unter: http://www.ifa-asso.com/.

sind; die Einzelheiten dieses Fortbildungsanspruches sind in einem Dekret des Staatsrates festgelegt.[44]

2. *Organschaftliche Rechtsstellung*

Die organschaftliche Rechtsstellung der Arbeitnehmervertreter bestimmt sich – von einzelnen Abweichungen abgesehen – grundsätzlich nach denselben Regeln wie für die übrigen Verwaltungsratsmitglieder.

a) Amtsdauer, Abberufung, Vergütung

Ihre Amtsdauer ist durch Satzung festzulegen, darf aber sechs Jahre nicht überschreiten (Art. L.225-29 (1) C. com.). In Gesellschaften des öffentlichen Sektors ist die Amtsdauer auf fünf Jahre festgelegt (Art. 11 (1) Loi dém. sect. pub.). Grundsätzlich können Verwaltungsratsmitglieder jederzeit von der Hauptversammlung abberufen werden (Art. L.225-47 (3) C. com., Art. 12 (2) Loi dém. sect. pub.). Die Arbeitnehmervertreter können aber nur bei einer Sorgfaltspflichtverletzung in Ausübung ihres Mandats [*faute dans l'exercice du mandat*] durch Entscheidung des Präsidenten des Zivilgerichts erster Instanz [*Tribunal de Grande Instance*] auf Antrag der Mehrheit des Verwaltungsrats abberufen werden (Art. L.225-32 (2) C. com., Art. 25 Loi dém. sect. pub.). Die Arbeitnehmer der Gesellschaft haben somit keinen Einfluss auf die Abberufung ihrer Vertreter im Verwaltungsrat.

Sofern eine Vergütung der Verwaltungsratsarbeit vorgesehen ist – diese erfolgt normalerweise auf der Grundlage von sog. *jetons de présence* (Art. L.225-44 ff. C. com.) –, haben sie somit grundsätzlich einen Anspruch auf Vergütung wie alle anderen Verwaltungsratsmitglieder auch. Allerdings trifft die gewerkschaftlich organisierten Arbeitnehmervertreter regelmäßig eine verbandsrechtliche Pflicht, einen Teil dieser Vergütung an ihre Organisation abzuführen.[45] Lediglich in AG des öffentlichen Sektors ist eine Vergütung der

---

44 Décret n° 2015-606 v. 3. 6. 2015 relatif au temps nécessaire pour les administrateurs ou membres du conseil de surveillance élus ou désignés par les salariés pour exercer leur mandat et aux modalités de leur formation au sein de la société (J.O.R.F. 2015), aufgrund desssen die Art. R.225-34-2 bis Art. R.225-34-6 C. com. geschaffen worden sind, die Art. L.225-30-2 C. com. konkretisieren.

45 Dazu *Marie-Noëlle Auberger*, Perceptions et représentations des représentants du personnel au conseil d'administration ou de surveillance : le cas des administrateurs salariés C.F.D.T., in: Aline Conchon/Marie-Noëlle Auberger, Les administrateurs salariés et la gouvernance d'entreprise, 113 (119).

Verwaltungsratsarbeit gesetzlich ausgeschlossen (Art. 11 Abs. 2 Loi dém. sect. publ.): Hier haben die Arbeitnehmervertreter nur einen Anspruch auf Fortzahlung ihres Arbeitsentgelts; die grundsätzlich bestehende Gleichbehandlung von Anteilseigner- und Arbeitnehmervertretern im Verwaltungsrat ist insoweit durchbrochen.

b) Haftung

Ein wichtiges Element des organschaftlichen Status der Verwaltungsratsmitglieder der Arbeitnehmer ist ihre Haftung für Schäden, die in Ausübung ihres Amtes entstanden sind. Von besonderem Interesse ist hier die Frage, ob mit dem Mehr an Mitbestimmung, das jedenfalls auf den ersten Blick mit der Arbeitnehmervertretung im Verwaltungsrat gegenüber der Aufsichtsratsmitbestimmung verbunden ist, auch ein erhöhtes Haftungsrisiko der Arbeitnehmervertreter im Verwaltungsrat einhergeht.

Für die Arbeitnehmervertreter gelten insoweit grundsätzlich dieselben Regeln wie für die übrigen Verwaltungsratsmitglieder. Sie haften individuell oder gesamtschuldnerisch für Pflichtverletzungen sowie für unternehmerische Entscheidungen [*fautes de gestion*] (Art. L.225-251 (1) C. com.). Gerade die Präzisierung Letzterer, die im deutschen Recht durch die Anerkennung der Business-judgement-rule ausgenommen sind (§ 93 Abs. 1 Satz 2 AktG), bereitet in der Praxis große Schwierigkeiten. Von besonderer Bedeutung ist hier die Verletzung von Kontrollpflichten des Verwaltungsrats gegenüber den Generaldirektoren.[46]

Die Haftung ist grundsätzlich individuell, wenn ein Verschulden einem einzelnen Mitglied des Verwaltungsrats zugerechnet werden kann. Verwaltungsratsmitglieder können aber auch gesamtschuldnerisch haften [*responsabilité in solidum*], wenn ihnen ein gemeinschaftliches Verschulden zur Last gelegt werden kann. Das dürfte insbesondere bei einer Verletzung von Aufsichtspflichten des Verwaltungsrates gegenüber dem Generaldirektor der Fall sein. Das einzelne Verwaltungsratsmitglied kann sich dann nur dadurch exkulpieren, dass es darlegen und beweisen kann, an der gegenständlichen Verwaltungsratssitzung nicht teilgenommen oder bei Anwesenheit gegen die Entscheidung des Verwaltungsrates Einspruch eingelegt und diesen auch zu Protokoll gegeben zu haben; seine Enthaltung oder Gegenstimme bei der Beschlussfassung ist somit nicht ausreichend.[47] Bei gesamtschuldnerischer Haftung legt das Gericht den

---

46 So die Einschätzung von *Merle*, Droit commercial – Sociétés commerciales, Rn. 458 m. w. N.

47 *Merle*, Droit commercial – Sociétés commerciales, Rn. 459.

Schadensersatzanteil des einzelnen Verwaltungsratsmitglieds fest (Art. L.225-251 (2) C. com.).

Gerade die gesamtschuldnerische Haftung weitet das Haftungsrisiko für Verwaltungsratsmitglieder erheblich aus und trifft grundsätzlich auch die Arbeitnehmervertreter im Verwaltungsrat. Auch wenn die Rechtsprechung, soweit ersichtlich, bislang noch nicht über die Haftung eines Arbeitnehmervertreters zu entscheiden hatte, ist doch unverkennbar, dass das auf ihnen lastende Haftungsrisiko bei ihrer Arbeit im Verwaltungsrat eine disziplinierende Wirkung entfalten kann. Empirische Untersuchungen zu einem solchen Disziplinierungseffekt des Haftungsrechts liegen allerdings noch nicht vor. Ebenso wenig gibt es empirische Studien darüber, ob und inwieweit die Mitglieder des Verwaltungsrats den Schutz einer *D & O* Versicherung genießen.

V. Die Mitbestimmung im Verwaltungsrat

Der Verwaltungsrat hat die allgemeine Aufgabe, die Ausrichtung der Gesellschaftsaktivitäten und die Überwachung von deren Umsetzung zu bestimmen und beschäftigt sich infolgedessen mit sämtlichen Fragen, die den guten Gang der Gesellschaft betreffen (Art. L.225-35 (1) C. com.). Der Verwaltungsrat ist mithin Teil der Geschäftsführung und kontrolliert zugleich die Geschäftsführung. Die Teilhabe der Arbeitnehmer an der Leitung des Unternehmens geht somit auf den ersten Blick erheblich weiter als innerhalb des dualistischen Leitungs-modells, wo sie nur auf die ständige Kontrolle der Geschäftsführung sowie auf die Zustimmungspflicht einzelner Geschäfte beschränkt ist (vgl. Art. L.225-68 (1) und (2) C. com.).[48] Allerdings unterliegt die Mitbestimmung im Verwaltungsrat zwei wesentlichen Einschränkungen. Sie ergeben sich zum einen aus der Verlagerung von Leitungsbefugnissen auf den Generaldirektor der Gesellschaft (1.) sowie aus einer Binnendifferenzierung des Verwaltungsrates durch die Bildung von Ausschüssen (2.).

1. Verhältnis von Verwaltungsrat und Generaldirektor

Um die Leitung der Gesellschaft sicherzustellen, wählt der Verwaltungsrat einen Generaldirektor (Art. L.225-51-1 (1) C. com.) sowie gegebenenfalls auf dessen Vorschlag einen oder mehrere delegierte Generaldirektoren, die

48 Der Umfang der zustimmungsbedürftigen Geschäfte wird grundsätzlich durch Satzung festgelegt. Art. L.225-68 (1) C. com. zählt allerdings einzelne wichtige Geschäfte auf, die der Zustimmungspflicht des Aufsichtsrates auch dann unterliegen, wenn die Satzung dies nicht ausdrücklich vorsieht.

den General-direktor unterstützen (Art. L.225-53 C. com.). Im Unterschied zur Wahl des Vorstands einer mitbestimmten AG in Deutschland (vgl. § 31 Abs. 2 MitbestG) erfolgt die Wahl des Generaldirektors allerdings nur mit der einfachen Mehrheit der anwesenden Mitglieder (Art. L.225-37 (2) C. com.), so dass der Einfluss der Arbeitnehmervertreter auf die Personalentscheidungen nur sehr gering ist. Der Generaldirektor vertritt die Gesellschaft nach außen (Art. L.225-56 (2) C. com.). Er ist letztlich *„chef d'entreprise"*, der die arbeitsrechtlich relevanten Entscheidungen trifft (insbesondere Einstellungen, Entlassungen, Abschluss von Tarifverträgen, Verhandlungen mit dem Unternehmensausschuss).

Eine § 13 MontanMitbestG vergleichbare Regelung, die den Arbeitnehmern einen Vertreter im Generaldirektorium garantiert, sehen weder die Loi dém. sect. publ. noch der C. com. vor. Auch sind keine mitbestimmten Gesellschaften bekannt, in denen Arbeitnehmervertreter auch zu Direktoren bestellt worden sind.[49] Schon deshalb nehmen Arbeitnehmervertreter im Verwaltungsrat nicht an der Führung der gewöhnlichen Geschäfte der AG teil.

Im traditionellen französischen Leitungsmodell ist der Verwaltungsratsvorsitzende zugleich auch Generaldirektor [*Directeur général*] der Gesellschaft [*Président Directeur Général*" („*PDG*")]. Die Kumulierung der beiden Funktionen geht auf das Gesetz vom 16. November 1940 zurück.[50] Auch wenn die *Cour de cassation* in ihrem berühmten Urteil vom 4. Juni 1946[51] in der Rechtssache *Motte* die Machtkonzentration beim *PDG* dadurch beschränkte, dass sie eine Delegation von Verwaltungsratsbefugnissen auf ihn durch Beschluss der Hauptversammlung für unzulässig erklärte, ist die Machtfülle des *PDG* außerordentlich groß. Er vereinigt in seiner Person Geschäftsführungs- und Kontrollbefugnisse. Als Verwaltungsratsvorsitzender kann er die Kontroll- aber auch die strategische Tätigkeit des Verwaltungsrats lenken und damit seine Macht als Generaldirektor absichern. Außerdem hat er das Vorschlagsrecht hinsichtlich der zu ernennenden delegierten Generaldirektoren (Art. L.225-53 C. com.) und besitzt infolgedessen faktisch ein großes Gewicht bei deren Bestellung. Eine solche Machtzusammenballung in der Person des *PDG* schwächt zwangsläufig die Stellung des Verwaltungsrats und damit auch die Mitwirkungsmöglichkeiten der Arbeitnehmervertreter in ihm beträchtlich.

---

49 Systematische empirische Untersuchungen zu dieser Frage sind allerdings, soweit ersichtlich, nicht verfügbar.

50 Loi sur les sociétés anonymes (J.O.R.F. 140, 5828). Dazu auch *Georges Ripert*, Aspects juridiques du capitalisme moderne, 2. Auflage, Paris 1951, 120 ff.

51 JCP 1947, II, 3518.

Die Kumulierung von Verwaltungsratsvorsitz und Generaldirektor sieht sich in den letzten Jahrzehnten einer immer stärker werdenden Kritik ausgesetzt.[52] Insbesondere die in den neunziger Jahren des letzten Jahrhunderts einsetzende Corporate-Governance-Diskussion hat ein Umdenken eingeleitet. Sämtliche Berichte zur Verbesserung der Corporate Governance im Unternehmen sowie Corporate-Governance-Kodizes von französischen Verbänden empfehlen eine Trennung des Amtes des Verwaltungsratsvorsitzenden und des Generaldirektors.[53] Mit dem Gesetz vom 15. Mai 2001[54] über die neuen Regulierungen der Wirtschaft hat der Gesetzgeber diese Trennung erstmals ausdrücklich zugelassen: Der Verwaltungsrat hat seitdem über die Trennung der beiden Funktionen zu entscheiden und muss darüber Aktionäre und Dritte unterrichten (Art. L.225-51-1 und R.225-27 C. com.). Entscheidet er sich für eine solche Trennung, findet eine Annäherung an das dualistische Leitungsmodell statt.

Die Trennung von Verwaltungsratsvorsitz und Generaldirektion führt sicherlich zu einer Aufwertung der Verwaltungsratsarbeit: Das gilt vor allem für die Kontrolle des Generaldirektors durch den Verwaltungsrat. Damit wird tendenziell auch die Arbeit der Arbeitnehmervertreter innerhalb des Verwaltungsrats gestärkt. Allerdings hat sich die ganz überwiegende Mehrheit der französischen AG für eine Beibehaltung der traditionellen Leitungsstruktur entschieden und hält am *PDG* fest.[55]

---

52 Grundlegend ist die Kritik des bereits erwähnten *Sudreau*-Berichts: vgl. *Pierre Sudreau*, La réforme de l'entreprise, 107 ff.

53 Siehe Rapport du Groupe de travail Association Française des Entreprises Privées et Conseil National du Patronat Français, Le conseil d'administration des sociétés anonymes, Juli 1995 (Viénot I-Bericht) ; Association Française des Entreprises Privées (AFEP) & Mouvement des Entreprises de France (MEDEF), Rapport du comité sur le gouvernement d'entreprise, Juli 1999 (Viénot II-Bericht) ; AFEP & MEDEF, Code de Gouvernement d'entreprise des sociétés cotées (Dezember 2008). Dies entspricht auch der Empfehlung der Kommission 2005/162/EG v. 15. 2. 2005 zu den Aufgaben von nicht geschäftsführenden Direktoren/Aufsichtsratsmitgliedern/börsennotierter Gesellschaften sowie zu den Ausschüssen des Verwaltungs-/Aufsichtsrats (ABl. EG Nr. L 52/51).

54 Loi n° 2001-420 relative aux nouvelles régulations économiques (J. O. R. F. 2001, 7776).

55 Von den 83 AG, die das „traditionelle" Leitungsmodell besaßen und in den Börsenindex „SBF 120" integriert sind, hatten bis 2006 lediglich 23 eine Trennung von Verwaltungsratsvorsitz und Amt des Generaldirektors vollzogen. Siehe hierzu den Rapport AFEP, Principes de gouvernement d'entreprise énoncés par le rapport AFEP-MEDEF d'octobre 2003 sur le gouvernement d'entreprise des sociétés cotées, exercice 2006, 09/2007, 4.

2. *Verwaltungsratsausschüsse*

Nicht nur die Verknüpfung von Verwaltungsratsvorsitz und Generaldirektion schmälert den Aktionsradius der Arbeitnehmervertreter im Verwaltungsrat. Auch die Binnendifferenzierung des Verwaltungsrats durch die Bildung von Aus-schüssen kann dazu führen, dass die Teilhabe der Arbeitnehmervertreter erheblich eingeschränkt ist.

Der Verwaltungsrat kann die Errichtung von Ausschüssen beschließen. Sie können die unterschiedlichsten Gegenstände betreffen. Infolge der Corporate Governance-Diskussion sind in französischen AG inzwischen drei Verwaltungsratsausschüsse verbreitet, nämlich der Prüfungsausschuss, der Vergütungsausschuss und der Nominierungsausschuss.[56] Daneben werden immer wieder sog. „Studienausschüsse" [*comités d'études*] gebildet, welche die Willensbildung des Verwaltungsrats bei komplexen Fragestellungen durch die Erstellung eines Berichts maßgeblich vorbereiten (Art. R.225-29 (2) C. com.).[57]

Diesen Ausschüssen dürfen allerdings keine Geschäftsführungsbefugnisse übertragen werden: Sie besitzen ausschließlich beratende Funktion (vgl. Art. R.225-29 (2) C. com.). Es ist aber unbestritten, dass sie einen starken Einfluss auf die Willensbildung des gesamten Verwaltungsrats haben. Von umso größerer Bedeutung ist die Einbeziehung der Arbeitnehmervertreter in diese Ausschüsse, um eine Aushöhlung der Mitbestimmung zu verhindern. Dem An-schein nach sitzen Arbeitnehmervertreter aber nur in sehr wenigen Verwaltungsratsausschüssen, so dass sie an der Vorbereitung von zahlreichen Verwaltungsratsentscheidungen gar nicht erst teilnehmen können.[58]

---

56 Dies entspricht auch Anhang 1 der Empfehlung der Kommission 2005/162/EG v. 15. 2. 2005 zu den Aufgaben von nicht geschäftsführenden Direktoren/ Aufsichtsratsmitgliedern/börsennotierter Gesellschaften sowie zu den Ausschüssen des Verwaltungs-/Aufsichtsrats (Abl. EG Nr. L 52/51).

57 Ausführlich zu den *comités d'études Cozian/Viandier/Deboissy*, Droit des sociétés, Rn. 785 m. w. N. Ohne Bedeutung im vorliegenden Zusammenhang sind die „Zensoren" [*censeurs*], die vom Verwaltungsrat zuweilen hinzugezogen werden: Dabei handelt es sich um externe Personen, die zumeist nicht (mehr) Verwaltungsratsmitglieder sein können (z.B. wegen Erreichens der Altersgrenze oder weil sie bereits die maximal zulässige Zahl von Verwaltungsratsmandaten kumuliert haben) und den Verwaltungsrat bei seiner Arbeit konsultativ unterstützen; dazu *Jacomet/Cuisance*, Bulletin Joly Sociétés v. 1. 7. 1993 Nr. 7–8, 723 sowie *Merle*, Droit commercial – sociétés commerciales, Rn. 480 m. w. N.

58 Siehe hierzu die empirische Untersuchung von *Bertin-Mourot/Lapôtre*, Gouvernement d'entreprise: fonctionnement des organes de contrôle et rôle des représentants

VI. Einbettung in das Gesamtgefüge der kollektiven Arbeitsbeziehungen

Die Effektivität der Arbeitnehmermitbestimmung im Verwaltungsrat hängt nicht nur von den gerade geschilderten gesellschaftsrechtlichen Rahmenbedingungen ab. Sie ist ebenso in das komplexe Geflecht der kollektiven Arbeitsbeziehungen eingebettet. Die einzelnen Institutionen des kollektiven Arbeitsrechts stehen nicht beziehungslos nebeneinander, sondern interagieren. Für die Mitbestimmung im Verwaltungsrat der AG bedeutet dies, dass insbesondere die Einrichtungen der betrieblichen Arbeitnehmermitwirkung, aber auch das System der Kollektivverhandlungen und die in diesen wirkenden sozialen Kräfte auf die Arbeitnehmervertretung in den Verwaltungsräten mitbestimmter Gesellschaften einwirken und die Kräfteverhältnisse innerhalb dieses Gesellschaftsorgans beeinflussen. Eine rechtsvergleichende Analyse der Mitbestimmung im Verwaltungsrat kann sich deshalb nicht auf eine isolierte Betrachtung der gesellschaftsrechtlichen Rahmenbedingungen beschränken, sondern muss ebenso auch dieses Zusammenspiel mit anderen Institutionen des kollektiven Arbeitsrechts einbeziehen.

1. *Einbeziehung des Wirtschafts- und Sozialausschusses in den Verwaltungsrat*

Das gilt vor allem für das komplexe Beziehungsgeflecht zwischen Arbeitnehmervertretung im Verwaltungsrat und den Institutionen der betrieblichen Mitbestimmung, namentlich dem Wirtschafts- und Sozialausschuss [*comité économique et social*], der aufgrund der aufgrund der Verordnung Nr. 2017-1718 vom 20. Dezember 2017 (« Macron-Reformen »)[59] seit deren Inkrafttreten zum 1. Januar 2018 an die Stelle des bisherigen Unternehmensausschusses [*comité d'entreprise*] getreten ist.[60] Ein Wirtschafts- und Sozialausschuss ist

---

des salariés, 52 ff., welche die Präsenz von Arbeitnehmervertretern nach einzelnen Ausschussarten auffächert.

59 Ordonnance n° 2017-1718 visant à compléter et mettre en cohérence les dispositions prises en application de la loi n° 2017-1340 du 15 septembre 2017 d'habilitation à prendre par ordonnances les mesures pour le renforcement du dialogue social.

60 Zum Unternehmensausschuss aus dem deutschsprachigen Schrifttum insbesondere *Marita Körner*, Formen der Arbeitnehmermitwirkung: das französische Comité d'entreprise: eine Länderstudie, Baden-Baden 1999 sowie *dies.*, NZA 2001, 429 (430 ff.). Aus dem französischen Schrifttum siehe insbesondere das umfangreiche Standardwerk von *Maurice Cohen*, Le droit des comité d'entreprise et des comités

in sämtlichen Unternehmen, die in der Regel mindestens 11 Arbeitnehmer beschäftigen, zu errichten. Ebenso wie der Unternehmensausschuss besteht der Wirtschafts- und Sozialausschuss aus dem Arbeitgeber und einer Arbeitnehmerdelegation, deren genaue Zahl durch Rechtsverordnung festgelegt wird (Art. L.2314-1 C. trav. franç.);[61] es handelt sich somit um ein Organ, das die Arbeitnehmer- wie die Arbeitgeberseite institutionell integriert. Die Arbeitnehmerschaft des Unternehmens besitzt aufgrund des Wirtschafts- und Sozialausschusses über eine Reihe von Beteiligungsrechten in wirtschaftlichen (vgl. Art. L.2323-1 ff. C. trav. franç.) sowie in bestimmten sozialen Angelegenheiten (Art. L.2323-27 ff. C. trav. franç.).[62]

Der Wirtschafts- und Sozialausschuss kann in doppelter Weise auf den Verwaltungsrat Einfluss nehmen: in direkter Weise durch die Entsendung einzelner seiner Mitglieder in den Verwaltungsrat (a) sowie indirekt durch die Wahrnehmung von Teilhaberechten in der Hauptversammlung der Gesellschaft (b).

a) Entsendungsrecht

Der Wirtschafts- und Sozialausschuss hat zum einen das Recht, zwei Vertreter ohne Stimmrecht aber mit Anhörungsrecht in den Verwaltungsrat zu entsenden (Art. L.2312-72 (1) C. trav. franç.). Der Beschluss über die Entsendung wird ohne Teilnahme des Arbeitgebers gefasst.[63] Sind bereits Arbeitnehmervertreter in den Verwaltungsrat gewählt, kann der Wirtschafts- und Sozialausschuss lediglich ein Mitglied in den Verwaltungsrat entsenden (Art. L.2312 (2) C. trav. franç.).

Die in den Verwaltungsrat entsandten Arbeitnehmervertreter verfügen über kein Stimmrecht, haben aber im Übrigen sämtliche Rechte eines Verwaltungsratsmitglieds. Sie sind somit zu sämtlichen Sitzungen des Verwaltungsrats einzuladen, dürfen an ihnen teilnehmen und haben Anspruch darauf, dass ihnen sämtliche Entscheidungsvorhaben, die in den Zuständigkeitsbereich des Verwaltungsrats fallen, zuvor mitgeteilt und ihnen dieselben Dokumente wie den anderen Verwaltungsratsmitgliedern übermittelt werden

---

de groupe, 9. Auflage (2009). Zur Entstehung des Unternehmensausschusses siehe vor allem *Le Crom*, L'introuvable démocratie salariale, 27 ff. m. w. N.

61 Sind im Unternehmen mindestens 25 Ingenieure, Abteilungsleiter [*chefs de service*], Führungskräfte [*cadres*] im Verwaltungs-, technischen und im Handelsbereich beschäftigt, bilden sie eine eigenständige Wählergruppe bei den Wahlen zum Unternehmensausschuss (Art. L.2324-11 C. trav. franç.).

62 Einen knappen Überblick über die Beteiligungsrechte des Wirtschafts- und Sozialausschusses geben *Auzero/Baugard/Dockès*, Droit du travail, Rn. 1222 ff. m. w. N.

63 *Cour de cassation* [*chambre sociale*], Urt. v. 5. 5. 1983, Bull. civ. V, 165.

(Art. L.2312-73 (1) C. trav. franç.).[64] Darüber hinaus können sie dem Verwaltungsrat die Wünsche des Wirtschafts- und Sozialausschusses übermitteln und den Verwaltungsrat zwingen, zu den Vorschlägen des Wirtschafts- und Sozialausschusses begründet Stellung zu nehmen (Art. L.2312-73 (2) C. trav. franç.). Das Gesetz enthält indessen keine Regelung darüber, ob die Mitglieder des Wirtschafts- und Sozialausschusses auch an den Sitzungen einzelner Ausschüsse des Verwaltungsrats teilnehmen dürfen. Fasst der Verwaltungsrat in Abwesenheit der vom Wirtschafts- und Sozialausschuss entsandten Mitglieder Beschlüsse, sind diese allerdings nur dann unwirksam, wenn die Abwesenheit auf ein vorsätzliches Handeln der Mitglieder des Verwaltungsrats zurückgeht oder der streitgegenständliche Beschluss Gegenstände von grundsätzlicher Bedeutung betrifft.[65] Verstöße gegen die Mitbestimmungsrechte der Arbeitnehmer sind somit nur unvollkommen sanktioniert.

Die Präsenz der vom Wirtschafts- und Sozialausschuss entsandten Vertreter verstärkt den Einfluss der Arbeitnehmer auf den Willensbildungsprozess innerhalb des Verwaltungsrats, auch wenn seine Vertreter kein Stimmrecht besitzen und deshalb die Stimmverhältnisse nicht zugunsten der Arbeitnehmer verschoben werden. Auch erhöht sie die Effizienz der Arbeit des Wirtschafts- und Sozialausschusses, da die entsandten Vertreter Informationen über Diskussionen des Verwaltungsrats in die Arbeit des Wirtschafts- und Sozialausschusses einspeisen können. Sie bildet somit einen partiellen Ersatz dafür, dass die Mitgliedschaft im Verwaltungsrat mit anderen Ämtern der Arbeitnehmerinteressenvertretung unvereinbar ist (Art. L.225-30 Satz 1 C. com.). Andererseits ist nicht zu verkennen, dass ihre Präsenz im Verwaltungsrat zu einer stärkeren Politisierung der Arbeit des Verwaltungsrats führen kann, wenn die innerhalb des Wirtschafts- und Sozialausschusses ausgetragenen Konflikte um die im Unternehmen geltenden Arbeitsbedingungen in den Verwaltungsrat hineingetragen werden.

b) Teilhabe an der Hauptversammlung

Neben diesem Entsendungsrecht verfügt der Wirtschafts- und Sozialausschuss auch über die Möglichkeit, durch die Wahrnehmung seiner Teilhaberechte auf der Hauptversammlung der AG indirekt auf die Arbeit des Verwaltungsrats Einfluss zu nehmen und auf diese Weise an der Leitung der Gesellschaft mitzuwirken.

---

64 Dazu statt vieler *Auzero/Baugard/Dockès*, Droit du travail, Rn. 1308.

65 *Cour de cassation* [*chambre sociale*], Urt. v. 26. 5. 1998, RJS 10/98 Nr. 1243.

So kann er in dringenden Fällen einen gerichtlichen Antrag stellen, einen Vertreter zu bestellen, welcher eine Hauptversammlung einberuft (Art. L.2312-77 (1) C. trav. franç.). Wenn auch über die Praxis dieses Antragsrechts keine empirischen Untersuchungen vorliegen, ist doch nicht auszuschließen, dass es auch ein Druckinstrument in den Händen des Wirtschafts- und Sozialausschusses sein kann, um Arbeitnehmerrechte innerhalb des Entscheidungsprozesses des Verwaltungsrates noch stärker zur Geltung zu bringen.

Des Weiteren besitzt der Wirtschafts- und Sozialausschuss in dringenden Fällen das Recht, Beschlussanträge auf die Tagesordnung der Hauptversammlung setzen zu lassen (Art. L.2312-77 (2) C. trav. franç.). Die Dringlichkeit bestimmt sich nach den Arbeitnehmerinteressen und kann z.B. auch dann gegeben sein, wenn die Gesellschaft eine Standortverlagerung ins Ausland beabsichtigt und infolgedessen Arbeitsplätze gefährdet sind.[66] Zwei vom Wirtschafts- und Sozialausschuss bestellte Vertreter – der eine muss zur Gruppe der leitenden Angestellten und der andere zur Gruppe der Arbeiter und Angestellten gehören – können der gesamten Hauptversammlung beiwohnen (Art. L.2312-77 (3) C. trav. franç.). Sie haben das Recht, auf ihr Verlangen von der Hauptversammlung angehört zu werden, allerdings nur soweit es um Fragen geht, welche Einstimmigkeit der Aktionäre erfordern. Das Einberufungsrecht ist äußerst umstritten, sehen doch einige die Gefahr von Allianzen zwischen Arbeitnehmervertretern und Minderheitsaktionären.[67] Die praktische Bedeutung dieses Rechts ist allerdings noch nicht ausgeleuchtet worden.

2. *Vertretung der Belegschaftsaktionäre im Verwaltungsrat*

Neben dem Wirtschafts- und Sozialausschuss beeinflussen auch die Einrichtungen der Arbeitnehmervertretung, die im Rahmen der französischen Vermögensbildungspolitik geschaffen worden sind, die Arbeitnehmermitbestimmung im Verwaltungsrat. Das gilt insbesondere für die Förderung der Belegschaftsaktie [*actionnariat salarial*].[68]

---

66 So der Sachverhalt, welcher der einstweiligen Verfügung des *Tribunal de Commerce de Marseille* v. 7. 11. 2001, Revue des sociétés 2002, 57 m. Anm. *Raymonde Vatinet* zugrunde gelegen hat: Der Unternehmensausschuss verlangte von der Hauptversammlung u.a. einen Beschluss über die Abberufung der Vorstandsmitglieder.

67 So insbesondere *Isabelle Urbain-Parleani*, La participation des salaries aux organes de gestion des Sociétés Anonymes, in: Baums/Ulmer (Hrsg.), Unternehmensmitbestimmung der Arbeitnehmer im Recht der EU-Staaten, Heidelberg 2004, 47 (60).

68 Zur Entwicklungsgeschichte der finanziellen Arbeitnehmerbeteiligung in Frankreich instruktiv *Patrick Guiol*, La participation à la gestion de l'entreprise: une lecture

Die Förderung der Vermögensbildung in Arbeitnehmerhand besitzt in Frankreich eine lange Tradition, die auf Rechtsverordnungen des Staatspräsidenten vom 7. Januar 1959[69] und vom 17. August 1967[70] zurückgeht und stark von der Gaullistischen Idee geprägt ist, den Gegensatz von Kapital und Arbeit durch eine Stärkung der Interessengemeinschaft beider Gruppen im Unternehmen wenn nicht zu überwinden, so doch zumindest abzuschwächen. Diese ersten gesetzgeberischen Interventionen auf dem Gebiet der Vermögensbildung besaßen zunächst noch keine kollektivrechtliche Dimension.

Dies änderte sich erst mit dem Gesetz vom 24. Juli 1994 zur Verbesserung der Arbeitnehmermitwirkung im Unternehmen.[71] Der aufgrund dessen eingeführte Art. L.225-23 C. com. a. F. sah vor, dass in AG, die zu einem regulierten Markt zugelassen waren, eine außerordentliche Hauptversammlung einzuberufen war, wenn nach den Feststellungen des jährlichen Berichts des Verwaltungsrats an die Hauptversammlung (vgl. Art. L.225-102 C. com.) die Belegschaftsaktionäre mehr als fünf Prozent des Gesellschaftskapitals repräsentierten, und sich die Aktionäre auf dieser Hauptversammlung zur Einführung einer Satzungsbestimmung äußern sollten, welche die Wahl von ein oder zwei Repräsentanten der Belegschaftsaktionäre in den Verwaltungs- oder Aufsichtsrat der Gesellschaft vorsah. Erstmals wurde somit die Belegschaftsaktie mit einer kollektiven Repräsentation der Arbeitnehmer in den Leitungsorganen der Gesellschaft verknüpft. Die Einführung einer Vertretung der Belegschaftsaktionäre war allerdings noch nicht zwingend. Lehnte die Hauptversammlung eine solche Vertretung ab, musste sie zwar zu der Frage erneut innerhalb von fünf Jahren Stellung nehmen, konnte aber nicht zur Schaffung einer eigenständigen Repräsentation der Belegschaftsaktionäre gezwungen werden.

---

historico-politique, in: Conchon/Auberger: Les administrateurs salariés et la gouvernance d'entreprise, 35 (41 f.). Siehe auch *Bernard Saintourens*, Actionnariat salarié et gouvernement de l'entreprise en droit français, in: Bullletin de droit comparé du travail et de la sécurité sociale 2001, 149 ff.

69 Ordonnance n° 59-126 tendant à favoriser l'association ou l'intéressement des travailleurs à l'entreprise (J.O.R.F. 1959, 641).

70 Ordonnance n° 67-694 relative aux plans d'épargne d'entreprise et modifiant la loi n° 65-997 du 29 novembre 1965 (J.O.R.F. 1967, 8290).

71 Loi relative à l'amélioration de la participation des salariés dans l'entreprise (J.O.R.F. 1994, 10832).

Die Vorschrift hatte in der Unternehmenspraxis keinen großen Erfolg.[72] Daran konnte auch das Gesetz über die Vermögensbildung der Arbeitnehmer vom 19. Februar 2001[73] nichts ändern, mit dem der Schwellenwert auf drei Prozent des Gesellschaftskapitals gesenkt und die Frist, innerhalb welcher sich die Hauptversammlung erneut mit der Einführung einer Vertretung von Belegschaftsaktionären zu befassen hatte, auf drei Jahre reduziert wurde (Art. L.225-23 C. com. a. F.).

Erst mit dem Inkrafttreten des Gesetzes über die soziale Modernisierung trat eine Wende ein.[74] Seitdem besteht ein gesetzliches Recht der Belegschaftsaktionäre, einen oder mehrere Vertreter in den Verwaltungsrat zu entsenden, wenn die Arbeitnehmer mindestens drei Prozent des Gesellschaftskapitals halten (Art. L.225-23 Abs. 1 C. com.). Ihre Wahl erfolgt durch die Hauptversammlung auf Vorschlag der Belegschaftsaktionäre.[75] Unter diesen Voraussetzungen vermittelt somit auch die finanzielle Beteiligung der Arbeitnehmer am Gesellschaftsvermögen ein Recht auf eine mitbestimmungsrechtliche Teilhabe an der Unternehmensleitung. Allerdings besteht dieses Recht nicht, wenn im Verwaltungsrat bereits Arbeitnehmervertreter sitzen (Art. L.225-23 und Art. L.225-71 Abs. 3 C. Com.). Unternehmerische Mitbestimmung und Teilhabe der Belegschaftsaktionäre sind somit grundsätzlich nicht kumulierbar. Ob diese Ausschlussregel überzeugt, mag dahingestellt bleiben. Mit einiger Plausibilität wird im französischen Schrifttum kritisch darauf hingewiesen, dass Vertreter von Belegschaftsaktionären und gewählte Arbeitnehmervertreter in den Verwaltungsräten nicht notwendigerweise identische Interessen verfolgen:[76] Immerhin repräsentieren die Arbeitnehmervertreter sämtliche Arbeitnehmer des Unternehmens, während die Vertreter der Belegschaftsaktionäre die spezifischen Interessen der Belegschaftsaktionäre wahrnehmen.

---

72 So die Einschätzung von *Auzero*, JurisClasseur Sociétés Traité, Fascicule 130-60: Représentation des salariés dans les organes de gestion de la société anonyme (2002), Rn. 92.

73 Loi n°2001-152 sur l'épargne salariale (J.O.R.F. 2001, 2774).

74 Loi de modernisation sociale n° 2002-73 v. 17. 1. 2001 (J.O.R.F. v. 18. 1. 2002).

75 Der Wahlvorschlag erfolgt regelmäßig durch die für das Unternehmen gebildete Vereinigung der Belegschaftsaktionäre. Nähere Informationen zu den bestehenden Vereinigungen von Belegschaftsaktionären sind auf der Website der *Fédération Française des Actionnaires Salariés* (*FAS*) abrufbar: www.fas.asso.fr (zuletzt abgerufen am 30. 12. 2013).

76 So insbesondere *Auzero*, a. a. O., Rn. 94 m. N.

Auch wenn sich die Erfolge dieser Vermögensbildungspolitik des französischen Gesetzgebers immer noch in Grenzen halten,[77] sollte man ihre Bedeutung für die weitere Entwicklung der unternehmerischen Mitbestimmung in Frankreich nicht unterschätzen. Solange jedenfalls für privatwirtschaftliche Unternehmen die Einführung einer Arbeitnehmervertretung innerhalb der Gesellschaftsorgane nur fakultativ ist, dürfte für sie die Beteiligung von Belegschaftsaktionären im Verwaltungsrat die vorzugswürdige Form der Mitbestimmung sein. Denn der Ausbau der Belegschaftsaktie stabilisiert zum einen die Eigentumsverhältnisse an der Gesellschaft und verstärkt den Schutz der Gesellschaft vor feindlichen Übernahmen.[78] Zum anderen weisen die Verwaltungsratsvertreter der Belegschaftsaktionäre typischerweise eine größere Nähe zur Generaldirektion der Gesellschaft auf und sind deshalb in vielen Fragen kooperativer als die von den Arbeitnehmern des Unternehmens gewählten Arbeitnehmervertreter.[79]

3. *Mitbestimmung und System der Kollektivverhandlungen*

Schließlich ist die Mitbestimmung im Verwaltungsrat auch im Zusammenhang des französischen Systems der Kollektivverhandlungen zu sehen.

Wie bereits ausgeführt (III.) soll die Unvereinbarkeitsregel des Art. L.225-30 Satz 1 C. com. Interessenkonflikten, die durch die Arbeitnehmervertretung in den Unternehmensorganen entstehen können, vorbeugen. Das gilt grundsätzlich auch für die gewerkschaftliche Interessenvertretung. Damit ist dafür gesorgt, dass die Arbeitnehmervertreter im Verwaltungsrat nicht auch zugleich gewerkschaftliche Funktionen im Rahmen von Kollektivverhandlungen wahrnehmen können. Sie können deshalb nicht für die Arbeitnehmerseite (z.B. als Repräsentanten einer Gewerkschaftssektion im Unternehmen oder als gewählte

---

77 Zur praktischen Bedeutung der Belegschaftsaktie im Frankreich der frühen 1990er Jahre siehe *François Cornut-Gentille/Jacques Godfrain*, Une ambition: la participation pour tous – Rapport au Premier Ministre de la mission parlementaire confiée à MM. François Cornut-Gentille et Jacques Godfrain, députés, Paris, 29. 9. 1995, 54 ff.

78 Siehe hierzu insbesondere *Raymonde Vatinet*, La société anonyme et ses salariés – Essai de problématique, in: Revue des sociétés 2000, 161 ff.; ebenso *Urbain-Parleani*, La participation des salaries aux organes de gestion des Sociétés Anonymes, in: Baums/Ulmer (Hrsg.), Unternehmensmitbestimmung der Arbeitnehmer im Recht der EU-Staaten, 47 (56) mit Hinweis auf den gescheiterten Versuch der BNP, die Société Générale zu übernehmen.

79 Dies wird auch durch die empirische Untersuchung von *Bénédicte Bertin-Mourot/Marc Lapôtre*, Gouvernement d'entreprise: fonctionnement des organes de contrôle

Arbeitnehmervertreter) Kollektivverträge aushandeln. Arbeitnehmervertretung im Verwaltungsrat und die Führung von Kollektivverhandlungen sind somit nach dem gesetzlichen Modell voneinander entkoppelt. Inwieweit gleichwohl Interaktionen zwischen gewerkschaftlich organisierten Arbeitnehmervertretern im Verwaltungsrat und den Verhandlern auf Arbeitnehmerseite stattfinden, ist empirisch noch nicht erforscht.

Auf der Seite der AG werden die Kollektivverhandlungen vom Generaldirektor als gesetzlichem Vertreter der Gesellschaft geführt, so dass eine unabhängige Willensbildung der Gesellschaft während der Kollektivverhandlungen durch die Präsenz von Arbeitnehmervertretern im Verwaltungsrat grundsätzlich nicht berührt wird. Gleichwohl ist nicht ausgeschlossen, dass in Einzelfragen auch der Verwaltungsrat vom Generaldirektor hinzugezogen wird: Man denke nur an Verhandlungen über einen umfänglicheren Sozialplan wegen einer Betriebsschließung. Wie die daraus entstehenden Spannungsverhältnisse in der Praxis aufgelöst werden, ist unbekannt.

Ebenso wenig hat die Stellung der Arbeitnehmervertreter in den Verwaltungsräten während eines gegen die Gesellschaft gerichteten Arbeitskampfes, soweit ersichtlich, eine praktische Bedeutung erlangt und wird auch im arbeits- und gesellschaftsrechtlichen Schrifttum nicht diskutiert.

C. Luxemburg

I. *Historische Grundlagen*

Die unternehmerische Mitbestimmung im Großherzogtum Luxemburg ist im Jahre 1974 gesetzlich verankert worden.[80] Das Gesetz vom 6. Mai 1974

---

et rôle des représentants des salariés, 76 ff. bestätigt: Zumeist handele es sich bei den Vertretern der Belegschaftsaktionäre im Verwaltungsrat um leitende Angestellte, die insgesamt eine größere Nähe zur Generaldirektion der Gesellschaft besitzen als die von allen Arbeitnehmern gewählten Verwaltungsratsmitglieder.

80 Ausführlich zur Mitbestimmung im Luxemburger Recht *Henri Goedert*, La représentation des salariés dans les organes des sociétés en droit luxembourgeois et en droit ouest-allemand, Thèse de doctorat Université de Nancy (1983). Siehe auch die Untersuchung von *Wolfgang Heinze*, Mitbestimmung in einer monistischen Europäischen Aktiengesellschaft – Eine rechtsvergleichende Betrachtung zwischen einer mitbestimmten monistischen strukturierten Societas Europaea in Deutschland und einer mitbestimmten monistisch strukturierten Société Anonyme in Luxemburg, Diss. Univ. Heidelberg 2009; einen knappen Überblick gibt auch *V. Raynaud*, Employees' Co-Determination in Luxembourgian companies, in: Baums/Ulmer (Hrsg.), Unternehmensmitbestimmung der Arbeitnehmer in den EU-Staaten, 63 ff.

über die Errichtung von gemischten Ausschüssen in der Privatwirtschaft und über die Organisation der Arbeitnehmervertretung in den Verwaltungsräten der Aktiengesellschaften[81] ist erst nach langen Diskussionen zustande gekommen[82] und im Jahre 2006 in den Luxemburger *Code du travail* (C. trav. lux.) integriert worden (vgl. Art. L.426-1 ff.).[83]

Das Luxemburger Aktienrecht sah bis vor einigen Jahren ausschließlich das monistische Leitungsmodell vor. Auch wenn seit dem Gesetz vom 25. August 2006 nunmehr auch das dualistische System zugelassen ist,[84] hat sich dies bislang mitbestimmungsrechtlich nicht ausgewirkt: Soweit ersichtlich, gibt es bislang keine dualistische AG, die den Mitbestimmungsregeln des C. trav. lux. unterliegt.

Die arbeitsrechtlichen Regeln über die Mitbestimmung im Unternehmen waren seit ihrer Einführung im Jahre 1974 nicht Gegenstand grundlegender Reformen. Auch das Gesetz vom 23. Juli 2015 über die Reform des sozialen Dialoges innerhalb des Unternehmens führte zu keiner Änderung der Regeln des Code du travail über die Mitbestimmung in den Unternehmensorganen.[85] Das Gesetz beschränkte sich lediglich auf eine Reform der Institutionen der betrieblichen Mitbestimmung (Personaldelegation [*délégation du personnel*]

---

81 Loi instituant des comités mixtes dans les entreprises du secteur privé et organisant la représentation des salariés dans les sociétés anonymes (Mémorial A Nr. 35 v. 10. 5. 1974, 620).

82 Einen guten Überblick über die Mitbestimmungsdiskussion in Luxemburg gibt die Begründung des Regierungsentwurfs zu dem Gesetz vom 6. 5. 1974: Projet de loi n° 1689 instituant des comités mixtes dans les entreprises du secteur privé et organisant la représentation des salariés dans les sociétés anonymes.

83 Art. 3 des Gesetzes vom 31. 7. 2006 über die Einführung eines Arbeitsgesetzbuches [*Loi portant introduction d'un code du travail*] (Mémorial A Nr. 149 v. 29. 8. 2006, 2456).

84 Loi 1. concernant la Société Européenne (SE), 2. la société anonyme à directoire et conseil de surveillance etc. (Mémorial A Nr. 152, 2684). Zur Einführung des dualistischen Modells ausführlich *Pierre-Henri Conac*, Les organes de la société anonyme (SA) en droit luxembourgeois, in: André Prüm (Hrsg.), Le nouveau droit luxembourgeois des sociétés, Brüssel 2008, 51 ff. m. w. N.

85 Loi n° 08/2013-1 portant réforme du dialogue social à l'intérieur des entreprises (Mémorial A Nr. 144 v. 27.7.2015). Zur Notwendigkeit einer Reform des Rechts der Unternehmensmitbestimmung in Luxemburg siehe insbesondere *Achim Seifert*, Comment recodifier le dialogue social au sein de l'entreprise?, in: Journal des tribunaux Luxembourg 2011, 117 (121); vgl. auch *Jean-Luc Putz*, Commentaire critique du projet de réforme du dialogue social à l'intérieur des entreprises, in: Les cahiers du droit luxembourgeois 2013, 9 ff.

und gemischter Unternehmensausschuss [*comité mixte d'entreprise*]),[86] ohne Änderungen der gesetzlichen Vorschriften über die Repräsentation der Arbeitnehmer im Unternehmen vorzusehen.

II. Geltungsbereich

Die Mitbestimmungsvorschriften des C. trav. lux. gelten grundsätzlich für alle AG i. S. d. Gesetzes vom 10. August 1915 über Handelsgesellschaften [*loi concernant les sociétés commerciales*, im Folgenden: *LSC*], die ihren Sitz im Großherzogtum haben und dort in der Regel mindestens 1.000 Arbeitnehmer während der letzten drei Jahre beschäftigt haben (Art. L.426-1 Abs. 1 C. trav. lux.). Andere Rechtsformen, namentlich die *société à responsabilité limitée* (*S.à.r.l.*) oder die *société coopérative* sind somit nicht mitbestimmungspflichtig.[87] Es liegt auf der Hand, dass angesichts der geringen Größe des Landes nur wenige Unternehmen mitbestimmungspflichtig sind: An erster Stelle steht natürlich ARCELOR Mittal, in der die frühere ARBED aufgegangen ist,[88] die geradezu Bezugspunkt für den Gesetzgeber bei der Einführung der Mitbestimmung im Unternehmen war.

Ebenso wenig sieht das Gesetz eine mit § 5 MitbestG oder § 2 DrittelbG vergleichbare Konzernregelung vor.[89] Dies ist nicht ohne Probleme, wie der Fall Arcelor Mittal zeigt. Die Holding des Stahlkonzerns (Arcelor Mittal SA), die ihren Sitz in Luxemburg hat, erfüllt nämlich nicht den Schwellenwert von 1.000

---

86 Der gemischte Unternehmensausschuss wurde durch das Gesetz vom 23.7.2015 abgeschafft und spielt deshalb für die folgenden Ausführungen keine Rolle mehr.

87 Dies hat zur Folge, dass beispielsweise die *Du Pont de Nemours* (Luxembourg) s.à.r.l., die ungefähr 1.200 Arbeitnehmer im Großherzogtum beschäftigt, nicht mitbestimmt ist.

88 *Aciéries Réunies de Burbach-Eich-Dudelange*. Zur Geschichte der ARBED und ihrer Bedeutung für die Luxemburger Volkswirtschaft sehr instruktiv *Gilbert Trausch*, L'ARBED dans la société luxembourgeoise, Luxembourg 2000 m. zahlreichen w. N. Die ARBED S.A. wurde im Jahre 2002 mit der französischen USINOR S.A. und der spanischen Aceralia S.A. zur Arcelor S.A. verschmolzen. Im Jahre 2007 erfolgte dann die Verschmelzung der Arcelor S.A. und der Mittal Steel zur heutigen Arcelor Mittal S.A., die ihren Sitz in Luxemburg hat.

89 Dies schließt jedoch nicht aus, dass mehrere Gesellschaften, die wegen ihrer Verflechtungen eine wirtschaftliche und soziale Einheit [*unité économique et sociale*] i. S. v. Art. L.161-2 Abs. 2 C. trav. lux. bilden, mitbestimmungsrechtlich als ein Unternehmen behandelt werden, auf das die Art L.426-1 ff. C. trav. lux. Anwendung finden. So insbesondere *Cour Administrative*, Urt. v. 15. 5. 2007, ALJB – Bulletin droit et Banque 2007 Nr. 40, 66 ff. m. Anm. *Jean-Paul Spang*; siehe auch *Heinze*, a. a. O., 140 ff.

Arbeitnehmern, so dass lediglich bei der konzernabhängigen Arcelor Mittal Luxembourg SA die Mitbestimmung ansetzt und die eigentlichen strategischen Entscheidungen der Konzernspitze mitbestimmungsfrei bleiben. Diesem Leerlaufen der Mitbestimmung wurde seit den Zeiten von Arcelor dadurch Rechnung getragen, dass man einen Sitz im Verwaltungsrat der Konzernholding für einen Arbeitnehmervertreter reservierte. Nach der Verschmelzung von Arcelor mit Mittal im Jahre 2007 wurde diese freiwillige Mitbestimmung an der Konzernspitze zunächst beibehalten.[90] Im Mai 2010 wurden im Zuge einer Verkleinerung des Verwaltungsrates die Arbeitnehmersitze nicht mehr erneuert, so dass es seitdem keine freiwillige Mitbestimmung mehr an der Konzernspitze von Arcelor Mittal gibt.[91]

Aktiengesellschaften, an denen der Staat Luxemburg eine Beteiligung von mindestens 25% hält oder die Inhaber einer Staatskonzession sind, unterliegen auch dann der Mitbestimmung, wenn sie den Schwellenwert von 1.000 Arbeitnehmern nicht überschreiten (Art. L.426-1 Abs. 2 C. trav. lux.). Aufgrund des Großherzoglichen Erlasses vom 11. August 1974[92] und vom 19. Februar 2008[93] unterliegen danach die *Compagnie Grand-Ducale d'Electricité du Luxembourg (CEGEDEL)*, die Fluggesellschaft *Luxair* sowie die *Société de l'Aéroport de Luxembourg S.A. lux-Airport* der Mitbestimmungspflicht nach Art. L.426-1 Abs. 2 C. trav. lux. Dagegen sind die Mitbestimmungsregeln nicht auf Gesellschaften anwendbar, die auf der Grundlage eines völkerrechtlichen Vertrags errichtet worden sind (Art. L.427-1 C. trav. lux.): Dies gilt namentlich für die

90 Die Beibehaltung dieser freiwilligen Mitbestimmungsregelung wurde in einem „Memorandum of Understanding“ vom 25. 6. 2006, das zwischen den Direktionen von Arcelor und Mittal unterzeichnet wurde, festgeschrieben. Danach sollten 3 der insgesamt 18 Mitglieder des Verwaltungsrates der Arcelor Mittal SA Arbeitnehmervertreter sein. Die Arbeitnehmervertreter wurden von dem Verein „OGB•L/LCGB Sidérurgie A.s.b.l.“, einem Zusammenschluss der beiden stärksten luxemburgischen Gewerkschaftsbünde, unterstützt: Näheres unter http://www.secec.lu/ASBLSiderurgie/presentation.html.

91 Zu diesen Veränderungen im Verwaltungsrat der Arcelor Mittal SA siehe den Bericht in der Luxemburger Wochenzeitung *Jeudi* vom 12. 5. 2010.

92 Arrêté grand-ducal portant énumération des sociétés anonymes visées à l'article L.426-1 paragraphe (2) du Code du Travail (Mémorial B Nr. 57). Rechtsgrundlage für diesen Großherzoglichen Rechtsakt ist Art. L.426-1 Abs. 2 S. 2 C. trav. lux.

93 Arrêté grand-ducal complétant l'arrêté grand-ducal du 11 août 1974 portant énumération des sociétés anonymes visées à l'article L.426-1 paragraphe (2) du Code du Travail (Mémorial A Nr. 22 2008, 347).

Société Nationale des Chemins de Fer (CFL),[94] die auf der Grundlage der Convention belgo-luxembourgeoise réglant l'exploitation du réseau des chemins de fer luxemburgeois vom 17. April 1946 errichtet worden ist; die Ausnahme ist allerdings insofern ohne größere Bedeutung, als der Belgisch-Luxemburger Vertrag für die CFL eine eigenständige Mitbestimmungsordnung vorsieht und somit Art. L.427-1 C. trav. lux. keine Mitbestimmungsvermeidung für die CFL ermöglicht.

Im Jahre 2009 unterlagen insgesamt 11 Gesellschaften dem Geltungsbereich dieser Mitbestimmungsregeln des C. trav. lux.[95]

III. Wahl der Arbeitnehmervertreter

In mitbestimmungspflichtigen monistischen Gesellschaften muss ein Drittel der Verwaltungsratsmitglieder bzw. in dualistisch strukturierten Gesellschaften ein Drittel der Aufsichtsratsmitglieder von der Arbeitnehmerseite bestimmt werden.

Die Arbeitnehmervertreter werden nicht direkt von den Arbeitnehmern des Unternehmens, sondern von den Personaldelegationen, die im Unternehmen bestehen, in geheimer Wahl nach den Grundsätzen der Verhältniswahl gewählt (Art. L.426-4 (1) C. trav. lux.).[96] Personaldelegationen sind in jedem Betrieb mit mindestens 15 Arbeitnehmern zu errichten und besitzen neben Unterrichtungs- und Anhörungsrechten (vgl. Art. L.414-3 ff. C. trav. lux.) auch echte Mitbestimmungsrechte in einzelnen Angelegenheiten (vgl. Art. L.414-9 C. trav.). Im Gesetz ist somit – ganz im Gegensatz zum französischen Modell – eine enge Verzahnung zwischen betrieblicher und unternehmerischer Mitbestimmung angelegt. Es ist deshalb nicht überraschend, dass die Kumulierung von Ämtern auf der Arbeitnehmerseite (Mitgliedschaft in einer Personalvertretung, und im Verwaltungsrat des Unternehmens) sehr verbreitet ist.

Wählbar sind Arbeitnehmer, die im Unternehmen seit mindestens zwei Jahren beschäftigt sind (Art. L.426-4 (1) und Art. L.426-6 C. trav. lux.). Unternehmensexterne Gewerkschaftsbeauftragte sind somit im Unterschied zum

94 Dazu näher *Goedert*, a. a. O., 59 f. m. w. N.

95 So die Angaben bei *Heinze*, a. a. O., 53.

96 Die Einzelheiten des Wahlverfahrens sind in der Großherzoglichen Verordnung v. 24. 9. 1974 über die Bestimmung der Arbeitnehmervertreter in den gemischten Ausschüssen des Unternehmens und den Verwaltungsräten [*règlement grand-ducal concernant les opérations électorales pour la désignation des représentants du personnel dans les comités mixtes d'entreprise et les conseils d'administration*] (Mémorial A 1974 Nr. 69, 1545) geregelt.

deutschen Mitbestimmungsrecht (vgl. § 7 Abs. 2 MitbestG) grundsätzlich nicht wählbar. Eine Ausnahme besteht lediglich für Unternehmen der Stahlindustrie. Dort haben Gewerkschaften, die auf nationaler Ebene repräsentativ sind,[97] das Recht, drei Arbeitnehmervertreter, die nicht dem Unternehmen angehören müssen, in das Leitungsorgan der Gesellschaft zu entsenden (Art. L.426-5 C. trav. lux.);[98] die Vorschrift ist nichts anderes als eine „lex ARBED".

IV. Rechtsstellung der Arbeitnehmervertreter

Ebenso wie das französische Recht unterscheidet auch das Luxemburger Recht zwischen der arbeitsrechtlichen und der organschaftlichen Rechtsstellung der Arbeitnehmervertreter im Verwaltungsrat.

1. Arbeitsrechtliche Rechtsstellung

Die arbeitsrechtliche Rechtsstellung ist im C. trav. lux. besonders ausgeformt. Das Bestehen des Arbeitsvertrages bleibt für die Dauer des Verwaltungsratsmandats unberührt (Art. L.426-6 Satz 2 C. trav. lux.). Allerdings enthält das Gesetz im Gegensatz zum Recht der Personaldelegation (Art. L.415-5 (3) C. trav. lux.) keine Regelung über eine Entgeltfortzahlung für die Zeiten, in denen die Arbeitnehmervertreter ihr Mandat wahrnehmen. Gleichwohl entspricht es ständiger Praxis der Unternehmen, das Arbeitsentgelt für die Dauer der Verwaltungsratssitzungen sowie für eine angemessene Vorbereitungszeit fortzuzahlen.[99]

---

97 Zentrale Voraussetzung hierfür ist zum einen das Vorhandensein einer ausreichenden Macht, um die Aufgaben, die repräsentativen Gewerkschaften zukommen, erfüllen zu können, insbesondere einen größeren Arbeitskampf auf nationaler Ebene durchstehen zu können (Art. L.161-4 C. trav. lux.). Darüber hinaus muss die Gewerkschaft mindestens 25% der Stimmen bei den letzten Wahlen zur Arbeitnehmerkammer erhalten haben und in der Mehrzahl der Wirtschaftszweige des Landes aktiv sein (Art. L.161-5 C. trav. lux.).

98 Die Anzahl drei erklärt sich aus dem in Luxemburg bestehenden Gewerkschaftspluralismus von drei großen Gewerkschaftsbünden: des *Onofhängege Gewerkschaftsbond Lëtzebuerg (OGB-L)*, der *Confédération Générale de la Fonction Publique (CGFP)* sowie des *Lëtzebuerger Chrëschtleche Gewerkschaftsbond (LCGB)*. Durch die Regelung ist jedem der drei Spitzenverbände ein Sitz im mitbestimmten Verwaltungsrat garantiert Zu diesem Hintergrund des Art. L.426-5 C. trav. lux. siehe *Goedert*, a. a. O., 398.

99 So der Hinweis von *Goedert*, a. a. O., 513.

Ebenso wenig sieht der C. trav. lux. Schulungsansprüche für die Arbeitnehmervertreter in den Verwaltungsräten vor. Allerdings verfügen diese, soweit sie zugleich Personaldelegierte sind, über Schulungsansprüche nach Art. L.415-9 (1) C. trav. lux. und besitzen somit die Möglichkeit, zumindest Grundkenntnisse im Arbeitsrecht zu erwerben. Die darüber hinausgehenden Schulungen im Gesellschaftsrecht und der Bilanzierung, die für die Arbeit innerhalb des Verwaltungsrates erforderlich sind, erfolgen durch die Gewerk-schaften oder durch die *école supérieure du travail.*[100]

Schließlich besteht – ebenso wie für Mitglieder von Personaldelegationen – ein besonderer Kündigungsschutz für Arbeitnehmervertreter im Verwaltungsrat, der über die allgemeinen Regeln (vgl. Art. L.124-11 ff. u. Art. L.425-4 C. trav. lux.) weit hinausgeht. So erlaubt Art. L.426-9 (1) C. trav. lux. ihre Kündigung ausschließlich mit Zustimmung des Arbeitsgerichts. Die Zustimmung wird erteilt, wenn der Arbeitnehmervertreter in Ausübung seiner beruflichen Tätigkeit im Unternehmen eine schwere Pflichtverletzung begangen hat. In diesem Fall kann das Unternehmen den Arbeitnehmer bis zum rechtskräftigen Abschluss des Kündigungsschutzverfahrens von der Arbeit freistellen (Art. L.426-9 (2) i. V. m. Art. L.415-10 C. trav. lux.); gegen die Freistellung kann der Arbeitnehmer im Wege des einstweiligen Rechtsschutzes vorgehen (Art. L.426-9 (2) i. V. m. Art. L.425-4 (2) C. trav. lux.). Dieser Kündigungsschutz wirkt sechs Monate über das Ende des Verwaltungsratsmandats hinaus nach (Art. L.426-9 (3) C. trav. lux.).

2. *Organschaftliche Rechtsstellung*

Die organschaftliche Rechtsstellung der Arbeitnehmervertreter im Verwaltungsrat entspricht grundsätzlich derjenigen der anderen Verwaltungsratsmitglieder.[101]

---

100 Die Schule ist durch das Gesetz v. 20. 3. 1984 über die Errichtung einer höheren Schule der Arbeit [*loi portant création d'une Ecole Supérieure du Travail*] (Mémorial A Nr. 26, 346) errichtet worden und hat u. a. die Aufgabe, Personaldelegierte zu schulen. Da die Arbeitnehmervertreter im Verwaltungsrat regelmäßig auch Personaldelegierte sind, kommen diese Schulungen letztlich auch ihrer Verwaltungsratstätigkeit zugute.

101 *Goedert*, a. a. O., 158.

a) *Amtsdauer, andere Rechte*

Soweit eine Vergütung für die Verwaltungsratstätigkeit bezahlt wird, haben auch Arbeitnehmervertreter Anspruch auf diese.[102] In der Praxis ist üblich, dass ein wesentlicher Teil der Vergütung an eine Gewerkschaftsorganisation abgeführt wird, sofern der Arbeitnehmer gewerkschaftlich organisiert ist.

Die Regeln zur Einberufung des Verwaltungsrats werden zugunsten der Arbeitnehmervertreter modifiziert. So haben Verwaltungsräte, die zusammen mindestens ein Drittel der Verwaltungsratsmitglieder stellen, das Recht, die Einberufung einer Verwaltungsratssitzung zu verlangen, wenn dieser seit mehr als drei Monaten nicht mehr zusammengetreten sein sollte (Art. L.426-11 (1) C. trav. lux.). Ferner ist der Verwaltungsratsvorsitzende verpflichtet, auf die Tagesordnung diejenigen Fragen zu setzen, die ihm von einem Drittel der Mitglieder spätestens drei Tage nach der Einladung zugegangen sind (Art. L.426-11 (2) C. trav. lux.). Treten die Arbeitnehmervertreter geschlossen auf, können sie somit die Tagesordnung der Verwaltungsratssitzungen effektiv mitbestimmen.

Die organschaftliche Pflichtenbindung besteht vor allem in der Wahrung der Geheimhaltungspflicht durch die Verwaltungsratsmitglieder. In Ermangelung einer ausdrücklichen Regelung im C. trav. lux. gelten die allgemeinen aktienrechtlichen Grundsätze.[103]

Die Arbeitnehmervertreter im Verwaltungsrat können von den Personaldelegierten, die sie gewählt haben, in gleicher Weise abberufen werden (Art. L.426-7 (2) C. trav. lux.). Eines wichtigen Grundes bedarf es ebenso wenig wie nach § 23 MitbestG.

Schließlich haben die Verwaltungsratsmitglieder auch das Recht, an den Hauptversammlungen der Gesellschaft teilzunehmen, selbst wenn sie nicht Aktionäre der Gesellschaft sind. Dieses Teilnahmerecht, das nicht ausdrücklich in der LSC vorgesehen ist, entspricht einer allgemeinen gesellschaftsrechtlichen Übung und steht somit auch den Arbeitnehmervertretern im Verwaltungsrat zu.[104]

b) *Haftung*

Die Haftung der Verwaltungsratsmitglieder ergibt sich aus Art. 441-9 (2) LSC: Danach haften sämtliche Verwaltungsratsmitglieder gesamtschuldnerisch gegenüber der AG grundsätzlich für alle Schäden, die durch eine Verletzung

---

102 *Goedert*, a. a. O., 505 ff.
103 *Goedert*, a. a. O., 518 ff.
104 *Goedert*, a. a. O., 477 m. zahlreichen w. N.

der Vorschriften des LSC, der Gesellschaftssatzung sowie durch fehlerhafte unternehmerische Entscheidungen [*fautes de gestion*] entstanden sind. Diese allgemeine Regel gilt nach Art. L.426-8 C. trav. lux. grundsätzlich auch für die Arbeitnehmervertreter im Verwaltungsrat.

Verwaltungsratsmitglieder treffen bei der Ausübung ihres Amtes die Sorgfaltspflichten eines guten Familienvaters [*bon père de famille*].[105] Streitig ist insoweit, ob beim Sorgfaltsmaßstab zwischen den Verwaltungsräten der Anteilseigner und denen der Arbeitnehmer zu differenzieren ist: Einem für die Tätigkeit im Verwaltungsrat nur wenig ausgebildeten Arbeitnehmervertreter sollen nach einer Auffassung im Schrifttum nicht dieselben Sorgfaltspflichten zumutbar sein wie einem Bankier oder einem anderen Anteilseignervertreter. Die Frage ist von der Rechtsprechung bislang noch nicht entschieden worden und somit noch offen.[106]

Eine Exkulpation kommt nur bei Rechtsverletzungen in Betracht, an denen das Verwaltungsratsmitglied nicht teilgenommen hat. Es darf kein fehlerhaftes Verhalten seinerseits vorliegen und die Rechtsverletzung muss ab Kenntniserlangung bei der nächsten Hauptversammlung angezeigt worden sein. Auch wenn noch keine Rechtsprechung zu dieser Haftungsregel vorliegt, dürfte eine solche Exkulpation doch nur in Ausnahmefällen zum Tragen kommen. So wird ein Verwaltungsratsmitglied, selbst wenn es an der eigentlichen Entscheidungsvor-bereitung in einem Verwaltungsratsausschuss nicht mitgewirkt haben sollte, an der Rechtsverletzung teilgenommen haben, sofern es am rechtswidrigen Beschluss des gesamten Verwaltungsrats beteiligt war. Seine Unkenntnis von der Rechtswidrigkeit des Beschlusses dürfte dabei grundsätzlich unbeachtlich sein. Diese gegenüber den allgemeinen Grundsätzen verschärfte Haftung der Verwaltungsräte wird durch die Verkürzung der Verjährung von Haftungsansprüchen der Gesellschaft oder Dritter auf fünf Jahre (Art. 1400-6 LSC) nur geringfügig abgemildert.

Die gesamtschuldnerische Haftung führt somit zu einer sehr weitreichenden Verantwortung von Verwaltungsratsmitgliedern im Allgemeinen und der Arbeitnehmervertreter im Besonderen. Inwieweit dieses strenge Haftungsrecht unter Umständen einen disziplinierenden Effekt auf die Arbeitnehmervertreter

---

105 Oberster Gerichtshof [*Cour Supérieure de Justice*], Urt. v. 27. 2. 1973, Pasicrisie Luxembourgeoise Bd. 23, 481 (484); Landgericht [*Tribunal d'Arrondissement*] Luxemburg, Urt. v. 9. 6. 1989, Az. 235/89, 10.

106 Aus dem älteren Schrifttum zu dem Streitstand ausführlich *Goedert*, a. a. O., 544 ff. m. w. N.

hat, lässt sich mangels empirischer Untersuchungen zur unternehmerischen Mitbestimmung in Luxemburg nicht sagen. Soweit Gesellschaften aber D & O-Versicherungen für ihre Verwaltungsräte abschließen, geschieht dies nach Auskunft von Praktikern auch zugunsten der Arbeitnehmervertreter im Verwaltungsrat. Das Haftungsrisiko der Arbeitnehmervertreter dürfte somit nicht selten versicherungstechnisch beträchtlich abgemildert sein. In welchem Umfang dies geschieht, ist jedoch unklar.

V. Die Mitbestimmung im Verwaltungsrat

Das Luxemburger Aktienrecht, das in seinen wesentlichen Zügen nach wie vor stark vom belgischen Recht beeinflusst ist,[107] gibt eine weitgehende Gestaltungsfreiheit bei der Festlegung der Leitungsstruktur der Gesellschaft. Schon dies ist ein grundlegender Unterschied zum französischen Aktienrecht, das eine starke gesetzliche Festlegung der Zuständigkeiten von Hauptversammlung, Verwaltungsrat und Generaldirektion vornimmt.

Der Verwaltungsrat hat grundsätzlich die Befugnis, alle notwendigen und nützlichen Handlungen zur Verwirklichung des Gesellschaftszwecks vorzunehmen (Art. 441-5 (1) LSC). Seine Aufgaben sind somit weitergehend als diejenigen des Verwaltungsrats einer französischen AG. Allerdings sieht Art. 441-5 (2) LSC grundsätzlich Gesamtvertretungsmacht des Verwaltungsrats vor, es sei denn die Satzung räumt einzelnen Verwaltungsratsmitgliedern Einzelvertretungsmacht ein (Art. 441-5 (4) LSC). Es gilt somit grundsätzlich das Kollegialitätsprinzip.

All dies verspricht den Arbeitnehmervertretern *prima facie* einen sehr weitreichenden Einfluss bei der Geschäftsführung und der Vertretung der Gesellschaft nach außen. Doch ebenso wie das französische begrenzt auch das luxemburgische Aktienrecht die Mitbestimmung in erheblicher Weise.

1. Verlagerung von Geschäftsführungsaufgaben auf Direktoren

Dies gilt zum einen mit Blick auf die Führung der täglichen Geschäfte der Gesellschaft und die Vertretung nach außen. Beides kann nach Art. 441-13 (1) LSC auf einzelne Personen übertragen werden.[108] Die Delegation kann

---

107 Dazu *André Prüm/Isabelle Corbisier*, Droit des sociétés – Tableau comparative des droits luxembourgeois, belge et français et textes légaux luxembourgeois, XII ff. m. N.

108 Zu den Einzelheiten siehe *Steichen*, Précis de droit des sociétés, Luxemburg 2006, Rn. 818 ff. m. w. N.

einmal zugunsten eines einzelnen Verwaltungsratsmitgliedes [*administrateur délégué*], Direktors, leitenden Angestellten oder eines anderen Vertreters erfolgen. Sie kann aber auch an mehrere dieser Personen zugleich erfolgen: In diesem Falle wird ein Direktionsausschuss [*comité de direction*] gebildet. Die Einzelheiten der Ernennung und der Befugnisse der *délégués* sind durch Satzung festzulegen (Art. 441-10 (2) LSC). Jedenfalls reicht ebenso wie im französischen Recht eine einfache Mehrheit der Mitglieder des Verwaltungsrats insoweit aus; ein höheres Quorum wie in § 31 Abs. 2 MitbestG ist nicht erforderlich.[109] Soweit ersichtlich, sind Arbeitnehmer in solchen Direktionsausschüssen mitbestimmter AG nicht vertreten. Eine dem deutschen Arbeitsdirektor vergleichbare Einrichtung sieht das Luxemburger Recht nicht vor. Die Arbeitnehmervertreter in Verwaltungsräten sind somit regelmäßig von der Führung der täglichen Geschäfte der Gesellschaft ausgeschlossen.

2. *Verwaltungsratsausschüsse*

Weiterhin führt die Bildung von Verwaltungsratsausschüssen zu einer Schmälerung des Arbeitnehmereinflusses in mitbestimmten Verwaltungsräten. Die Einsetzung von Verwaltungsratsausschüssen ist zwar gesetzlich nicht durch die LSC vorgeschrieben, doch erfolgt sie traditionell und entspricht den Grundsätzen der Corporate-Governance, wie sie von der Luxemburger Börse in ihren „10 Grundsätzen der Corporate Governance“[110] niedergelegt worden ist: Nach Grundsatz Nr. 3.9 setzt der Verwaltungsrat die Ausschüsse ein, die zur ordentlichen Erfüllung seiner Aufgaben erforderlich sind. Empfohlen wird insbesondere die Errichtung eines Nominierungsausschusses (Empfehlung Nr. 4.2.) und eines Vergütungsausschusses (Empfehlung Nr. 8.1.).

Goedert hat im Jahre 1983 die Satzungen sämtlicher mitbestimmter AG in Luxemburg untersucht und ist zu dem Ergebnis gelangt, dass keine einzige von ihnen die Beteiligung von Arbeitnehmervertretern in Ausschüssen begünstigt oder gar absichert, z.B. durch die Festlegung einer Mindestrepräsentation der Arbeitnehmer.[111] Eine weitergehende Analyse müsste auch noch die

---

109 Dazu näher *Heinze*, a. a. O., 70.

110 Bourse de Luxembourg, Gouvernance d'entreprise – Les 10 principes de gouvernance d'entreprise de la Bourse de Luxembourg (April 2006), abrufbar auf der Website des *European Corporate Governance Institute* (ECGI): http://www.ecgi.org/codes/ all_codes.php.

111 *Goedert*, a. a. O., 480 ff.

Geschäfts-ordnungen der mitbestimmten Verwaltungsräte einbeziehen, da möglicherweise dort eine entsprechende Beteiligung der Arbeitnehmer vorgesehen ist. Nach einem Urteil des Landgerichts [*Tribunal d'arrondissement*] Luxemburg ist dieser Ausschluss der Arbeitnehmervertreter von der Ausschussarbeit grundsätzlich rechtmäßig.[112] Seit 1983 gibt es zu der Problematik jedoch keine Untersuchungen.[113] Eine empirische Klärung der Frage ist deshalb wünschenswert. Da die Errichtung von Ausschüssen aber grundsätzlich nur der einfachen Mehrheit des Verwaltungsrats bedarf und somit die Arbeitnehmervertreter ohne Weiteres überstimmt werden können, dürfte ihre Beteiligung in Ausschüssen eher die Ausnahme bilden.

3. *Beteiligung bei der Bestellung eines der Abschlussprüfer*

Eine mitbestimmungsrechtliche Besonderheit besteht mit Blick auf die Bestellung der Abschlussprüfer der Gesellschaft. Sie werden grundsätzlich von der Hauptversammlung für höchstens sechs Jahre bestellt (Art. 443-1 LSC). Der mitbestimmte Verwaltungsrat hat aber darüber hinaus durch einstimmigen Beschluss einen weiteren Abschlussprüfer [*commissaire-réviseur*] zu bestellen (Art. L.426-12 C. trav. lux.). Dieser kann somit nicht gegen die Stimmen der Arbeitnehmervertreter bestellt werden, was ihnen bei der Auswahl der Person einen gewissen Einfluss sichert. Dadurch werden die Kontrollmöglichkeiten der Arbeitnehmervertreter im Rahmen der Abschlussprüfung tendenziell verstärkt.

Eine weitere Einflussmöglichkeit der Arbeitnehmervertreter im Zusammenhang mit der Abschlussprüfung ergibt sich aus Art. 443-1 LSC. Danach kann die Gesellschaftssatzung vorsehen, dass Verwaltungsratsmitglieder und Abschlussprüfer zusammen einen allgemeinen Rat [*conseil général*] bilden, in dem Fragen des Abschlusses der Gesellschaft erörtert werden können. In der Unternehmenspraxis wird von dieser Einrichtung allerdings so gut wie gar nicht Gebrauch gemacht: Der *conseil général* tritt nur ganz selten zusammen.[114]

---

112 *Tribunal d'arrondissement de Luxembourg*, Urt. v. 21. 1. 1988 – Az.: 37823 (*Banque Internationale à Luxembourg*); die Leitsätze sind abgedruckt in: Pasicrisie luxembourgeoise 1988, 108–109.

113 Siehe aber die Ausführungen bei *Heinze*, a. a. O., 95 ff.

114 Zu diesem empirischen Befund *Alain Steichen*, Précis du droit des sociétés, Rn. 827.

VI. Einbettung ins Gesamtgefüge der kollektiven Arbeitsbeziehungen

Auch beim Luxemburger Mitbestimmungsmodell ist es wichtig, einen Blick auf seine Einbettung in das Gesamtgefüge der kollektiven Arbeitsbeziehungen zu werfen. Im Unterschied zum französischen Modell spielt die Belegschaftsaktie keine nennenswerte Rolle in Luxemburg, insbesondere nicht als Ergänzung oder gar Ersatz für die unternehmerische Mitbestimmung. Von besonderem Interesse sind aber das Verhältnis von betrieblicher und unternehmerischer Mitbestimmung (1.) sowie das Verhältnis von unternehmerischer Mitbestimmung und System der Kollektivverhandlungen (2).

1. Verhältnis von betrieblicher und unternehmerischer Mitbestimmung

Hier ist zunächst noch einmal auf die enge Verzahnung von betrieblicher und unternehmerischer Mitbestimmung hinzuweisen, die in der Wahl der Arbeitnehmervertreter in die Unternehmensorgane durch die im Unternehmen bestehenden Personaldelegationen ihren besonderen Ausdruck findet. Die Arbeit der Verwaltungsratsmitglieder der Arbeitnehmerseite kommt somit auch den Personaldelegationen zugute. Die Unterrichtung der Personaldelegation in wirtschaftlichen Angelegenheiten des Unternehmens (Art. L.423-3 C. trav. lux.) kann durch die Informationen, welche die Arbeitnehmervertreter im Verwaltungsrat der Gesellschaft erlangen, effektiviert werden. Auch ermöglicht die Verknüpfung von betrieblicher und unternehmerischer Mitbestimmung, Probleme oder Erfahrungen aus der täglichen Arbeit der Personaldelegation in die Willensbildung des Verwaltungsrats einzuspeisen und auf diese Weise die Rechte der Personaldelegationen im unternehmerischen Entscheidungsprozess zu verstärken.

Andererseits birgt diese enge Verknüpfung von betrieblicher und unternehmerischer Mitbestimmung die Gefahr von Interessenkonflikten in sich. Insbesondere bei der Aushandlung von Vereinbarungen mit einer Personaldelegation oder bei Verhandlungen innerhalb des gemischten Ausschusses, beispielsweise bei geplanten Massenentlassungen die Verhandlungen über einen Sozialplan nach Art. L.166-2 C. trav. lux., kann dies zum Problem werden. Immerhin sind Fälle denkbar, in denen auch der Verwaltungsrat der Gesellschaft mit Sozialplänen befasst wird, selbst wenn deren Aushandlung im Einzelfall durch die Direktoren erfolgen dürfte. Die Beteiligung der Arbeitnehmervertreter kann dann (theoretisch) zu einer Beeinträchtigung der „Gegnerunabhängigkeit" der Gesellschaft führen. In der Praxis scheint dies bislang aber noch zu keinem ernsthaften Problem geworden zu sein.

2. *Mitbestimmung und System der Kollektivverhandlungen*

Doch auch bei der Aushandlung von Kollektivverträgen für das Unternehmen kann die Position der mitbestimmten AG beeinträchtigt sein.

Immerhin sind gewerkschaftlich organisierte Verwaltungsratsmitglieder regelmäßig auch Mitglieder der Verhandlungskommission [*Commission de négociation unique*], die nach Art. L.162-1 C. trav. lux. für jeden Kollektivvertrag – also auch für Verhandlungen um einen Unternehmenstarifvertrag – zu bilden ist. Da nach Absatz 3 dieser Vorschrift nur diejenigen Gewerkschaften einen Sitz in der Verhandlungskommission beanspruchen können, die bei den letzten Personaldelegationswahlen in den Unternehmen, die unter den Geltungsbereich des anvisierten Kollektivvertrags fallen, mindestens 50% der Stimmen der Arbeitnehmer erhalten haben, ist die Wahrscheinlichkeit groß, dass in ihr auch Gewerkschaftsvertreter sitzen, die zugleich auch Mitglied einer Personaldelegation und im Verwaltungsrat der AG sind. Anscheinend sind in der Praxis daraus bislang aber noch keine ernsthaften Konflikte entstanden. Rechtsprechung gibt es hierzu, soweit ersichtlich, nicht.

Ebenso wenig ist es bislang zu Interessenkonflikten zwischen Verwaltungsratsmandat von Arbeitnehmern und ihrer Teilnahme an Arbeitskampfmaßnahmen gekommen. Dies dürfte vor allem darauf zurückzuführen sein, dass der Streik in den Arbeitsbeziehungen des Großherzogtums schon seit Jahrzehnten so gut wie überhaupt keine praktische Bedeutung mehr besitzt.[115]

D. Schlussfolgerungen

Mehrere Schlussfolgerungen lassen sich aus dem Mitbestimmungsvergleich zwischen Frankreich und Luxemburg ziehen.

1. Es hat sich gezeigt, dass die Mitbestimmung im monistischen Leitungssystem je nach den gesellschafts- und arbeitsrechtlichen Rahmenbedingungen unterschiedliche Gestalt annehmen kann.

a) In gesellschaftsrechtlicher Hinsicht begünstigen in beiden Ländern vor allem zwei Elemente eine Schwächung der Mitbestimmung der Arbeitnehmer im Verwaltungsrat.

Zum einen wird sowohl in französischen als auch in Luxemburger AG die Führung der laufenden Geschäfte auf geschäftsführende Direktoren übertragen. Soweit ersichtlich, werden Arbeitnehmervertreter im Verwaltungsrat nicht

---

115 Der Streik ist so weit inexistent, dass es noch nicht einmal eine offizielle Streikstatistik für das Großherzogtum Luxemburg gibt.

als geschäftsführende Direktoren bestellt. Der Verwaltungsrat – und damit auch die Mitbestimmung der Arbeitnehmer – ist somit hinsichtlich der täglichen Geschäfte auf die Aufstellung allgemeiner Leitlinien und die Kontrolle der Geschäftsführung beschränkt. Diese Tendenz wird im traditionellen französischen Leitungssystem mit der Funktion des *Président Directeur Général (PDG)* auf die Spitze getrieben: Die in seiner Person erfolgende Konzentration von Leitungsbefugnissen schwächt die Stellung des gesamten Verwaltungsrats und damit letztlich auch die Handlungsmöglichkeiten der in ihm sitzenden Arbeitnehmervertreter. Auch wenn sich aufgrund der Reformen, die im Zuge der Corporate Governance Diskussion der letzten Jahre vorgenommen worden sind, eine allmähliche Trennung von Aufsicht und Geschäftsführung abzeichnet, die den Verwaltungsrat und damit tendenziell auch die Mitbestimmung stärken könnte, ist der *PDG* noch in vielen Gesellschaften Realität.

Zum anderen trägt die in beiden Rechtsordnungen allseits verbreitete Binnen-differenzierung des Verwaltungsrates in Ausschüsse zu einer Reduzierung der Mitbestimmungsintensität im Verwaltungsrat bei. Die Verlagerung wichtiger Bereiche der Willensbildung des Verwaltungsrats in Ausschüsse, in denen zumeist keine Vertreter der Arbeitnehmer sitzen, hat zur Folge, dass der Willensbildungsprozess innerhalb des Verwaltungsratsplenums ausgedünnt und damit auch die Mitbestimmungsintensität zum Teil erheblich verringert wird.

b) Noch größere Divergenzen treten zu Tage, wenn man die beiden Mitbestimmungsordnungen in ihrer Einbettung in das kollektive Arbeitsrecht betrachtet.

Dies gilt vor allem für die Bestimmung des Verhältnisses von Verwaltungsrats- und betrieblicher Mitbestimmung. Das französische Modell baut zur Vermeidung von Interessenskonflikten auf eine strikte personelle Trennung beider Mitbestimmungsebenen und gibt dem Unternehmensausschuss als dem zentralen Organ der betrieblichen Mitbestimmung lediglich ein Recht zur Entsendung einzelner seiner Mitglieder in den Verwaltungsrat, allerdings ohne Stimmrecht. Ob die vom Gesetz intendierte Entkoppelung beider Mitbestimmungsebenen in der Praxis tatsächlich funktioniert, mag dahingestellt bleiben: Die gewählten Arbeitnehmervertreter im Verwaltungsrat dürften jedenfalls nicht dasselbe Gewicht im Gremium haben, wie Arbeitnehmervertreter in luxemburgischen AG, die zugleich Vorsitzende der Personaldelegation (und u. a. auch des gemischten Unternehmensausschusses) sind, oder in deutschen Aufsichtsräten, die zugleich Betriebsrats- oder Gesamtbetriebsratsvorsitzende sind. Demgegenüber verzahnt das Luxemburger Modell sehr eng unternehmerische und betriebliche Mitbestimmung. Die Anknüpfung an der

Personaldelegation hat zur Folge, dass betriebliche Regelungskonflikte leichter in die Arbeit des Verwaltungsrats hineingetragen werden können und seine Arbeit stärker „politisiert" werden kann. Auch kann diese Verzahnung der beiden Mitbestimmungsebenen zu Interessenskonflikten bei der Lösung betrieblicher Regelungskonflikte führen. Wenn dies in Luxemburg bislang noch nicht zum Problem geworden ist, mag dies vor allem an „der auf Sozialpartnerschaft angelegten Konfliktvermeidung" in Luxemburg liegen.[116]

In enger Verbindung dazu steht auch die Frage nach dem Verhältnis von Verwaltungsratsmitbestimmung und System der Kollektivverhandlungen. Während im französischen Recht auch insoweit eine strikte rechtliche Trennung der beiden Formen der Interessenvertretung gesetzlich angeordnet ist, nimmt das Luxemburger Modell ganz bewusst in Kauf, dass Arbeitnehmervertreter in Verwaltungsräten zugleich auch gewerkschaftliche Ämter wahrnehmen und u. U. gar in Tarifkommissionen sitzen, die mit dem Unternehmen Tarifverträge aushandeln. Es liegt auf der Hand, dass insoweit dieselben Interessenkonflikte entstehen können wie bei einer Verknüpfung von Verwaltungsratsmitbestimmung und betrieblicher Mitbestimmung.

In Frankreich tritt schließlich noch der Zusammenhang zur Vermögensbildungspolitik hinzu. Die Förderung der Belegschaftsaktie und die Schaffung einer eigenständigen Vertretung der Belegschaftsaktionäre im Verwaltungsrat führt dazu, dass deren Repräsentation in der privatwirtschaftlichen AG immer mehr zum Substitut für die gewählten Arbeitnehmervertreter wird und sich zu einem Hemmschuh für den Ausbau der Mitbestimmung in privatwirtschaftlichen Unternehmen entwickelt. Die Repräsentation der Belegschaftsaktionäre im Verwaltungsrat kann somit gegen die Mitbestimmung ausgespielt werden.

2. Der rechtsvergleichende Befund ist auch für die bundesdeutsche Diskussion von Interesse. Es wurde bereits eingangs (A.) darauf hingewiesen, dass die Mitbestimmung im monistischen Leitungssystem von einzelnen Autoren als ein „*aliud*" gegenüber der Aufsichtsratsmitbestimmung angesehen wird: Wegen der starken Stellung des Verwaltungsrats führe sie zu einer Mitbestimmungsausweitung. Sowohl das französische als auch das Luxemburger Mitbestimmungsrecht zeigen bei aller Unterschiedlichkeit in den Einzelheiten indessen, dass diese These in dieser Allgemeinheit nicht zutrifft und allenfalls mit starken Einschränkungen haltbar ist.

---

116 Dazu instruktiv *Clément*, Les relations professionnelles au Luxembourg, 2008, 75 ff., abrufbar unter: http://www.eureslux.org/eures.taf?Idnav=133&Idnav=fr.

Ebenso wie eine allgemeine Tendenz zur Annäherung von monistischem und dualistischem Leitungsmodell zu beobachten ist,[117] nähern sich auch das französische und Luxemburger Verwaltungsratsmodell allmählich der im deutschen Aktienrecht verankerten dualistischen Leitungsstruktur an. Die im Zuge der Corporate-Governance-Diskussion initiierte Trennung von geschäftsführenden Direktoren und Verwaltungsratsmitgliedern führt dazu, dass sich die Tätigkeit des Verwaltungsrats zunehmend auf die Kontrolle der Geschäfts führung konzentriert. Es ist deshalb sicherlich nicht zu weitgehend, in der Folge dieser allgemeinen Entwicklung die Unterschiede zwischen der Mitbestimmung im dualistischen und im monistischen Leitungsmodell nicht mehr pauschal als „*aliud*" sondern allenfalls als graduell zu betrachten. Mit anderen Worten: Die unterschiedlichen gesellschaftsrechtlichen Rahmenbedingungen verlieren tendenziell an Bedeutung und bewirken eine Annäherung der Mitbestimmung in der Bundesrepublik Deutschland einerseits und in Frankreich und in Luxemburg andererseits.

Diese allmähliche Entwicklung hin zu einer gesellschaftsrechtlichen Konvergenz findet jedoch keine Entsprechung im Arbeitsrecht. Die arbeitsrechtlichen Rahmenbedingungen, denen die Mitbestimmung ausgesetzt ist, insbesondere ihre Beziehung zu und das Zusammenwirken mit den Einrichtungen der betrieblichen Mitbestimmung und zum System der Kollektivverhandlungen, beeinflussen in nicht unerheblichen Weise die Intensität, in der die Mitbestimmung in den Unternehmensorganen stattfindet. Die Rechtsvergleichung auf dem Gebiet des Mitbestimmungsrechts sollte deshalb ihr besonderes Augenmerk auf diese dem Arbeitsrecht entspringenden Wechselbeziehungen der Akteure des kollektiven Arbeitsrechts legen. Allerdings bedarf es hierfür noch der weiteren empirischen Aufbereitung der Mitbestimmung; das gilt in besonderer Weise für Frankreich und Luxemburg.

---

117 Zu diesem allgemeinen Trend siehe statt vieler *Böckli*, Konvergenz: Annäherung des monistischen und des dualistischen Führungs- und Aufsichtssystems, in: Peter Hommelhoff/Klaus J. Hopt/Axel v. Werder (Hrsg.), Handbuch Corporate Governance, 2. Auflage, Köln 2009, 255 (267 ff.) m. w. N.

Prof. Dr. *Rüdiger Krause*, Georg-August-Universität Göttingen

Die Beteiligung der Arbeitnehmer in der geplanten Europäischen Privatgesellschaft (SPE)

Abstract: *The author analyses the co-determination regime for the proposed Societas Privata Europaea (SPE). Based on the propositions already made during the different EU council presidencies, Krause develops key parameters for a possible consensus in this matter and discusses its chances of success.*

I. Einführung 85
II. Bisherige Vorschläge der Europäischen Institutionen 91
1. Vorschlag der Europäischen Kommission vom 25. Juni 2008 91
2. Zwischenzeitliche Ansätze von September 2008 bis Februar 2009 94
3. Entschließung des Europäischen Parlaments vom 10. März 2009 95
4. Entwurf der tschechischen Ratspräsidentschaft 96
5. Vorschläge der schwedischen Ratspräsidentschaft 96
6. Entwürfe der ungarischen Ratspräsidentschaft 98
III. Eckpunkte einer künftigen Regelung der unternehmerischen Mitbestimmung in der SPE 99
1. Grundformen der SPE: KMU und Großunternehmen 100
2. Lösung für KMU: Mitgliedstaatliche Anknüpfung 100
3. Lösung für Großunternehmen: Verhandlungslösung und Besitzstandswahrung 102
4. Spätere Veränderungen 103
IV. Schlussbemerkungen 103

I. Einführung

Die Europäische Kommission hat den Vorschlag für das schon seit Jahrzehnten diskutierte Projekt einer Europäischen Privatgesellschaft (*Societas Privata Europaea*, SPE) als supranationales Äquivalent der GmbH[1] trotz des noch im

1 Die ersten Überlegungen stammen aus Frankreich und datieren bis zum Anfang der 1970er Jahre zurück, vgl. *Boucourechliev*, Pour une s.a.r.l. européenne (1973); zu den Vorarbeiten bis 2004 siehe auch *Krause*, GS Blomeyer (2004), S. 387, 389 ff.; ferner

Dezember 2012 demonstrierten Optimismus[2] im Mai 2014 offiziell zurückgezogen.[3] Die anschließenden rechtspolitischen Bemühungen der Kommission konzentrierten sich auf die Schaffung einer Europäischen Einpersonengesellschaft (*Societas Unius Personae*, SUP),[4] führten dort aber ebenfalls nicht zum Erfolg und wurden im Juli 2018 offiziell eingestellt.[5] Als Grund für das vorläufige Scheitern des SPE-Vorschlags lässt sich unschwer die Uneinigkeit über die Arbeitnehmermitbestimmung ausmachen.[6] Allerdings war das Konzept der SUP jedenfalls in Deutschland überwiegend auf Ablehnung gestoßen. Im Schrifttum wird daher verbreitet eine Wiederbelebung der SPE gefordert.[7] Gleichfalls skeptisch zur SUP gaben sich die Wirtschaftsverbände.[8] In einer Stellungnahme vom Mai 2015 signalisierte auch der Deutsche Bundestag, dass er den SUP-Vorschlag für unzureichend hält und eine Rückkehr zum SPE-Vorschlag befürwortet.[9] Als besonders problematisch am SUP-Vorschlag wurde die Gefahr einer Umgehung des Mitbestimmungsniveaus angesehen, jedenfalls soweit dieser eine Sitzaufspaltung zulässt. Zudem besteht nach Auffassung des Bundestages weiterhin ein Bedürfnis nach einer supranationalen Rechtsform für die kleine Kapitalgesellschaft, das von der seinerzeit geplanten SUP nicht

---

Boucourechliev/Hommelhoff (Hrsg.), Vorschläge für eine Europäische Privatgesellschaft (1999).

2 Vgl. den Aktionsplan „Europäisches Gesellschaftsrecht und Corporate Governance – ein moderner Rechtsrahmen für engagiertere Aktionäre und besser überlebensfähige Unternehmen", COM(2012) 740 final, S. 15 f.

3 ABl. EU 2014 Nr. C 153/3, 6.

4 Begründung zum Vorschlag für eine SUP-Richtlinie, COM(2014) 212 final. Siehe auch die Vereinbarung der allgemeinen Ausrichtung des Rates zu diesem Thema vom Mai 2015, Rats-Dokumente 9050/15 und 9352/15, S. 5, abrufbar unter: http://data.consilium.europa.eu.

5 ABl. EU 2018 Nr. C 233/6, 7. Eingehend zur Entwicklung des SUP-Vorschlags *Teichmann/Götz*, ZEuP 2019, 260, 264 ff.

6 Siehe etwa *Beurskens*, GmbHR 2014, 738; *Drygala*, EuZW 2014, 491 f.; *Forst*, ZESAR 2014, 383, 388.

7 *Bayer/J. Schmidt*, BB 2014, 1219, 1223; *dies.*, BB 2015, 1731, 1735; *dies.*, BB 2016, 1923, 1924; *F. Dreher*, NZG 2014, 967, 972; *Hommelhoff*, AG 2013, 211, 221; *Hommelhoff/Teichmann*, GmbHR 2014, 177 ff.; aus jüngerer Zeit *Harbarth*, GmbHR 2018, 657, 661 f.; im Ergebnis nachdrücklich auch *J. Prütting*, JZ 2014, 381, 387 f.; siehe ferner *Roesener*, NZG 2013, 241, 243 f.

8 Gemeinsame Stellungnahme von BDA, BDI und DIHK, abrufbar unter: http://bdi.eu/media/presse/statements/Gemeinsame_Stellungnahme_zum_Vorschlag_fuer_eine_SUP.pdf

9 BT-Drucks. 18/4843 sowie Plenarprotokoll 18/103, S. 9892.

erfüllt werden kann. Im deutschen Diskurs ist der SPE-Vorschlag somit keineswegs zu den Akten gelegt. Ganz im Gegenteil: Der Koalitionsvertrag zwischen CDU, CSU und SPD für die 19. Legislaturperiode vom März 2018 enthält ausdrücklich ein Bekenntnis zur Schaffung einer SPE „unter Wahrung der Rechte der Arbeitnehmerinnen und Arbeitnehmer einschließlich der Unternehmensmitbestimmung".[10] Aktuell arbeitet eine deutsch-französische Arbeitsgruppe an einem Vorschlag für eine Vereinfachte Europäische Gesellschaft (*Societé Européenne Simplifiée*, SES), der die SPE-Nachfolge antreten könnte.[11] Vor diesem Hintergrund bietet es sich an, den Faden an der Stelle wiederaufzunehmen, an der die Diskussion nach dem ungarischen Vorschlag im Jahr 2011 zum Erliegen kam. Hierfür empfiehlt sich zum besseren Verständnis zunächst ein Rückblick auf die Vorgeschichte.

Die Europäische Kommission hatte auf der Grundlage eines Initiativberichts des Europäischen Parlaments vom 1. Februar 2007[12] am 25. Juni 2008 erstmals einen Vorschlag für eine Verordnung über ein SPE-Statut vorgelegt.[13] Das Vorhaben war als Bestandteil des sogenannten „Small Business Act" konzipiert,[14] einem Maßnahmenpaket zur Unterstützung von kleinen und mittleren Unternehmen (KMU), die 99% aller Unternehmen in der Europäischen Union ausmachen, bislang aber nur in einem geringen Maße grenzübergreifend tätig werden. Die Kommission erhoffte sich von einem einheitlichen SPE-Statut Einsparungseffekte bei der Gründung sowie dem Betrieb von neuen Unternehmen und hierdurch eine Stärkung der Binnenmarktaktivitäten von KMU. Daneben

10 Ein neuer Aufbruch für Europa – Eine neue Dynamik für Deutschland – Ein neuer Zusammenhalt für unser Land, Koalitionsvertrag zwischen CDU, CSU und SPD vom 14.3.2018, Zeilen 6151 ff., abrufbar unter: www.bundesregierung.de.

11 Zu diesen Arbeiten *Teichmann*, GmbHR 2018, 713, 716 ff.

12 Entschließung des Europäischen Parlaments mit Empfehlungen an die Kommission zum Statut der Europäischen Privatgesellschaft, 2006/2013 (INI), P6_TA(2007)0023, abrufbar unter: http://www.europarl.europa.eu. Näher zur Gesetzgebungsinitiative des EP *Hommelhoff*, FS Priester (2007), S. 245 ff.; *Kuck/Weiss*, Der Konzern 2007, 498 ff.; dazu auch die Stellungnahmen von *Bloemarts*, *Drury*, *Lamandini*, *Simon*, *Schunk* und *Teichmann* vor dem Rechtsausschuss des EP, 3 European Company Law (ECL) 2006, 265 ff.

13 Vorschlag für eine Verordnung des Rates über das Statut der Europäischen Privatgesellschaft, KOM(2008) 396 endg.

14 Vgl. KOM(2008) 394 endg., S. 5. Siehe auch den Bericht der Kommission über die Umsetzung des Small Business Act, KOM(2009) 680 endg., S. 2, sowie die Mitteilung der Kommission „Überprüfung des „Small Business Act" für Europa", KOM(2011) 78 endg., S. 3.

sollten aber auch größere Unternehmen von der neuen Rechtsform profitieren.[15] Der Kommissionsvorschlag löste sogleich eine lebhafte Debatte aus und ist im wirtschaftsrechtlich orientierten Schrifttum zumindest in der Grundtendenz auf ein freundliches Echo gestoßen.[16] Allerdings kristallisierte sich schon bald heraus, dass die unternehmerische Mitbestimmung der Arbeitnehmer bei der SPE nicht anders als bei ihrer großen Schwester, der Europäischen Aktiengesellschaft (*Societas Europaea*, SE), zum entscheidenden Stolperstein werden würde.[17] Die Verhandlungen unter den Mitgliedstaaten sind nicht zuletzt wegen deutscher Bedenken hinsichtlich der Mitbestimmung zum Stillstand gekommen.

Dabei scheint auf den ersten Blick alles ganz einfach zu sein: Mit den Regelungen über die Mitbestimmung in der SE von 2001[18] und ihren auf die Überlegungen der *Davignon*-Gruppe[19] zurückgehenden Kernelementen „Vereinbarungslösung" und „Besitzstandwahrung" als Auffangregelung (Vorher-Nachher-Prinzip)[20] existiert ein Modell, das zwar kompliziert ist, von der Praxis aber mittlerweile zunehmend angenommen wird, wie die wachsende

---

15 KOM(2008) 396 endg., S. 2. Insoweit skeptisch aber *Matyk*, GPR 2009, 2 ff.

16 Siehe – auch zu den hier nicht zu thematisierenden gesellschaftsrechtlichen Aspekten – *Anzinger*, BB 2009, 2606 ff.; *Arens*, Der Konzern 2010, 395 ff.; *Brems/Cannivé*, Der Konzern 2008, 629 ff.; *Bücker*, ZHR 173 (2009), 281 ff.; *Drury*, 9 European Business Organization Law Review (EBOR) 2008, 125 ff.; *Ehricke*, KSzW 2010, 6 ff.; *de Erice/Gaude*, DStR 2009, 857 ff.; *Greulich*, Der Konzern 2009, 229 ff.; *Greulich/Rau*, DB 2008, 2691 ff.; *Hadding/Kießling*, WM 2009, 145 ff.; *Hommelhoff*, FS K. Schmidt (2009), S. 671 ff.; *ders.*, ZHR 173 (2009), 255 ff.; *Hommelhoff/Teichmann*, DStR 2008, 925 ff.; *dies.*, GmbHR 2008, 897 ff.; *Hügel*, ZHR 173 (2009), 309 ff.; *Jung*, DStR 2009, 1700 ff.; *dies.*, EWS 2012, 25 ff.; *dies.*, EWS 2012, 129 ff.; *Lanfermann/Richard*, BB 2008, 1610 ff.; *Martinek*, FS Kreutz (2010), S. 747 ff.; *Maul/Röhricht*, BB 2008, 1574 ff.; *Peters/Wüllrich*, DB 2008, 2179 ff.; *dies.*, NZG 2008, 807 ff.; *J. Schmidt*, EWS 2008, 455 ff.; *Teichmann*, RIW 2010, 120 ff.; *Wedemann*, EuZW 2010, 534 ff.; *Wicke*, GmbHR 2011, 566 ff.; kritischer *Bormann/König*, RIW 2010, 111 ff.

17 In diesem Sinne bereits der Arbeitskreis Europäisches Unternehmensrecht, NZG 2008, 897, 901. Zu den Geburtswehen der SE siehe etwa *Blanquet*, ZGR 2002, 20 ff.; *Heinze*, ZGR 2002, 66 ff.; *Lutter*, BB 2002, 1 ff.; eingehend *Mävers*, Die Mitbestimmung der Arbeitnehmer in der Europäischen Aktiengesellschaft (2002), 87 ff.

18 Richtlinie 2001/86/EG des Rates vom 8.10.2001 zur Ergänzung des Statuts der Europäischen Gesellschaft hinsichtlich der Beteiligung der Arbeitnehmer, ABl. EG 2001 Nr. L 294/22.

19 Vgl. den Abschlussbericht der Sachverständigengruppe „European Systems of Worker Involvement" (1997), BR-Drucks. 572/97.

20 Siehe dazu nur *Krause*, BB 2005, 1221 ff.

Zahl auch größerer Unternehmen belegt, die sich für diese Rechtsform entscheiden.[21] Nicht ohne Grund ist dieses Modell daher vergleichsweise reibungslos 2003 auf die Europäische Genossenschaft (*Societas Cooperativa Europaea*, SCE)[22] sowie 2005 mit gewissen Modifikationen auf die internationale Verschmelzung[23] übertragen worden. Dass die Schaffung eines SPE-Statuts bislang aber doch wieder durch die Mitbestimmungsfrage blockiert wurde, liegt vor allem an der ablehnenden Haltung Deutschlands,[24] das sich – ebenso wie die Gewerkschaften auf der deutschen[25] und der europäischen Ebene[26] – wohl auch vor dem Hintergrund der bei der SE gesammelten Erfahrungen[27] vehement

---

21 Nach Angaben des European Trade Union Institute mit Stand vom 1.1.2019 (abrufbar unter: http://www.worker-participation.eu) existieren in Europa 3.140 SE. Hiervon sind allerdings nur 590 „normale“ SE, die ein Unternehmen mit mindestens 5 Arbeitnehmern betreiben. Lediglich 78 SE verfügen über Arbeitnehmerrepräsentanten auf der Ebene der Verwaltungsorgane. Die bekanntesten deutschen Unternehmen in der Rechtsform einer SE sind Allianz, BASF, Bilfinger, E.ON, MAN, Porsche Automobil Holding, PUMA und SAP. Von einem generellen Trend hin zur SE kann daher nur eingeschränkt die Rede sein. Weiteres Material bei *Eidenmüller/Engert/Hornuf*, AG 2008, 721 ff. Zu den Auswirkungen der Gründung einer SE auf den Börsenwert der betroffenen Unternehmen siehe die Studie von *Eidenmüller/Engert/Hornuf*, EGCI – Law Working Paper No. 127/2009, abrufbar unter: http://papers.ssrn.com. Zum Einsatz der SE für KMU ferner *Haider-Giangreco/Polte*, BB 2014, 2747 ff.; *Heckschen*, FS H. P. Westermann (2008), S. 999 ff.; *Münch/Franz*, BB 2010, 2707, 2710 ff.

22 Richtlinie 2003/86/EG des Rates vom 22.7.2003 zur Ergänzung des Statuts der Europäischen Genossenschaft hinsichtlich der Beteiligung der Arbeitnehmer, Abl. EU 2003 Nr. L 207/25.

23 Richtlinie 2005/56/EG des Europäischen Parlaments und des Rates vom 26.10.2005 über die Verschmelzung von Kapitalgesellschaften aus verschiedenen Mitgliedstaaten, Abl. EU 2005 Nr. L 310/1.

24 Vgl. Beschluss des Bundesrates zum Kommissionsvorschlag, BR-Drucks. 479/08, S. 18; Antwort der Bundesregierung auf eine Kleine Anfrage der LINKEN, BT-Drucks. 17/1933, S. 2; siehe auch *Ulrich*, GmbHR 2011, R229 und R241 f.

25 Vgl. Stellungnahme des DGB vom 29.7.2008, abrufbar unter: http://www.dgb.de; siehe ferner das Interview mit *Roland Köstler*, Mitbestimmung 10/2008, 52 f.: „Diesen Entwurf muss man ablehnen“.

26 Resolution des ETUC Executive Committee vom 15./16.10.2008, abrufbar unter: http://www.etuc.org. Weitere Statements des ETUC abrufbar unter: http://www.worker-participation.eu/European-Company-SE/European-Private-Company-SPE/ETUC-and-the-SPE.

27 Als „Vorteil“ der SE wird von Unternehmensseite unverhohlen die Einschränkung der unternehmerischen Mitbestimmung angesehen, vgl. *Eidenmüller/Engert/Hornuf*, 10 European Business Organization Law Review (EBOR) 2009, 1, 32. Der Widerstand

allen Versuchen in den Weg stellt, durch eine neue supranationale Rechtsform (zusätzliche) Möglichkeiten einer Umgehung oder auch nur einer Verringerung von Mitbestimmungsrechten zu eröffnen.

Über die Arbeitnehmerbeteiligung in der Europäischen Privatgesellschaft zu berichten, ist deshalb in mehrfacher Hinsicht ein schwieriges Unterfangen: Zum einen gibt es bis heute keinen definitiv geltenden Verordnungstext, sondern nur eine Reihe von Vorschlägen, die sich nicht unerheblich voneinander unterscheiden. Mit der Abkehr der Kommission von dem Projekt ist derzeit zudem äußerst fraglich, ob die SPE überhaupt ins Leben gerufen wird und welche Vorstellungen sich letztlich durchsetzen können. Darüber hinaus sind die Fronten auf dem Gebiet der Unternehmensmitbestimmung in besonderem Maße verhärtet,[28] so dass es aus rechtswissenschaftlicher Perspektive fast unmöglich ist, einen allseits vermittelbaren Standpunkt einzunehmen.

Im Folgenden soll es in einem ersten Schritt noch einmal um die bisherigen Entwürfe zur Arbeitnehmerbeteiligung in der SPE gehen, wobei das Augenmerk unter Verzicht auf allzu große Detailverliebtheit vor allem auf die Grundstrukturen der jeweiligen Vorschläge gerichtet wird.[29] In einem zweiten Schritt werden sodann einige Bausteine vorgestellt, aus denen eine Arbeitnehmerbeteiligung in der SPE zusammengesetzt sein könnte. Bei alledem wird nur die unternehmerische Mitbestimmung thematisiert. Für die betriebliche Mitbestimmung in der SPE, in der europäischen Terminologie als „Unterrichtung und Anhörung der Arbeitnehmer" bezeichnet, verweist Erwägungsgrund 16 des seinerzeitigen Kommissionsvorschlags im Grundsatz mit Recht auf die einschlägigen Arbeitnehmerbeteiligungsrichtlinien. In der Sache würden damit die jeweiligen nationalen Betriebsverfassungsregime zur Anwendung kommen,[30] die nach den Grundsätzen des internationalen Betriebsverfassungsrechts

---

insbesondere der Gewerkschaften ist daher mehr als erklärlich. Siehe aber auch das gemeinsame Positionspapier von BDA und BDI vom 11.9.2008, nach dem die SPE „kein Vehikel zur Umgehung von Rechten der Arbeitnehmer" darstellen solle, abrufbar unter: http://www.europeanprivatecompany.eu.

28 Symptomatisch der Verzicht auf eine Abstimmung in der Abteilung Arbeitsrecht zum Thema „Unternehmensmitbestimmung vor dem Hintergrund europarechtlicher Entwicklungen" auf dem 66. Deutschen Juristentag 2006 in Stuttgart, vgl. Beschlüsse des 66. DJT, abrufbar unter: http://www.djt.de.

29 Dazu auch *Lutter/Bayer/Schmidt*, Europäisches Unternehmens- und Kapitalmarktrecht, 6. Aufl. (2018), § 47 Rn. 83 ff.

30 *Lutter/Bayer/Schmidt*, Europäisches Unternehmens- und Kapitalmarktrecht, 6. Aufl. (2018), § 47 Rn. 89.

an den tatsächlichen Sitz des Betriebs bzw. der Betriebe der SPE anknüpfen würden[31] und die insbesondere durch die Rahmenrichtlinie 2002/14/EG[32] zwar harmonisiert wurden, im Übrigen aber sehr unterschiedlich ausgestaltet sind.[33] Sofern eine SPE auf der betrieblichen Ebene eine grenzüberschreitende Struktur aufweisen sollte, würden beim Erreichen bestimmter Schwellenwerte zusätzlich die Regelungen der im Jahr 2009 novellierten Richtlinie über Europäische Betriebsräte[34] eingreifen.[35] Außerdem kann man darüber nachdenken, ob bei der SPE diese Fälle ähnlich wie bei der SE und der SCE besser eigenständige Regelungen über eine transnationale betriebsverfassungsrechtliche Struktur geschaffen werden sollten.[36]

II. Bisherige Vorschläge der Europäischen Institutionen

1. Vorschlag der Europäischen Kommission vom 25. Juni 2008

Soweit es um den bereits erwähnten Kommissionsvorschlag für eine Verordnung über ein SPE-Statut (SPE-VOV) vom 25. Juni 2008 geht,[37] finden sich die mitbestimmungsrechtlichen Eckpunkte in den Artikeln 34 und 38 SPE-VOV. Als allgemeiner Grundsatz wird ein mitgliedstaatlicher Ansatz formuliert: Die unternehmerische Mitbestimmung in der SPE soll sich – insoweit

---

31 Vgl. MünchArbR/*Oetker*, 5. Aufl. (2021), § 13 Rn. 163; ErfK/*Schlachter*, 21. Aufl. (2021), Art. 9 ROM I-VO Rn. 29; umfassend *Deinert*, Internationales Arbeitsrecht (2013), § 17 Rn. 10 ff.

32 Richtlinie *2002/14/EG* des Europäischen Parlaments und des Rates vom 11.3.2002 zur Festlegung eines allgemeinen Rahmens für die Unterrichtung und Anhörung der Arbeitnehmer in der Europäischen Gemeinschaft, *ABl.* EG 2002 Nr. L 80/29.

33 Vgl. *Junker*, ZfA 2001, 225 ff.; *ders.*, NZA 2002, 131 ff.; *Rebhahn*, NZA 2001, 763, 770 ff.; umfassende Länderübersichten abrufbar unter: http://www.worker-participation.eu.

34 Richtlinie 2009/38/EG des Europäischen Parlaments und des Rates vom 6.5.2009 über die Einsetzung eines Europäischen Betriebsrats oder die Schaffung eines Verfahrens zur Unterrichtung und Anhörung der Arbeitnehmer in gemeinschaftsweit operierenden Unternehmen und Unternehmensgruppen, ABl. EU 2009 Nr. L 122/28. Dazu *Blanke*, AuR 2009, 242 ff.; *Funke*, DB 2009, 564 ff.; *Franzen*, EuZA 2010, 180 ff.; *Krause*, FS Goos (2009), S. 141 ff.; *Melot de Beauregard/Buchmann*, BB 2009, 1417 ff.; *Thüsing/Forst*, NZA 2009, 408 ff.; *Waas*, KritV 2009, 400 ff. Zur Umsetzung in das deutsche Recht *Hohenstatt/Kröpelin/Bertke*, NZA 2011, 1313 ff.

35 Zur Unterrichtung und Anhörung der Arbeitnehmer siehe bereits *Hommelhoff/Krause/Teichmann*, GmbHR 2008, 1193, 1203; ferner *Forst*, ZESAR 2009, 261, 266.

36 Hierfür *Koberski/Heuschmid*, RdA 2010, 207, 214.

37 KOM(2008) 396 endg.

der internationalen Fusionsrichtlinie folgend[38] – danach richten, in welchem Staat die SPE ihren Registersitz hat (Art. 34 Abs. 1 SPE-VOV). Dies soll bei der Gründung ex nihilo wie auch bei der Gründung qua Umwandlung, nationaler Verschmelzung oder Spaltung gelten.[39] Ein spezifisch europäischer Mitbestimmungsansatz, nämlich die Verhandlungslösung mit Auffangregelung, ist nur bei einer SPE-Gründung durch internationale Verschmelzung, bei einer späteren grenzübergreifenden Restrukturierung der SPE selbst sowie bei einer grenzüberschreitenden Verlegung des Registersitzes vorgesehen (Art. 34 Abs. 2 und 3, 38 SPE-VOV). Bei einer Gründung qua internationaler Fusion bzw. bei einer grenzübergreifenden Restrukturierung sollen die bereits geläufigen Vorschriften der Richtlinie 2005/56/EG eingreifen.[40] Bei der grenzüberschreitenden Sitzverlegung soll grundsätzlich das Mitbestimmungsrecht des Aufnahmestaats anwendbar sein.[41] Falls die Arbeitnehmer der SPE im Herkunftsstaat aber mindestens ein Drittel der Gesamtbelegschaft ausmachen und sie durch den Statutswechsel Mitbestimmungsrechte verlieren würden, soll nach den Vorstellungen der Kommission eine Verhandlungspflicht mit Auffangregelung in Gestalt des Herkunftsrechts zum Tragen kommen.

Die eigentliche mitbestimmungsrechtliche Brisanz dieses Ansatzes ergibt sich daraus, dass der Vorschlag die Möglichkeit vorsieht, Registersitz und Verwaltungssitz aufzuspalten und auf verschiedene Mitgliedstaaten zu verteilen (Art. 7 S. 2 SPE-VOV). Danach würde ohne weiteres die Option bestehen, den Registersitz der SPE in einem mitbestimmungsfreien Land zu nehmen (etwa in Belgien oder in den baltischen Staaten)[42] und die Hauptverwaltung von vornherein in Deutschland anzusiedeln, wodurch die Gesellschaft ungeachtet der

---

38 Vgl. Art. 16 Abs. 1 Richtlinie 2005/56/EG.

39 Zur Gründung der SPE *Hommelhoff/Teichmann*, GmbHR 2008, 897, 899 ff.; *Hadding/Kießling*, WM 2009, 145, 146 f.; *Maul/Röhricht*, BB 2008, 1574, 1575 f.

40 KOM(2008) 396 endg., S. 10. Zur Arbeitnehmerbeteiligung bei grenzüberschreitender Verschmelzung *Heuschmid*, AuR 2006, 184 ff.; *Kisker*, RdA 2006, 206, 209 ff.; *Lunk/Hinrichs*, NZA 2007, 773 ff.; *Nagel*, NZG 2006, 97, 98 f.; *Schubert*, RdA 2007, 9 ff.; *Storm* 3 European Company Law (ECL) 2006, 130, 134 ff.

41 Ebenso die Deutung von *Maul/Röhricht*, BB 2008, 1574, 1578. Anders *Forst*, ZESAR 2009, 261, 265, der Art. 38 I SPE-VOV dahin auslegt, dass die SPE bei einer Sitzverlegung dem Mitbestimmungsrecht des Aufnahmestaats nur beim Vorhandensein einer zulässigen Mitbestimmungsvereinbarung unterliegen soll. Diese Interpretation widerspricht indes der Grundkonzeption des SPE-VOV, vgl. KOM(2008) 396 endg., S. 10, sowie Erwägungsgrund 15. Allerdings ist zuzugeben, dass der Wortlaut von Art. 38 I SPE-VOV reichlich unklar gehalten ist.

42 Vor dem Brexit auch noch in Großbritannien.

Unternehmensgröße auf Dauer der deutschen Mitbestimmung entkommen würde. Insbesondere hiergegen haben sich die Gewerkschaften massiv zur Wehr gesetzt.[43] In der Tat wären auf diesem Wege Mitbestimmungsvermeidungsstrategien Tür und Tor geöffnet.[44] Man kann zwar kaum noch in Zweifel ziehen, dass auf der Grundlage der Rechtsprechung des EuGH zur Niederlassungsfreiheit (Art. 49 i. V. m. Art. 54 AEUV)[45] schon jetzt eine Umgehung der deutschen Mitbestimmung möglich ist.[46] Dennoch macht es einen Unterschied, ob hierfür eine ausländische Rechtsform eingesetzt wird oder ob der europäische Gesetzgeber zu einer solchen Strategie bewusst die Hand reicht.

Im Übrigen ist nicht ganz klar, wie die Verweisung auf das nationale Recht am Registersitz zu verstehen sein soll: dynamisch oder statisch auf den Zeitpunkt

---

43 Siehe die Nachweise in den Fn. 25 und 26. Abl. ferner *Koberski/Heuschmid*, RdA 2010, 207, 215: „Schlag ins Gesicht des sozialen Europas"; *Sick/Thannisch*, AuR 2011, 155 ff., mit Replik von *Hommelhoff*, AuR 2011, 202 ff. und Duplik von *Sick/Thannisch*, AuR 2011, 246 f.

44 So bereits *Hommelhoff/Teichmann*, GmbHR 2008, 897, 910 und *Hommelhoff/Krause/Teichmann*, GmbHR 2008, 1193, 1195 f. Ebenso *Anzinger*, BB 2009, 2606, 2611; *Bormann/König*, RIW 2010, 111, 118; *Bücker*, ZHR 173 (2009), 281, 294; *Forst*, ZESAR 2009, 261, 264; *Henssler*, Der Gesellschafter 2011, 6, 11; *Kornack*, 10 German Law Journal (GLJ) 2009, 1321, 1327; *Wedemann*, EuZW 2010, 534, 538.

45 Siehe als letztes Glied in der Kette nur EuGH vom 25.10.2017 – C-106/16 – ECLI: EU: C:2017:804 (Polbud).

46 Zu den mitbestimmungsrechtlichen Konsequenzen von Polbud näher *Krause*, FS Klebe (2018), 248 ff. Generell zur Anknüpfung der Mitbestimmung an das Personalstatut der Gesellschaft und zur dadurch entstehenden Vermeidungsoption siehe nur *Habersack*, in: Habersack/Henssler, Mitbestimmungsrecht, 4. Aufl. (2018), § 1 Rn. 6 ff.; *Raiser*, in: Raiser/Veil/Jacobs, MitbestG und DrittelbG, 7. Aufl. (2020), § 1 MitbestG Rn. 13 ff.; *Wißmann*, in: Wißmann/Kleinsorge/Schubert, Mitbestimmungsrecht, 5. Aufl. (2017), § 1 MitbestG Rn. 23; für eine Anwendung der deutschen Mitbestimmung auf Auslandsgesellschaften mit inländischem Verwaltungssitz aber *Deinert*, Internationales Arbeitsrecht (2013), § 17 Rn. 82 ff.; MünchKommBGB/*Kindler*, 8. Aufl. (2021), IntGesR Rn. 573 ff.; differenzierend *Franzen*, RdA 2004, 257, 258 ff.; zur Zulässigkeit eines Gesetzes zur Erstreckung der deutschen Mitbestimmung auf ausländische Gesellschaften mit Verwaltungssitz in Deutschland zust. *Weiss/Seifert*, ZGR 2009, 542 ff.; abl. *Merkt*, ZIP 2011, 1237 ff.; differenzierend *Weller*, FS Hommelhoff (2012), 1275, 1290 ff.; siehe dazu auch *Sick*, GmbHR 2011, 1196 ff.; *Teichmann*, ZIP 2009, 1787 f.; zum tatsächlichen Verbreitungsgrad von Scheinauslandsgesellschaften *Pütz/Sick*, WSI Mitteilungen 2011, 34 ff.; *Sick*, HBS-Mitbestimmungsförderung Report Nr. 8 (2015), abrufbar unter: http://www.boeckler.de.

der Gründung der SPE bezogen?[47] Bedeutsam ist die Frage vor allem beim organischen Wachstum, weil sowohl in Deutschland als auch in den anderen Mitgliedstaaten der Europäischen Union die Mitbestimmungsregime (außerhalb des Bereichs staatlicher bzw. privatisierter Unternehmen) regelmäßig an das Erreichen bestimmter Schwellenwerte bei der Arbeitnehmerzahl anknüpfen.[48] Sowohl für die eine als auch für die andere Interpretation lassen sich Gründe anführen. Bei der ohnehin nur in bestimmten Fällen eingreifenden Verhandlungslösung kommt es dagegen stets zu einer Zementierung der konkreten Vereinbarung, sofern nicht in der Regelung selbst eine Nachverhandlungspflicht bei bestimmten Änderungen vorgesehen wird (oder der deutsche Umsetzungsgesetzgeber eine solche Regelung aufnimmt).

2. Zwischenzeitliche Ansätze von September 2008 bis Februar 2009

Um die Blockade in der Mitbestimmungsfrage zu überwinden, kursierten in der Folgezeit verschiedene Änderungsentwürfe, die durch die weitere Entwicklung aber jeweils überholt worden sind und deshalb nur kurz gestreift werden sollen.[49]

Ein Vorschlag aus Kreisen des Rechtsausschusses vom September 2008 sah vor, dass in jedem Falle eine Vereinbarungslösung zur Anwendung kommen sollte, wenn für mehr als 500 Arbeitnehmer der SPE, die zugleich mindestens 3/4 der Gesamtbelegschaft ausmachen, an sich ein höheres Mitbestimmungsniveau als im Registersitzstaat gelten würde. Der Ausschuss für Beschäftigung und soziale Angelegenheiten wollte Anfang November die maßgebliche Grenze dagegen bereits bei 50 Arbeitnehmern ansetzen. In einem Kompromissvorschlag vom November 2008 war dann insoweit von 250 Arbeitnehmern die Rede, die mindestens 2/3 der Gesamtbelegschaft entsprechen. Im Februar 2009 war man wieder zur Zahl von 500 Arbeitnehmern zurückgekehrt, diesmal aber als absolute Größe, also ohne das zusätzliche Erfordernis, dass diese Arbeitnehmer einen bestimmten Anteil der Gesamtbelegschaft ausmachen müssen. Zwischenzeitlich hatte die ehrgeizige französische Ratspräsidentschaft im

---

47 Dazu bereits *Hommelhoff/Krause/Teichmann*, GmbHR 2008, 1993, 1196 f.

48 Vgl. die Übersicht des ETUI (Hrsg.), Unternehmensmitbestimmung in den 31 Mitgliedstaaten des Europäischen Wirtschaftsraums (Stand: Juli 2013), abrufbar unter: http://www.boeckler.de; ferner *Wansleben*, ZHR Beiheft 78 (2016), 108, 117 ff.; umfassende Länderberichte in *Schulte-Wrede*, Arbeitnehmerbeteiligung in Europa (2014), S. 80 ff.

49 Die Entwürfe sind abrufbar unter: http://www.europarl.europa.eu.

Dezember 2008 mit einem Vorschlag aufgewartet, der pauschal eine Verhandlungslösung samt Auffangmodell zur Anwendung bringen sollte, wenn es für mindestens 1/3 der Gesamtarbeitnehmerzahl der SPE aufgrund der Registersitzanknüpfung zu einem Mitbestimmungsverlust kommen würde.[50]

3. Entschließung des Europäischen Parlaments vom 10. März 2009

Ein weiterer Kompromissvorschlag wurde vom Europäischen Parlament mit Entschließung vom 10. März 2009 unterbreitet.[51] Dieser Vorschlag hielt grundsätzlich an der Anknüpfung der unternehmerischen Mitbestimmung am Registersitz der SPE fest und wollte auch weiterhin eine Aufspaltung von Registersitz und Verwaltungssitz erlauben. Anders als der Kommissionsvorschlag sah er aber nunmehr vier verschiedene Gestaltungen vor, in denen für die unternehmerische Mitbestimmung auf die SE-Beteiligungsrichtlinie 2001/86/EG sowie in abgestufter Weise auf einzelne Regelungen aus der internationalen Verschmelzungsrichtlinie 2005/56/EG verwiesen wurde. In diesen Konstellationen sollte das europarechtliche Modell aus Verhandlungslösung und Vorher-Nachher-Prinzip zur Anwendung kommen. Als Ausgangspunkt schlug das Parlament eine Größenregelung vor: Wenn die SPE insgesamt mehr als 1.000 Arbeitnehmer beschäftigt und davon mehr als 25 % in einem Mitgliedstaat arbeiten, der ein höheres Mitbestimmungsniveau vorsieht als der Mitgliedstaat, in dem die SPE ihren Registersitz hat, sollte der erwähnte europarechtliche Mitbestimmungsansatz eingreifen. Beschäftigt die SPE zwischen 500 und 1.000 Arbeitnehmern, muss mehr als ein Drittel der gesamten Belegschaft in einem Mitgliedstaat mit einem höheren Mitbestimmungsniveau arbeiten, um die europarechtliche Konzeption auszulösen. Beschäftigt die SPE weniger als 500 Arbeitnehmer, sollte nach den Gründungsformen differenziert werden: Bei einer Gründung durch Umwandlung, Verschmelzung oder Spaltung sollte es wiederum darauf ankommen, dass mehr als ein Drittel der gesamten Belegschaft in einem mitbestimmungsfreundlichen Mitgliedstaat arbeitet. Bei einer Neugründung wurde der maßgebliche Schwellenwert dagegen auf mehr als die Hälfte der gesamten Belegschaft heraufgesetzt.

50 Rats-Dokument 17152/08, abrufbar unter: http://www.consilium.europa.eu.

51 Legislative Entschließung des Europäischen Parlaments vom 10.3.2009 zu dem Vorschlag für eine Verordnung des Rates über das Statut der Europäischen Privatgesellschaft, ABl. EU 2010 Nr. C 87E/300. Dazu *Kuck*, Der Konzern 2009, 131 ff.

4. Entwurf der tschechischen Ratspräsidentschaft

Die tschechische Ratspräsidentschaft versuchte im ersten Halbjahr 2009 mit einem Alternativentwurf vom 27. April 2009, die Verabschiedung eines SPE-Statuts voranzutreiben.[52] Danach sollte grundsätzlich an einem einheitlichen Schwellenwert von mehr als 500 Arbeitnehmern, sofern diese mehr als 3/4 der Gesamtbelegschaft ausmachen und in einem Staat mit höherem Mitbestimmungsniveau arbeiten, als Voraussetzung für das Eingreifen eines Verhandlungsmechanismus festgehalten werden. Im Falle einer Sitzverlegung sollte es darauf ankommen, ob die Arbeitnehmer im mitbestimmungsfreundlichen Herkunftsstaat mindestens ein Drittel der Gesamtbelegschaft der SPE ausmachen und durch die Sitzverlegung ihre Mitbestimmungsrechte verlieren würden. Bei alledem wollte man das Verhandlungsverfahren eigenständig regeln und nicht lediglich durch einen Verweis auf die SE-Beteiligungsrichtlinie ersetzen. Als gesetzliche Auffanglösung dachte man daran, an das Mitbestimmungsniveau des Mitgliedstaats anzuknüpfen, in dem die meisten Arbeitnehmer beschäftigt sind, versah dies allerdings mit einer nicht näher konkretisierten Option für die Mitgliedstaaten, den Arbeitnehmeranteil im Verwaltungsorgan zu beschränken.

5. Vorschläge der schwedischen Ratspräsidentschaft

Unter der Leitung der schwedischen Ratspräsidentschaft wurden im zweiten Halbjahr 2009 drei konkrete Entwürfe bekannt, mit denen der Durchbruch herbeigeführt werden sollte.[53] Nach wie vor von der grundsätzlichen Anknüpfung der unternehmerischen Mitbestimmung an den Registersitz der SPE und der Möglichkeit der Aufspaltung von Registersitz und Verwaltungssitz ausgehend, stellte ein erster Vorschlag vom 9. September 2009 wiederum zwei Fallgruppen auf, bei denen ein eigenständig geregelter Verhandlungsmechanismus eingreifen sollte.[54] Bei der Gründung sollte es auf einen Schwellenwert von mehr 650 Arbeitnehmern über einen kontinuierlichen Zeitraum von drei Monaten nach der Registrierung ankommen, von denen mehr als 3/4 in einem mitbestimmungsfreundlicheren Staat als dem des Registersitzes arbeiten müssen. Bei

52 Rats-Dokument 9065/09, abrufbar unter: http://www.consilium.europa.eu.

53 Zum schwedischen Anlauf für ein SPE-Statut umfassend *Hommelhoff/Teichmann*, GmbHR 2010, 337 ff.; ferner *Freudenberg*, NZG 2010, 527 ff.; *Jung*, BB 2010, 1233 ff.; speziell zur Arbeitnehmerbeteiligung: *Henssler*, Der Gesellschafter 2011, 6, 11; *Koberski/Heuschmid*, RdA 2010, 207 ff.

54 Rats-Dokument 13048/09, abrufbar unter: http://www.eufagligt.dk.

einer Verlegung des Registersitzes sollte das Verhandlungsverfahren eingeleitet werden, wenn die Arbeitnehmer des mitbestimmungsfreundlicheren Herkunftsstaates mindestens ein Drittel der Gesamtbelegschaft ausmachen und nicht bereits eine Verhandlungslösung erreicht wurde. Um dieser Regelung zur praktischen Wirksamkeit zu verhelfen, war ein Verfahren angeordnet, das entweder beim Wechsel der Unternehmensleitung oder alternativ alle drei Jahre die Prüfung vorsah, ob die Schwellenwerte erreicht werden. Als gesetzliche Auffanglösung sollte grundsätzlich das arbeitnehmerfreundlichste Mitbestimmungsniveau der betroffenen Mitgliedstaaten eingreifen. Dies wurde aber im Gegensatz zu den Überlegungen der tschechischen Ratspräsidentschaft nicht vom Verhältnis der Beschäftigtenzahlen abhängig gemacht. Hierdurch hätte es zu dem Szenario kommen können, dass eine kleine Anzahl von Beschäftigten in einem Mitgliedstaat mit einer besonders ausgeprägten Mitbestimmung das Niveau für den überwiegenden Teil der Belegschaft des Unternehmens in den anderen Mitgliedstaaten hätte vorgeben könnte. Allerdings sollte den Mitgliedstaaten die Möglichkeit eingeräumt werden, den Arbeitnehmeranteil im mitbestimmten Verwaltungsorgan bis auf ein Drittel zu begrenzen. Als innovatives Element war die Pflicht vorgesehen, den späteren Eintritt der Voraussetzungen für ein Eingreifen des europäischen Mitbestimmungsmodells bei jedem Wechsel der Verwaltungsorgane, mindestens aber alle drei Jahre zu überprüfen. Hierdurch sollte ein dauerhaftes „Einfrieren" des einmal erreichten Status der SPE als Gesellschaft ohne Mitbestimmung bzw. mit einem niedrigen Mitbestimmungsniveau trotz eines nachträglichen Überschreitens bestimmter Schwellenwerte wirksam verhindert werden.

Ein zweiter Vorschlag vom 9. November 2009 sollte den Mitgliedstaaten die für die Anknüpfung der Mitbestimmung wichtige Option geben, ein Auseinanderfallen von Registersitz und Verwaltungssitz zu untersagen.[55] Hierdurch sollte der mit Händen zu greifenden Möglichkeit einer Mitbestimmungsflucht Einhalt geboten und damit eine der Hauptangriffsflächen des Vorhabens eines SPE-Statuts beseitigt werden. Weiter sah der Entwurf die Verhandlungslösung zunächst dann vor, wenn in der Gesellschaft kontinuierlich über einen Zeitraum von drei Monaten nach der Eintragung zwischen 600 und 1.000 Arbeitnehmer insgesamt und davon mindestens die Hälfte der Gesamtbelegschaft im mitbestimmungsfreundlicheren Mitgliedstaat als dem des Registersitzes tätig sind. Das Verhandlungsmodell sollte ferner bei einer Gesamtbelegschaft von

55 Rats-Dokument 15355/09 ADD 1, abrufbar unter: http://register.consilium.europa.eu.

mehr als 1.000 Arbeitnehmern, von denen mindestens 500 Arbeitnehmer in einem Mitgliedstaat mit einem höheren Mitbestimmungsniveau arbeiten, zur Anwendung kommen. Bei einer Sitzverlegung wurde erneut darauf abgestellt, ob im mitbestimmungsfreundlicheren Herkunftsstaat mindestens ein Drittel der Gesamtbelegschaft arbeitet und nicht bereits eine Verhandlungslösung erreicht wurde. Das Verfahren zur Überprüfung der Schwellenwerte wurde in diesem Entwurf nicht mehr vom Wechsel eines Verwaltungsorgans abhängig gemacht, sondern sollte lediglich mindestens alle drei Jahre stattfinden. Zudem wurde den Mitgliedstaaten erstmals der recht schwammige Auftrag erteilt, „erforderliche Maßnahmen" zu ergreifen, um den Missbrauch der Rechtsform der SPE als Instrument zur Beeinträchtigung von Mitbestimmungsrechten zu verhindern. Die gesetzliche Auffanglösung bezog sich weiterhin auf das arbeitnehmerfreundlichste Mitbestimmungsniveau der betroffenen Mitgliedstaaten. Den Mitgliedstaaten sollte es aber ähnlich wie im ersten Entwurf anheimgestellt werden, beim Eingreifen der Auffangregelung den Arbeitnehmeranteil im mitbestimmten Verwaltungsgremium bis auf ein Drittel zu beschränken.

Der dritte Vorschlag datiert vom 27. November 2009 und rückte von den Schwellenwerten des vorherigen Entwurfs wieder ab.[56] Während hinsichtlich der Sitzverlegung die bisherigen Vorstellungen aufrechterhalten wurden, sollte bei der Gründung für die Verhandlungslösung nunmehr darauf abgestellt werden, ob die Gesellschaft kontinuierlich über einen Zeitraum von drei Monaten nach der Eintragung mindestens 500 Arbeitnehmer beschäftigt, von denen mindestens die Hälfte im mitbestimmungsfreundlicheren Mitgliedstaat als dem des Registersitzes tätig sind. Darüber hinaus wurde eine europarechtliche Sperrfrist für die Aufspaltung von Registersitz und Verwaltungssitz von zwei Jahren ab Gründung der Gesellschaft aufgenommen. Erst im Anschluss daran sollte die mitgliedstaatliche Entscheidung über die Aufrechterhaltung oder das Auslaufen eines zwingenden Gleichlaufs zum Tragen kommen.

6. Entwürfe der ungarischen Ratspräsidentschaft

Nachdem sich die spanische und die belgische Ratspräsidentschaft im ersten und zweiten Halbjahr 2010 in Enthaltsamkeit geübt hatten, unternahm die ungarische Ratspräsidentschaft im ersten Halbjahr 2011 erhebliche Anstrengungen, um das Vorhaben eines SPE-Statuts zu einem erfolgreichen Abschluss zu bringen. Inhaltlich baute der erste Entwurf vom 7. Januar 2011 weitgehend auf den schwedischen Überlegungen auf und nahm nur geringfügige

56 Rats-Dokument 16115/09 ADD 1, abrufbar unter: http://www.consilium.europa.eu.

Modifikationen vor.[57] Zum einen sollte die unionsrechtlich vorgegebene Sperrfrist für die Zulässigkeit einer Divergenz von Registersitz und Verwaltungssitz von zwei auf drei Jahre verlängert werden. Zum anderen wurde der Schwellenwert für das Eingreifen des europäischen Mitbestimmungsmodells von 500 auf 400 Arbeitnehmer herabgesetzt. In den Vorschlägen vom 15. Februar 2011[58] und vom 25. März 2011[59] sollte bei der Gründung wieder auf einen Schwellenwert von 500 Arbeitnehmern abgestellt werden, die mindestens die Hälfte der Gesamtarbeitnehmerzahl der SPE ausmachen und die an sich ein höheres Mitbestimmungsniveau als dasjenige des Registersitzstaates genießen. Bei der Verlegung des Registersitzes sollte der maßgebliche Quotient auf 1/3 reduziert werden. Weitere Entwürfe vom 6. Mai 2011,[60] 16. Mai 2011[61] und 23. Mai 2011[62] erklärten es für ausreichend, wenn drei Monate nach der Gründung der Gesellschaft mindestens 500 Arbeitnehmer an sich einem mitbestimmungsfreundlicheren Regime unterfallen würden, ohne dass es noch auf eine Relation zur Gesamtbeschäftigtenzahl ankommen sollte. Allerdings wurden zugleich alle Beschränkungen der Aufspaltung von Registersitz und Verwaltungssitz wieder gestrichen. Nachdem der Rat für Wettbewerbsfähigkeit Ende Mai 2011 keine Einigung erzielen konnte,[63] unternahm die ungarische Ratspräsidentschaft einen letzten und fast schon verzweifelten Versuch, mit einer textgleichen Fassung vom 20. Juni 2011 doch noch einen Umschwung herbeizuführen,[64] womit sie freilich wiederum am Widerstand Deutschlands scheiterte.[65]

III. Eckpunkte einer künftigen Regelung der unternehmerischen Mitbestimmung in der SPE

Nach diesem Überblick über die bisher vorgelegten Entwürfe zur Regelung der unternehmerischen Mitbestimmung in der SPE seien im Folgenden einige

57 Rats-Dokument DS 1016/11, nicht abrufbar unter: http://www.consilium.europa.eu. Dazu *Bormann/Böttcher*, NZG 2011, 411 ff.

58 Rats-Dokument 6572/11, abrufbar unter: http://www.consilium.europa.eu.

59 Rats-Dokument 8084/11, abrufbar unter: http://www.consilium.europa.eu.

60 Rats-Dokument 9684/11, abrufbar unter: http://www.consilium.europa.eu.

61 Rats-Dokument 9713/11, abrufbar unter: http://www.consilium.europa.eu.

62 Rats-Dokument 10611/11, abrufbar unter: http://www.consilium.europa.eu.

63 Rats-Dokument 10547/11, S. 9, abrufbar unter: http://www.consilium.europa.eu.

64 Rats-Dokument 11786/11, abrufbar unter: http://www.consilium.europa.eu.

65 Vgl. *Bayer/J. Schmidt*, BB 2012, 3; *Hellwig/Bemme*, AG 2011, 740, 741; *Ulrich*, GmbHR 2011, R241 f.

Eckpunkte vorgestellt,[66] wie sich die Mitbestimmung sinnvollerweise ausgestalten ließe,[67] wenn man als Ausgangspunkt akzeptiert, dass sich ein originäres Mitbestimmungsregime in der SPE auf der europäischen Ebene ebenso wie bei der SE und der SCE politisch nicht durchsetzen lässt.

1. Grundformen der SPE: KMU und Großunternehmen

Ein erster wichtiger Aspekt ist die Erkenntnis, dass die SPE zu zwei grundsätzlich verschiedenen Zwecken eingesetzt werden kann.[68] Sie kann erstens kleinen und mittleren Unternehmen dienen, in ein europäisches Rechtskleid zu schlüpfen, um sich auf diese Weise besser auf dem europäischen Binnenmarkt betätigen zu können. Bei solchen KMU besteht jedenfalls aus deutscher Sicht nicht die Gefahr einer Umgehung der deutschen Mitbestimmung, weil diese erst bei einer Größe von mehr als 500 Arbeitnehmern eingreift. Allerdings ist zuzugeben, dass andere Länder wesentlich niedrigere Schwellenwerte kennen. So kommt es beispielsweise in Schweden bereits ab 25 Arbeitnehmern zur unternehmerischen Mitbestimmung, indem die Gewerkschaften das Recht haben, zwei Mitglieder (ab 1.000 Arbeitnehmer drei Mitglieder) des Verwaltungsrats zu ernennen.[69] Hiervon zu unterscheiden sind zweitens Großunternehmen, bei denen in der Tat das Risiko einer Mitbestimmungsvermeidung besteht, das verhindert werden muss. Die Abgrenzung zwischen KMU und Großunternehmen sollte für das Eingreifen der aufwendigen und kostenintensiven Verhandlungslösung relevant sein. Dabei spricht einiges für eine mittlere Lösung, nach der maßgebend ist, ob die SPE mehr als 250 Arbeitnehmer beschäftigt.[70]

2. Lösung für KMU: Mitgliedstaatliche Anknüpfung

Bei KMU würde es ohne vorgeschaltete Verhandlungen unmittelbar bei einer mitgliedstaatlichen Anknüpfung bleiben. Insoweit wäre nur noch zu klären, ob man an den Registersitz oder alternativ an den Verwaltungssitz anknüpfen sollte, wobei sich das Problem erledigt, wenn man entsprechend den Regelungen

---

66 In Anlehnung an die Vorschläge von *Hommelhoff/Krause/Teichmann*, GmbHR 2008, 1193 ff.; zust. etwa *Bücker*, ZHR 173 (2009), 281, 294: „ausgewogen".

67 Dazu umfassend auch *Hommelhoff*, ZEuP 2011, 7 ff.; ferner *ders.*, FS K. Schmidt (2009), S. 671, 677 ff.; *ders.*, FS Schneider (2011), S. 547 ff.

68 Anschaulich *Vossius*, EWS 2007, 438, 439.

69 Vgl. *Hansen/Werlauff*, 6 European Company Law (ECL) 2009, 68, 71.

70 Vgl. die Definitionen in Art. 2 des Anhangs zur Empfehlung 2003/361/EG sowie daran anschließend in Art. 3 der Bilanzrichtlinie 2013/34/EU.

für die SE[71] und die SCE[72] auch für die SPE eine Divergenz auf Dauer[73] verbindlich ausschließt.[74] Alternativ wäre auch eine Anknüpfung an den Arbeitsort der Belegschaft bzw. eines bestimmten Teils der Belegschaft denkbar. Dahinter steht die Überlegung, dass die Unternehmensmitbestimmung eine Ausprägung des jeweiligen mitgliedstaatlichen Sozialmodells ist, das den in den einzelnen Mitgliedstaaten der Europäischen Union tätigen Arbeitnehmern beim Überschreiten bestimmter Schwellenwerte unabhängig davon zugutekommen soll, wo die Unternehmensspitze ihre Entscheidungen trifft.[75] So könnte es auf der Grundlage von § 4a GmbHG bzw. § 5 AktG in der Fassung des MoMiG bei einer ausschließlichen Anknüpfung an den Verwaltungssitz nämlich dazu kommen, dass eine in Deutschland registrierte GmbH oder AG, die ihren Verwaltungssitz im Ausland hat,[76] ihre Belegschaft aber im Inland, nicht der Unternehmensmitbestimmung unterfällt. Die bislang abweichende Sichtweise des deutschen internationalen Mitbestimmungsrechts mit seiner Anknüpfung an den Registersitz[77] muss den europäischen Gesetzgeber nicht binden. Eine Entkoppelung von Registersitz bzw. Verwaltungssitz einerseits und Mitbestimmung andererseits dürfte zudem den Konflikt mit der Niederlassungsfreiheit entschärfen, die durch den vergleichbaren Ansatz im internationalen Betriebsverfassungsrecht ebenfalls nicht tangiert wird. Eine Anknüpfung an den Arbeitsort trägt nicht zuletzt dem Umstand Rechnung, dass die unternehmerische Mitbestimmung nur ein Bestandteil des Gesamtensembles ist, das sich in den einzelnen Mitgliedstaaten als sozialgeschichtlich gewachsener Kompromiss für das Verhältnis von Kapital und Arbeit herauskristallisiert hat. Wenn diese Beziehungen aufgrund der Eigenheiten des Faktors Arbeit als Auffanglösung regelmäßig

---

71 Art. 7 S. 1 Verordnung (EG) Nr. 2157/2001.

72 Art. 7 S. 1 Verordnung (EG) Nr. 1435/2003.

73 Ein lediglich temporäres Verbot der Sitztrennung kann durch Verwendung ausländischer Vorratsgesellschaften problemlos umgangen werden und ist damit weitgehend ineffektiv; vgl. *Bormann/Böttcher*, NZG 2011, 411, 412.

74 So auch das Ziel der Bundesregierung, vgl. BT-Drucks. 17/1933, S. 5. Dies wäre mit der Niederlassungsfreiheit vereinbar; vgl. EuGH vom 16.12.2008 – C-210/06 – ECLI: EU: C:2008:723, Rn. 117 f. (Cartesio).

75 Eingehend *Zimmer*, Internationales Gesellschaftsrecht (1996), S. 146 ff., anders aber nunmehr *ders.*, NJW 2003, 3585, 3590.

76 Zu dieser Möglichkeit BT-Drucks. 16/6140, S. 29; zur GmbH: *Servatius*, in: Baumbach/Hueck, GmbHG, 22. Auf. (2019), § 4a Rn. 10; *Kindler*, NJW 2008, 3249, 3251; *Paefgen*, WM 2009, 529, 530; *Peters*, GmbHR 2008, 245, 247 ff.; zur AG *Koch*, in: Hüffer/Koch, Aktiengesetz, 15. Aufl. (2021), § 5 Rn. 1.

77 Siehe die Nachweise in Fn. 46.

an den gewöhnlichen Arbeitsort anknüpfen,[78] spricht einiges dafür, dies auch bei der Unternehmensmitbestimmung als Schlussstein der Regulierung der Kooperation zwischen Arbeitnehmer- und Arbeitgeberseite zu tun. Sofern ein Unternehmen die hohe Produktivität der Arbeitskräfte und die Stabilität der Arbeitsbeziehungen in bestimmten Ländern nutzen will, ist es nur konsequent, wenn es sich hierfür auch auf die Mitbestimmung als integraler Bestandteil der industriellen Beziehungen einlassen muss. Jedenfalls sollte die Europäische Union nicht die Hand dazu reichen, entgegen ihrer eigenen Proklamation der Förderung des sozialen Fortschritts in der Präambel sowie in Art. 151 Abs. 1 AEUV[79] den Akteuren des Wirtschaftslebens im Sinne einer „Rosinentheorie" ein willkürliches Herausbrechen einzelner Elemente zu ermöglichen, die auf der mitgliedstaatlichen Ebene das Sozialstaatsprinzip verwirklichen wollen.

3. Lösung für Großunternehmen: Verhandlungslösung und Besitzstandswahrung

Bei Großunternehmen, also ab mehr als 250 Arbeitnehmern, würde der spezifisch europarechtliche Mitbestimmungsansatz eingreifen, der aus einer vorgeschalteten Verhandlungslösung und einer nachgeschalteten Besitzstandwahrung als Auffangregelung besteht. Dieses Verhandlungsmodell erlaubt maßgeschneiderte Lösungen und kann vor allem die verschiedenen Mitbestimmungskulturen in den unterschiedlichen Mitgliedstaaten, die von Großunternehmen typischerweise berührt werden, zu einem Ausgleich bringen. Im Hintergrund hat eine gesetzliche Auffangregelung zu stehen, die im Grundansatz an der SE-Beteiligungsrichtlinie orientiert sein sollte. Ob man die dort genannten Schwellenwerte oder diejenigen aus der internationalen Verschmelzungsrichtlinie übernimmt, ist eine politische Entscheidung. In jedem Fall sollte man sich darüber im Klaren sein, dass die im Hintergrund stehende „default rule" strategisch die Verhandlungen prägt.[80] Die Auffangregelung sollte deshalb idealerweise so ausgestaltet sein, dass bei einem solchen „bargaining in the shadow of the law" für beide Seiten echte Anreize bestehen, sich um Kompromisse und innovative Ausgestaltungen zu bemühen.[81] Dies lässt sich freilich

78 Vgl. Art. 8 Abs. 2 Rom I-VO.

79 Dazu *Eichenhofer*, in: Streinz, EUV/AEUV, 3. Aufl. (2018), Art. 151 AEUV Rn. 18.

80 *Fleischer*, AcP 204 (2004), 502, 535; *Koberski/Heuschmid*, RdA 2010, 207, 212.

81 In diesem Sinne bereits der so genannte Davignon-Bericht = Abschlussbericht der Sachverständigengruppe „European Systems of Worker Involvement" (1997), BR-Drucks. 572/97, Rn. 41 und 71.

leichter sagen, als in konkrete Einzelregelungen umsetzen, weil die bisherige Diskussion Mitbestimmungsrechte im Wesentlichen nur anhand quantitativer Kriterien bemisst, was im Ergebnis darauf hinausläuft, dass man der einen Seite nur etwas geben kann, wenn man der anderen Seite etwas nimmt, während qualitative Aspekte der Mitbestimmung, die beiden Seiten Vorteile bringen, für viele offenbar kaum vorstellbar sind. Darüber hinaus spricht nichts dagegen, es der Unternehmensleitung zu ermöglichen, unmittelbar für die gesetzliche Auffangregelung zu optieren. Wenn die Auffangregelung an das numerisch höchste Mitbestimmungsniveau angelehnt ist, verliert die Arbeitnehmerseite nichts, wenn das Management die bisherigen Strukturen der Arbeitnehmerbeteiligung der Einfachheit halber schlicht fortsetzen will.[82]

4. Spätere Veränderungen

Schließlich sollte man für spätere Veränderungen von vornherein entsprechende Vorkehrungen treffen. Bei organischen Größenveränderungen durch einen Beschäftigungsaufbau oder Beschäftigungsabbau sollte es bei einem Überschreiten bzw. Unterschreiten der maßgeblichen Grenze von 250 Arbeitnehmern zu einer Verhandlungs- bzw. Neuverhandlungspflicht kommen, hinter der das jeweilige mitgliedstaatliche Mitbestimmungsregime als Auffangregelung steht. Entsprechendes gilt für Umstrukturierungen, wenn und soweit es sich um ein Großunternehmen handelt oder ein KMU zu einem Großunternehmen wird. Bleibt ein KMU dagegen vor und nach der Umstrukturierung unterhalb der maßgeblichen Schwelle von mehr als 250 Arbeitnehmern, gibt es keinen Grund für ein Eingreifen des europarechtlichen Mitbestimmungsansatzes. Vielmehr bleibt es beim jeweils einschlägigen nationalen Mitbestimmungsrecht entsprechend dem gewählten Anknüpfungspunkt (Registersitz bzw. Verwaltungssitz oder Arbeitsort).

IV. Schlussbemerkungen

Ob und wie es mit der SPE weitergeht, ist nach den ernüchternden Erfahrungen der letzten Jahre derzeit mehr als fraglich. Neben den politischen Hindernissen haben sich infolge des Lissabon-Urteils des BVerfG zusätzliche juristische Hürden aufgetürmt, die sich auf die Kompetenzgrundlage der EU zum Erlass eines SPE-Statuts sowie auf die daran anknüpfende Frage nach den innerstaatlichen

82 Anders *Koberski/Heuschmid*, RdA 2010, 207, 213: „Entwertung des Verhandlungsverfahrens".

Voraussetzungen einer Zustimmung Deutschlands beziehen.[83] Ausgangspunkt ist insoweit, dass auf der unionsrechtlichen Ebene nur die Flexibilitätsklausel gemäß Art. 352 AEUV als Grundlage für ein SPE-Statut in Betracht kommt. Wie der EuGH in seiner Entscheidung zur SCE klargestellt hat, kann für supranationale Rechtsformen nämlich nicht auf die Binnenmarktkompetenz des Art. 114 AEUV zurückgegriffen werden.[84] Die Ausübung der Kompetenz nach Art. 352 AEUV, die Einstimmigkeit im Rat erfordert, hat das BVerfG in seinem Lissabon-Urteil indes an hohe innerstaatliche Anforderungen gebunden.[85] Danach obliegt den deutschen Gesetzgebungsorganen eine „Integrationsverantwortung"[86], die durch Gesetz gemäß Art. 23 Abs. 1 GG wahrgenommen wird. Dementsprechend ist in § 8 IntVG geregelt, dass der deutsche Vertreter im Rat bei einem Vorgehen nach Art. 352 AEUV nur zustimmen oder sich enthalten darf, wenn er hierzu durch ein entsprechendes Gesetz ermächtigt worden ist. Teilweise plädiert man zwar für eine teleologische Reduktion von § 8 IntVG in dem Sinne, dass bei auf den Gemeinsamen Markt bezogenen Regelungen eine Zustimmung entbehrlich sein soll.[87] Dies entspricht freilich weder den Vorgaben des BVerfG noch des IntVG, mögen die Auswirkungen auf das europäische Gesellschaftsrecht auch nicht bedacht worden sein.[88] Zudem hat die Bundesregierung zu verstehen gegeben, im Hinblick auf ein SPE-Statut im Rat nicht ohne eine vorherige gesetzliche Ermächtigung handeln zu wollen.[89] Freilich wird man für eine solche Ermächtigung keine verfassungsändernde Mehrheit,[90] sondern nur eine einfache Mehrheit zu verlangen haben.[91]

---

83 Dagegen schärft das kontrovers diskutierte EZB-Urteil des BVerfG vom 5.5.2020 – 2 BvR 859/15 u. a. – BVerfGE 154, 17 ff., zwar das Bewusstsein im Hinblick auf die Grenzen der kompetenziellen Grundlagen der Europäischen Union, wirft im Übrigen aber keine weiteren rechtlichen Probleme auf.

84 EuGH vom 2.5.2006 – C-436/03 – ECLI: EU: C:2006:277, Rn. 35 ff. (Parlament/Rat); a. A. noch *Krause*, GS Blomeyer (2004), S. 387, 395 f.

85 BVerfG vom 30.6.2009 – 2 BvE 2/08 u. a. – BVerfGE 123, 264 Rn. 325, 417 ff. Hierzu krit. etwa *Rossi*, in: Calliess/Ruffert, EUV/AEUV, 5. Aufl. (2016), Art. 352 AEUV Rn. 9, 93 f.

86 BVerfG vom 30.6.2009 – 2 BvE 2/08 u. a. – BVerfGE 123, 264 Rn. 236 und öfter.

87 *Basedow*, EuZW 2010, 41.

88 *Anzinger*, AG 2009, 739, 740; *Fleischer*, ZHR 174 (2010), 385, 400.

89 Ebenso die Einschätzung der Bundesregierung, vgl. BT-Drucks. 17/1933, S. 8.

90 So aber *Koberski/Heuschmid*, RdA 2010, 207, 208, in Anlehnung an die allgemeinen Überlegungen durch *v. Bogdandy*, NJW 2010, 1, 3, der die Konzeption des BVerfG indes kritisch sieht.

91 BT-Drucks. 17/1933, S. 7 f.

Da sich die deutsche Seite bislang im Wesentlichen darauf beschränkt hat, zähen Widerstand zu leisten, anstatt nach neuen Lösungen zu suchen, die der wirtschaftlichen Integration wie dem Schutzanliegen der Mitbestimmung gleichermaßen Rechnung tragen,[92] haben manche Stimmen eine „Koalition der Willigen" vorgeschlagen, also ein Vorgehen einzelner Mitgliedstaaten im Verfahren der so genannten Verstärkten Zusammenarbeit gemäß Art. 20 EUV i. V. m. Art. 326 ff. AEUV, um auf diesem Wege die Blockadehaltung Deutschlands zu überwinden.[93] Gegenwärtig scheint dies freilich keine ernsthafte Alternative zu sein. Jedenfalls sind seit der polnischen Ratspräsidentschaft im zweiten Halbjahr 2011 auf der legislativen Ebene keine weiteren Anstalten unternommen worden, das Projekt einer SPE zu forcieren. Vielmehr hat die Europäische Kommission – wie eingangs bereits erwähnt – ihren Vorschlag trotz der nachdrücklichen Aufforderung durch das Europäische Parlament vom 14. Juni 2012, sich weiter für die Annahme eines SPE-Statuts einzusetzen,[94] im Mai 2014 offiziell zurückgenommen.[95]

Einen Impuls in Richtung einer Wiederbelebung des SPE-Vorschlags[96] könnte vor diesem Hintergrund zunächst die schon angesprochene Stellungnahme des Deutschen Bundestages vom Mai 2015 geben.[97] So werden darin nämlich nicht nur die deutschen Vorbehalte gegenüber dem SUP-Vorschlag deutlich, die durch dessen offizielle Rücknahme im Juli 2018[98] ohnehin gegenstandslos geworden sind. Vielmehr – und das ist mit Blick auf die bisherige politische Entwicklung bemerkenswert – signalisiert der Beschluss eine gewisse Kompromissbereitschaft für die Mitbestimmungsregelung in einer neu aufgelegten SPE.[99] Zudem ist der Beschluss mit breiter parlamentarischer Mehrheit

92 Generell gegen eine auf Minimierung der Auswirkungen auf Deutschland setzende deutsche Europapolitik *v. Bogdandy*, NJW 2010, 1, 5.

93 So der Report of the Reflection Group on the Future of EU Company Law (2011), S. 53, abrufbar unter: http://ec.europa.eu; zust. *Hellwig/Bemme*, AG 2011, 740, 742; in diese Richtung auch *Henssler*, DB 2011, Standpunkte, S. 70, 71; ferner *Teichmann*, ZGR 2017, 485, 502 f.; *Teichmann/Götz*, ZEuP 2019, 260, 286; krit. *Bayer/J. Schmidt*, BB 2012, 3, 4; *Thomale*, ZEuP 2015, 517, 522 ff.

94 Entschließung des Europäischen Parlaments zur Zukunft des europäischen Gesellschaftsrechts, 2012/2669 (RSP), sub Nr. 2, abrufbar unter: http://www.europarl.europa.eu.

95 Siehe den Nachweis in Fn. 3.

96 Dazu bereits *Hommelhoff/Teichmann*, GmbHR 2014, 177 ff.

97 BT-Drucks. 18/4843 sowie Plenarprotokoll 18/103, S. 9892.

98 Siehe den Nachweis in Fn. 5.

99 Zu den Eckpunkten näher *Hommelhoff*, Beilage zu ZIP 22/2016, 31 ff.

gefasst und offenbar auch eng mit dem Deutschen Gewerkschaftsbund abgestimmt worden.[100] Ähnlich wie dieser Beitrag favorisiert die Stellungnahme das europäische Modell der Mitbestimmungsvereinbarung für Großunternehmen mit mehr als 250 Arbeitnehmern. Darüber hinaus spricht sich die Stellungnahme zu Recht gegen ein „Einfrieren" des Mitbestimmungsniveaus aus.[101] Politisch noch bedeutsamer ist die Artikulation des Willens der gegenwärtigen Koalitionäre vom März 2018, auf die Schaffung einer SPE hinzuwirken,[102] auch wenn dieser Ankündigung bislang soweit ersichtlich keine Taten gefolgt sind.

Es bleibt abzuwarten, ob diese Vorstöße die versandete Diskussion über die Mitbestimmung in der SPE wieder in Schwung bringen und insbesondere das Interesse der Kommission neu entfachen können.[103] Vielleicht erlebt sie ja auch in Gestalt einer Vereinfachten Europäischen Gesellschaft (*Societé Européenne Simplifiée*, SES) ihren Durchbruch als „SPE 2.0".[104] Bis auf weiteres ist die SPE freilich nach wie vor nur ein „Hoffnungsträger",[105] immerhin mit der bemerkenswerten Eigenschaft, die Phantasie immer neuer Juristengenerationen anzuregen.

100 Vgl. BT-Drucks. 18/4843, S. 7.
101 BT-Drucks. 18/4843, S. 5.
102 Siehe den Nachweis in Fn. 10.
103 Zu den rechtspolitischen Erfolgsaussichten bereits *Hommelhoff*, Beilage zu ZIP 22/2016, 31.
104 Siehe den Nachweis in Fn. 11.
105 So *Fleischer*, ZHR 174 (2010), 385, 395.

Prof. Dr. *Christoph Teichmann*

Unionsrechtskonforme Mitbestimmungserstreckung auf EU-Auslandsgesellschaften*

Abstract: *The German system of mandatory co-determination in the supervisory board has eroded. This is due to the fact that German businesses reorganise as foreign legal entities or as European Companies in order to mitigate or to avoid co-determination. As a consequence, the debate in Germany focusses on the question whether German law could impose mandatory co-determination on foreign legal entities. This paper argues that such an extension of mandatory co-determination has to be proportionate in the light of the European freedom of establishment. A proportional regulation could consist in allowing the management of the company to enter into negotiations with the employees and to thereby design a co-determination system that fits the cross-border structure of the company.*

I. Autoritätsverlust des deutschen Mitbestimmungsmodells 108
1. Zwingende Mitbestimmung für Gesellschaften deutschen Rechts 108
2. Aufweichung des zwingenden Charakters durch europäische Entwicklungen 110
a) Verhandelte Mitbestimmung 110
b) Verwendung ausländischer Rechtsformen 113
3. Zwischenergebnis 115
II. Vorgaben des EuGH zur Niederlassungsfreiheit 116
1. Niederlassungsfreiheit von „Briefkastengesellschaften" 116
2. Beschränkungen der Niederlassungsfreiheit und ihre Rechtfertigung 118
III. Gestaltungselemente einer Mitbestimmungserstreckung 130
1. Kollisionsrecht: Entkoppelung von Mitbestimmung und Gesellschaftsrecht 131
2. Mitbestimmungserstreckung durch Verhandlungslösung 132
a) Problematik eines Eingriffs in das Gesellschaftsstatut 118
b) Beschränkungen der Niederlassungsfreiheit 120
c) Rechtfertigungstest nach der „Gebhard-Formel" 122
3. Eckpunkte einer Verhandlungslösung 134
IV. Zusammenfassung 143

* Erweiterte und aktualisierte Fassung des in ZIP 2016, 899 ff. veröffentlichten Beitrags zur Erstreckung der deutschen Mitbestimmung auf EU-Auslandsgesellschaften.

Das deutsche Mitbestimmungsmodell steht rechtspolitisch unter Druck. Denn der Wechsel in die SE (Societas Europaea) oder die Verwendung ausländischer Rechtsformen auf Basis der EU-Niederlassungsfreiheit bieten Möglichkeiten, sich der Anwendung des deutschen Mitbestimmungsrechts zu entziehen. Angesichts dessen wird im Schriftum schon seit längerem über eine Erstreckung der deutschen Mitbestimmung auf ausländische Rechtsformen diskutiert. Auch die Gewerkschaften fordern mit zunehmendem Nachdruck ein sog. Mitbestimmungserstreckungsgesetz. Vor einem eventuellen Anlauf des deutschen Gesetzgebers sollten indessen die Rahmenbedingungen des europäischen Unionsrechts sorgfältig geprüft werden. Einschlägig ist insbesondere die europäische Niederlassungsfreiheit, deren Schutzbereich der Europäische Gerichtshof bis in die jüngste Zeit hinein näher präzisiert hat. Eine Erstreckung des deutschen Mitbestimmungssystems auf ausländische Gesellschaften droht in Konflikt mit der europäisch garantierten Niederlassungsfreiheit zu geraten. Denkbar ist aber eine Rechtfertigung im Lichte des Arbeitnehmerschutzes als zwingendes Allgemeinwohlinteresse. Dabei fordert allerdings der europäische Grundsatz der Verhältnismäßigkeit, sich eines möglichst milden Mittels zu bedienen. Geeigneter Ansatzpunkt dafür ist die bereits bei SE und grenzüberschreitender Verschmelzung erprobte Verhandlungslösung, die 2019 im sog. „Company Law Package“ für den grenzüberschreitenden Formwechsel und die grenzüberschreitende Spaltung weiterentwickelt wurde.

I. Autoritätsverlust des deutschen Mitbestimmungsmodells

1. Zwingende Mitbestimmung für Gesellschaften deutschen Rechts

Den Unterschied zwischen zwingendem und dispositivem Recht lernen Jurastudenten im ersten Semester.[1] Zwingendes Recht enthält Bestimmungen, die durch den Willen der Beteiligten nicht ausgeschlossen oder abgeändert werden können. Das Gesetz gibt damit die rechtliche Ordnung eines Sachverhaltes verbindlich vor, um bestimmte sozial- oder wirtschaftspolitische Ziele durchzusetzen. Demgegenüber kann dispositives Recht abgeändert werden; es gilt nur dann, wenn die Beteiligten nichts Anderes vereinbart haben. Sein Inhalt hat eine gewisse Leitbildfunktion, tritt aber hinter den ausdrücklich geäußerten und ordnungsgemäß gebildeten Parteiwillen zurück.

1 Siehe dazu nur: *Brox/Walker*, Allgemeiner Teil des BGB, 43. Aufl., 2019, 22 f.

Die Vorschriften über die Mitbestimmung im Aufsichtsrat sind zwingendes Recht. So steht es in allen gängigen Kommentaren zu lesen.[2] Sie gelten also unabhängig vom Willen der Beteiligten. Die Mitwirkung der Arbeitnehmer an unternehmerischen Entscheidungen ist eine wirtschafts- und sozialpolitische Grundentscheidung, welche die im Gesellschaftsrecht ansonsten vorrangige Stellung der Gesellschafter zurückdrängt. Selbst die Arbeitnehmer könnten auf die Segnungen der Mitbestimmung nicht verzichten und sie auch nicht inhaltlich abändern.[3]

In jüngerer Zeit ist allerdings für den Bereich der Mitbestimmung das Wesensmerkmal zwingenden Rechts, dass es nämlich durch den Willen der Beteiligten nicht ausgeschlossen oder abgeändert werden kann, mit einem großen Fragezeichen zu versehen. Gewiss – von den Vorschriften des Drittelbeteiligungsgesetzes und des Mitbestimmungsgesetzes kann man nicht abweichen.[4] Das setzt aber voraus, dass die betreffende Gesellschaft überhaupt in den Anwendungsbereich dieser Gesetze fällt. Als sie erlassen wurden, konnte man davon ausgehen, dass jedes in Deutschland ansässige Großunternehmen davon erfasst werde. Mit der Wahl einer ausländischen Rechtsform war dem normativen Geltungsanspruch des Mitbestimmungsrechts zur damaligen Zeit nicht zu entkommen. Denn das Internationale Gesellschaftsrecht zwang mittelbar jedes Unternehmen, dessen Verwaltungssitz in Deutschland lag, zur Verwendung einer deutschen Rechtsform. Die sog. Sitztheorie bestimmte das anwendbare Gesellschaftsrecht nach dem Ort der Hauptverwaltung.[5] Ein Unternehmen mit Tätigkeitsschwerpunkt in Deutschland musste sich daher als GmbH oder Aktiengesellschaft organisieren, um Rechtsfähigkeit und Haftungsbeschränkung erlangen zu können. Damit unterlag es zugleich der deutschen Mitbestimmung, die nach überwiegender Auffassung kollisionsrechtlich zum Gesellschaftsrecht gehört.[6]

---

2 Wlotzke/*Wißmann*/Koberski/Kleinsorge, Mitbestimmungsrecht, 5. Aufl., 2017, Vorbem. Rn. 59; *Habersack*/Henssler, Mitbestimmungsrecht, 4. Aufl., 2018, Einl. Rn. 38.

3 Zu Reichweite und Grenzen der Gestaltungsfreiheit in Mitbestimmungsvereinbarungen etwa: *Hanau*, ZGR 2001, 75 ff.; *Henssler* in: FS Westermann, 2008, S. 1019 ff.; *Hommelhoff*, ZGR 1984, 118 ff.; *Ihrig/Schlitt*, NZG 1999, 333 ff.; *Seibt*, AG 2005, 413 ff., *Teichmann*, AG 2008, 797 ff.

4 Die Vorschriften über die Drittelbeteiligung im Aufsichtsrat sind einseitig zwingend; eine freiwillige Ausdehnung über die Drittelbeteiligung hinaus ist möglich, eine Reduzierung der auf die Arbeitnehmer entfallenden Sitze hingegen nicht (BGH, NJW 1975, 1657 ff.).

5 Grundlegend BGHZ 53, 181, 183; eingehend zur historischen Entwicklung *Trautrims*, ZHR 2012, 435 ff.

6 Dazu *Weller* in: FS Hommelhoff, 2012, 1275, 1285 (m. w. N.).

2. Aufweichung des zwingenden Charakters durch europäische Entwicklungen

Diese Ausgangslage hat sich unter dem Einfluss europäischer Entwicklungen unter zweierlei Aspekten grundlegend verändert:[7] Erstens kann in der Europäischen Aktiengesellschaft (SE) oder bei einer grenzüberschreitenden Verschmelzung über die Mitbestimmung verhandelt werden (*unter a*). Zweitens kann sie durch die Wahl einer ausländischen Rechtsform gänzlich umgangen werden (*unter b*).

a) Verhandelte Mitbestimmung

aa) Societas Europaea (SE)

Die seit 2004 verfügbare Societas Europaea (SE) sieht Mitbestimmungsverhandlungen vor,[8] die Modifizierungen bis hin zur Abschaffung der Mitbestimmung erlauben.[9] Rechtsgrundlage ist die europäische SE-Richtlinie zur Arbeitnehmerbeteiligung.[10] Sie wurde mit dem SE-Beteiligungsgesetz (SEBG) in das deutsche Recht transformiert. Auf Basis dieser Regelung kommt es bei der Gründung einer SE zu Verhandlungen zwischen der Unternehmensleitung und einem Besonderen Verhandlungsgremium der Arbeitnehmer.[11] Münden die Verhandlungen in eine SE-Beteiligungsvereinbarung, bestimmt deren Inhalt die Unterrichtungs-, Anhörungs- und Mitbestimmungsrechte der Arbeitnehmer (vgl. § 21 SEBG). Scheitern die Verhandlungen, greift eine gesetzliche Auffanglösung (§§ 22 ff. SEBG). Diese regelt die Einrichtung eines SE-Betriebsrats und stellt sicher, dass in der SE das Mitbestimmungsniveau erhalten bleibt, das vor der SE-Gründung in einer oder mehreren Gründungsgesellschaften gegolten hat.[12]

Unabhängig davon, ob eine Beteiligungsvereinbarung zustande kommt oder die gesetzliche Auffanglösung greift, ist die SE als Rechtsform anschließend der Anwendung des deutschen Mitbestimmungsrechts entzogen (§ 47 Abs. 1 Nr. 1

---

7 Vgl. dazu bereits den Überblick bei *Henssler*, RdA 2005, 330 ff.

8 Dazu ausführlich *Müller-Bonanni*, in diesem Band, S. 23 ff.

9 Über die konkrete Reichweite der Parteiautonomie herrscht Uneinigkeit. Für die restriktive Auffassung siehe *Kiem*, KK-AktG, 3. Aufl., 2010, Art. 12 SE-VO Rn. 59 ff., für weiterreichende Parteiautonomie *Teichmann*, AG 2008, 797 ff. (jeweils mit weiteren Nachweisen).

10 Richtlinie 2001/86/EG des Rates vom 8.10.2001, ABl. EG v. 10.11.2001, Nr. L 294/22.

11 Vgl. *Müller-Bonanni*, in diesem Band, S. 31.

12 Die genaue Konstruktion dieses „Vorher-Nachher-Prinzips" hängt auch von der konkreten Gründungsform und den beteiligten Gesellschaften ab. Näher dazu *Brandes*, MünchHdBGesR, Band 6, 2013, § 57 (S. 1273 ff.).

SEBG). Sie hat nach der Konzeption des europäischen Gesetzgebers ihr eigenes Mitbestimmungsstatut. Es gilt weder das Drittelbeteiligungs- noch das Mitbestimmungsgesetz.

In Gesellschaften, die bei Gründung der SE noch nicht der Mitbestimmung unterliegen, kann dies dazu führen, dass sie diese auch nie erreichen werden. Denn das SEBG sorgt nur für Bestandssicherung und regelt anders als das allgemeine Mitbestimmungsrecht keinen qualitativen Aufwuchs beim Erreichen bestimmter Schwellenwerte (500 bzw. 2.000 Arbeitnehmer). Daher wechselt eine mit Drittelparität gegründete SE nicht automatisch in die volle Parität, wenn sie die Schwelle von 2.000 Arbeitnehmern überschreitet.[13] Kraft Gesetzes müssen zwar neue Verhandlungen eingeleitet werden, wenn in der SE „strukturelle Änderungen" im Sinne des § 18 Abs. 3 SEBG vorgenommen werden. Das rein organische Wachstum der Belegschaft ist allerdings nach überwiegender – und auch zutreffender – Meinung keine „strukturelle Änderung" im Sinne des § 18 Abs. 3 SEBG.[14]

Sofern eine SE-Beteiligungsvereinbarung abgeschlossen wird, könnte darin in Anlehnung an das deutsche Mitbestimmungsrecht geregelt werden, dass die Mitbestimmung bei einem Wachstum der Belegschaft qualitativ ausgeweitet wird. Zumindest aber könnte festgelegt werden, dass bei einem solchen Anlass wieder Verhandlungen aufgenommen werden. Die rechtstatsächlichen Erfahrungen zeigen allerdings, dass derartige Regelungen kaum jemals aufgenommen werden.[15] Über die Gründe kann man nur spekulieren. Entweder haben die Arbeitnehmer daran kein Interesse, was bei einer noch kleinen Belegschaft durchaus denkbar erscheint[16], oder sie können diese Positionen schlicht in den Verhandlungen nicht durchsetzen.

---

13 Zu diesem „Zementierungseffekt" siehe nur *Ege/Grzimek/Schwarzfischer*, DB 2011, 1205 ff. und *Brandes*, MünchHdBGesR, Band 6, 2013, § 57 Rn. 66; zur Frage, inwieweit darin ein Missbrauch der Rechtsform liegen kann, *Drinhausen/Keinath*, BB 2011, 2699 ff. In der Möglichkeit, den Mitbestimmungsstatus „einzufrieren", sehen *Hohenstatt/Müller-Bonanni* in: Habersack/Drinhausen, SE-Recht, 2. Aufl., 2016, SEBG Vor §§ 1–3, Rn. 88, zu Recht eine wesentliche Motivation für die Verwendung der SE (ebenso *Middendorf* in: Lutter/Hommelhoff/Teichmann, SE-Kommentar, 2. Aufl., 2015, Abschnitt C: Die SE in der arbeitsrechtlichen Praxis, Rn. 7).

14 Vgl. dazu jew. m. w. Nachw. *Feuerborn*, KK-AktG, 3. Aufl., 2010, § 18 SEBG Rn. 23, und *Teichmann* in: FS Hellwig, 2010, 347, 367.

15 *Rose/Köstler*, Mitbestimmung in der Europäischen Aktiengesellschaft (SE), 2. Aufl., 2014, S. 25 ff.

16 Ein Indiz dafür liefern die Erfahrungen aus Dänemark (dazu *Krüger Andersen* in Baums/Ulmer (Hrsg.), Unternehmensmitbestimmung der Arbeitnehmer im Recht der EU-Mitgliedstaaten, 2004, 11, 22 f.). Dort kann ab einem Schwellenwert von 35 Arbeitnehmern Mitbestimmung eingefordert werden. Tatsächlich wird diese Forderung aber zumeist erst erhoben, wenn das Unternehmen deutlich größer ist.

bb) Grenzüberschreitende Umwandlungen

Die für die SE konzipierte Verhandlungslösung wurde in ihren Grundzügen 2005 in die Richtlinie zu grenzüberschreitenden Verschmelzungen aufgenommen,[17] die mittlerweile in die konsolidierte gesellschaftsrechtliche Richtlinie (2017/1132/EU) integriert wurde.[18] Anders als bei der SE-Gründung geht aus der grenzüberschreitenden Verschmelzung eine Gesellschaft nationalen Rechts hervor. In Deutschland ist dafür neben den Vorschriften der §§ 122a ff. Umwandlungsgesetz das Gesetz über die Mitbestimmung der Arbeitnehmer bei einer grenzüberschreitenden Verschmelzung (MgVG) anwendbar. Das MgVG regelt ebenso wie das SEBG den Ablauf der Verhandlungen zwischen den Unternehmensleitungen und einem Besonderen Verhandlungsgremium der Arbeitnehmer.

In Umsetzung der europäischen Vorgaben liegt ein wichtiger Unterschied zum SE-Verfahren darin, dass die beteiligten Gesellschaften bei einer grenzüberschreitenden Verschmelzung direkt für die gesetzliche Auffanglösung optieren können (§ 23 Abs. 1 S. 1 Nr. 3 MgVG). In diesem Fall finden keine Verhandlungen statt. Wie bei der SE wird das zuvor bestehende Mitbestimmungsniveau gesetzlich abgesichert, jedoch auch hier ohne Fortschreibung bei späterem Wachstum der Gesellschaft. Anders als das SEBG kennt das MgVG auch keine zwingende Regelung, wonach bei strukturellen Änderungen erneut verhandelt werden müsste. Allerdings „sollen" die Parteien in der Vereinbarung einen solchen Neuverhandlungstatbestand regeln (§ 22 Abs. 2 MgVG). Bei einer Option für die gesetzliche Auffangregelung kommt es aber gerade nicht zu einer Vereinbarung.

Dieses Modell wurde 2019 im sog. „*Company Law Package*" fortgeschrieben. Durch eine Reform der gesellschaftsrechtlichen Richtlinie wurden der Formwechsel und die Spaltung über die Grenze ermöglicht (sog. „Mobilitätsrichtlinie").[19] Um diese Umwandlungen für eine Vermeidung der Mitbestimmung unattraktiv zu machen, wurde die Eingangsschwelle für Verhandlungen herabgesetzt. Künftig muss bereits verhandelt werden, wenn 4/5 des nationalen

---

17 Richtlinie 2005/56/EG vom 26.10.2005, ABl. v. 25.22.2005, L 310/1.

18 Richtlinie 2017/1132/EU vom 14.06.2017, ABl. v. 30.06.2017, L 169/46

19 Richtlinie (EU) 2019/2121 des Europäischen Parlaments und des Rates vom 27.11.2019 zur Änderung der Richtlinie (EU) 2017/1132 in Bezug auf grenzüberschreitende Umwandlungen, Verschmelzungen und Spaltungen (ABl EU vom 12.12.2019, Nr. L 321/1 ff.). Zusammenfassend zu den damit erkennbaren Grundlinien eines EU-Umwandlungsrechts *Teichmann*, NZG 2019, 241 ff.

Schwellenwertes erreicht werden.[20] Für den Fall eines Scheiterns der Verhandlungen gibt es allerdings keine spezifische Auffanglösung.[21] Es bleibt dann bei dem zuvor geltenden Mitbestimmungsniveau, das damit eingefroren werden kann. Unternehmen, die aus diesem Grund eine grenzüberschreitende Umwandlung anstreben, müssen allenfalls die Missbrauchsklausel fürchten, auf deren Basis es dem Handelsregister gestattet ist, bei missbräuchlicher Verwendung die für die Umwandlung nötige Vorabbescheinigung zu verweigern.[22] Die oben erwähnte Option, sich direkt für die Auffanglösung zu entscheiden, wurde bei der Verschmelzung beibehalten,[23] bei Formwechsel[24] und Spaltung[25] hingegen nicht geregelt. Eine nachvollziehbare Begründung für diese fragwürdige Ungleichbehandlung der verschiedenen Umwandlungsformen wurde im Gesetzgebungsverfahren nicht erkennbar.[26]

b) *Verwendung ausländischer Rechtsformen*

Die gänzliche „Flucht aus der Mitbestimmung" ist einem bereits mitbestimmten Unternehmen mit Hilfe von SE oder grenzüberschreitender Verschmelzung nicht möglich. Dem steht das beide Strukturmaßnahmen prägende „Vorher-Nachher-Prinzip" entgegen. Derartige Schutzmechanismen fehlen allerdings gänzlich, wenn ein in Deutschland tätiges Unternehmen eine Rechtsform des ausländischen Rechts annimmt. Eine Gesellschaft, die in einem anderen Staat der Europäischen Union gegründet worden ist, steht unter dem Schutz der europäischen Niederlassungsfreiheit (Art. 49 und Art. 54 AEUV). Sie darf sich also in Deutschland niederlassen und hier Betriebsstätten mit Arbeitnehmern errichten oder bestehende Betriebsstätten erwerben. Sie darf sich sogar dann auf ihren Status als ausländische Gesellschaft berufen, wenn sie ihre Hauptverwaltung und ihren Tätigkeitsschwerpunkt in Deutschland hat und damit letztlich im Ausland nur als „Briefkastengesellschaft" fungiert.[27]

---

20 *Selent,* NZG 2018, 1171, 1173; *J. Schmidt,* Der Konzern 2018, 273, 281.

21 Dies wurde im Schrifttum vielfach als Inkonsistenz vermerkt: *Habersack,* ZHR 281 (2019), 495, 502; *Selent,* NZG 2018, 1171, 1174 f.; *J. Schmidt,* ECFR 2019, 222, 266; *Teichmann,* NZG 2019, 241, 247.

22 Näher *Teichmann* in: FS Windbichler, 2020, S. 395, 409 ff.

23 Vgl. Art. 133 Abs. 4 lit. a Richtlinie (EU) 2019/2121.

24 Vgl. Art. 86l Richtlinie (EU) 2019/2121.

25 Vgl. Art. 160l Richtlinie (EU) 2019/2121.

26 Zu diesem Aspekt im Gesetzgebungsverfahren *Teichmann* in: FS Windbichler, 2020, 396, 404.

27 Eingehend *Teichmann,* ZGR 2011, 639, 669 ff.

Die unternehmerische Mitbestimmung wird kollisionsrechtlich dem Gesellschaftsstatut zugerechnet.[28] Daher gelangt sie bei einer Kapitalgesellschaft ausländischen Rechts nicht zur Anwendung. Selbst wenn man die Möglichkeit einer kollisionsrechtlichen Sonderanknüpfung bejaht,[29] bleibt zu fragen, ob das deutsche Mitbestimmungsrecht seinem Sinn und Zweck nach überhaupt für ausländische Rechtsformen gedacht sein soll. Drittelbeteiligungs- und Mitbestimmungsgesetz knüpfen an bestimmte Rechtsformen an, die im Gesetz ausdrücklich genannt sind. Dazu gehören die GmbH und die AG. Ausländische Rechtsformen finden sich in den betreffenden Vorschriften (§ 1 Abs. 1 DrittelbetG, § 1 Abs. 1 MitbestG) nicht. Die herrschende Meinung sieht darin eine abschließende Aufzählung, die nicht im Wege der Analogie auf ausländische Rechtsformen erstreckt werden könne.[30]

In der Praxis erfreut sich insbesondere die Typenkombination der Auslandsgesellschaft & Co. großer Beliebtheit.[31] Nach Untersuchungen des Instituts für Rechtstatsachenforschung an der Universität Jena verzeichnet diese Konstruktion seit dem Jahre 2000 einen erkennbaren Anstieg.[32] Immerhin 94 deutsche Unternehmen hatten sich bis 2015 auf diesem Wege der Mitbestimmung entzogen. Vorreiter war die Fluglinie Air Berlin, die bis zu ihrer Insolvenz als britische Plc & Co. operierte. Über die Motivation für diese Gestaltung gab der damalige Vorstandsvorsitzende freimütig Auskunft. Die zusätzlichen Kosten für die Verwendung einer englischen Rechtsform beliefen sich zwar auf bis zu 15 Millionen Euro. Aber, so *Joachim Hunold*: „Die großen Unternehmen

---

28 Siehe nur *Zimmer*, Internationales Gesellschaftsrecht, 1996, 146 ff., und *Weller* (o. Fn. 6), 1275, 1288 ff.

29 Zu den Einzelheiten *Weller* (o. Fn. 6), S. 1275, 1286 ff.

30 *Kamp*, BB 2004, 1496 ff.; Wlotzke/Wißmann/*Koberski*/Kleinsorge (o. Fn. 2), § 1 MitbestG Rn. 16 ff.; *Müller-Bonanni*, GmbHR 2003, 1237 f.; *Thüsing*, ZIP 2004, 382 ff.; *Ulmer/Habersack*/Henssler (o. Fn. 2), § 1 MitbestG Rn. 6a-8a; *Veit/Wichert*, AG 2004, 14, 17. Monographisch *Funk*, Mitbestimmung in EU-Auslandsgesellschaften nach „Inspire Art", 2007, 105 ff., und *Kisker*, Unternehmensmitbestimmung bei Auslandsgesellschaften mit Verwaltungssitz in Deutschland, 2007, 155 ff.

31 Siehe bereits *Sick* in: FS Kempen, 2013, S. 361, 371. Zur grundsätzlichen Zulässigkeit und den verschiedenen (keineswegs nur mitbestimmungsrechtlich induzierten) Gestaltungsvorteilen der Auslandsgesellschaft & Co. KG *Teichmann*, ZGR 2014, 220 ff.

32 Auskunft darüber gibt eine Veröffentlichung der Hans-Böckler-Stiftung: *Sick*, Der deutschen Mitbestimmung entzogen: Unternehmen mit ausländischer Rechtsform nehmen zu, Mitbestimmungsreport Nr. 8, Februar 2015 (abrufbar unter www.boeckler.de).

stöhnen unter der Mitbestimmung und den Kosten, die sie verursacht. Wir sind überzeugt, dass unsere Rechtsform in der Zukunft die größte Flexibilität und damit auch eine Kostenersparnis bringt."[33]

3. Zwischenergebnis

Die deutsche Aufsichtsrats-Mitbestimmung unterliegt einer schleichenden Erosion. Drittelbeteiligungsgesetz und Mitbestimmungsgesetz sind zwar immer noch zwingender Natur, stehen aber wegen der Einflüsse des europäischen Rechts *de facto* zur Disposition der Anteilseigner. Diese können das künftige Mitbestimmungsmodell determinieren, indem sie sich für die Gründung einer Societas Europaea (SE), für eine grenzüberschreitende Verschmelzung oder für eine ausländische Rechtsform entscheiden. Demnächst kommen der grenzüberschreitende Formwechsel und die grenzüberschreitende Spaltung hinzu.

Ob es sich dabei um eine Massenbewegung oder nur um Einzelfälle handelt, mag dahinstehen. Die Tragweite der Entwicklung wird sich erst mit zeitlicher Verzögerung zeigen, denn nicht selten handelt es sich um „präventive Mitbestimmungsflucht"[34]: Mittelständische Unternehmen entziehen sich durch Gründung einer SE oder einer Auslandsgesellschaft & Co. der Mitbestimmung, bevor sie die relevanten Schwellenwerte überschreiten. Erst wenn sie weiter wachsen und zusätzliche Arbeitnehmer einstellen, ergibt sich das Phänomen eines in Deutschland verankerten Unternehmens, das nicht der an und für sich zwingenden deutschen Mitbestimmung unterliegt.

Rechtspolitisch bleibt festzuhalten, dass eine einstmals zwingende Regelung auf schleichendem Wege diesen Charakter verloren hat. Wenn die Betroffenen auf andere Modelle ausweichen können, verliert das zwingende Recht seine allgemeine Autorität und fungiert nur noch als Leitmodell, dem man sich freiwillig unterwirft oder eben auch nicht.

Wollte man dem Geltungsanspruch des deutschen Mitbestimmungsrechts wieder zu alter Blüte verhelfen, sei es im Wege der Sonderanknüpfung oder durch ein neu zu schaffendes Mitbestimmungserstreckungsgesetz, stünde stets die Frage im Raum, ob eine Erstreckung des deutschen Systems auf ausländische Kapitalgesellschaften mit der europäischen Niederlassungsfreiheit zu vereinbaren wäre. Dem ist *unter II.* näher nachzugehen.

---

33 *Joachim Hunold* in einem Interview mit dem Tagesspiegel, 2. Mai 2006 (abgerufen unter www.tagesspiegel.de am 2. Januar 2008).

34 Begriff nach *Sick* in: FS Kempen, 2013, S. 361, 369, unter Berufung auf *Keller/Werner*, WSI-Mitteilungen 8/2009, S. 416, 422.

II. Vorgaben des EuGH zur Niederlassungsfreiheit

1. Niederlassungsfreiheit von „Briefkastengesellschaften"

Der vermehrte Einsatz von Gesellschaften, die im EU-Ausland gegründet wurden, lässt sich auf die Rechtsprechung des Europäischen Gerichtshofes zurückführen, die mit der *Centros*-Entscheidung 2009 ihren Anfang nahm. Die Auswirkungen dieser Judikatur sind vielfach erörtert.[35] Vorliegend ist lediglich festzuhalten: Jede Gesellschaft, die nach der Rechtsordnung eines EU-Mitgliedstaates wirksam gegründet worden ist, genießt Niederlassungsfreiheit im gesamten Binnenmarkt. Der Umstand, dass sie im Heimatland keine Aktivitäten entfaltet (man spricht landläufig von einer „Briefkastengesellschaft"), nimmt ihr nicht das Recht, sich auf die Niederlassungsfreiheit zu berufen.

Teilweise wird zwar vertreten, Briefkastengesellschaften stünden im Lichte nachfolgender EuGH-Entscheidungen doch nicht unter dem Schutz der Niederlassungsfreiheit.[36] Anhaltspunkt dafür bieten Äußerungen des Europäischen Gerichtshofes in den Entscheidungen *Cadbury Schweppes* und *Vale*. In der ersten Entscheidung wurde die steuerliche Gewinnverlagerung auf eine ausländische Briefkastengesellschaft als nicht schutzwürdig angesehen, sofern es sich um eine „rein künstliche, jeder wirtschaftlichen Realität bare Gestaltung" handele.[37] In der zweiten Entscheidung rief der EuGH in Erinnerung, dass unter einer Niederlassung die „tatsächliche Ausübung einer wirtschaftlichen Tätigkeit mittels einer festen Einrichtung im Aufnahmestaat auf unbestimmte Zeit" zu verstehen ist.[38]

Diese Entscheidungen führen indessen nur zu der Erkenntnis, dass die *Gründung* einer Briefkastengesellschaft nicht unter dem Schutz der Niederlassungsfreiheit steht. Es gibt in der Tat kein europäisch geschütztes Recht, in irgendeinem EU-Mitgliedstaat eine Gesellschaft zu gründen, wenn dort keinerlei inländische Geschäftstätigkeit geplant ist. Es gibt aber auch kein europäisches Verbot, eine solche Gesellschaft zu gründen. Die Zulässigkeit der Gründung richtet sich nach nationalem Gesellschaftsrecht. Der EuGH hat mehrfach betont, dass die Mitgliedstaaten hinsichtlich der Frage, inwieweit

---

35 Eingehend und m. w. Nachw. *Kainer*, EnzEuR, Band 4, 2015, § 4 Rn. 6 ff. sowie *Teichmann*, ZGR 2011, 639 ff.

36 *Böttcher/Kraft*, NJW 2012, 2701 ff.; *Bormann/König*, NJW 2012, 1241 ff.; *Koberski/Heuschmidt*, RdA 2010, 207, 211; *Roth*, Vorgaben der Niederlassungsfreiheit für das Kapitalgesellschaftsrecht, 2010, S. 22; *ders.*, ZIP 2012, 1744.

37 Vgl. EuGH, Rs. C-194/04 (*Cadbury Schweppes*), Slg. 2006, I-7995, Rn. 55.

38 EuGH, Rs. C-378/10 (*Vale*), ECLI: EU: C:2012:440, Rn. 34.

eine nach innerstaatlichem Recht gegründete Gesellschaft eine Verbindung zu ihrem Staatsgebiet aufweisen muss, Autonomie genießen.[39]

Diese Autonomie erstreckt sich auch auf den späteren Wechsel der Rechtsordnung, wie der Fall *Polbud* aus dem Jahre 2017 zeigt.[40] Eine polnische Gesellschaft war von polnischen Gerichten daran gehindert worden, sich in eine Gesellschaft luxemburgischen Rechts umzuwandeln. Als Hauptargument gegen die Umwandlung war vorgebracht worden, die Gesellschaft wolle in Luxemburg keine wirtschaftliche Tätigkeit begründen; daher sei kein Anwendungsfall für die Niederlassungsfreiheit gegeben. Der Gerichtshof wies diesen Einwand zurück. Für ihn war entscheidend, dass die Gesellschaft nach luxemburgischem Recht alle Voraussetzungen für eine wirksame Gründung und für die Verbundenheit mit der luxemburgischen Rechtsordnung erfüllt hatte.[41] Die Niederlassungsfreiheit gewährt also nicht nur das Recht, in einem beliebigen EU-Mitgliedstaat eine Gesellschaft zu gründen, sondern auch das Recht, diese Anknüpfung später wieder zu verändern.[42] Immer vorausgesetzt, es findet sich eine Rechtsordnung, die eine Gründung ohne faktische Ansiedlung zulässt.

Solange also das nationale Gesellschaftsrecht einzelner Mitgliedstaaten die Gründung von Gesellschaften gestattet, deren Verwaltungs- und Tätigkeitsort außerhalb des Gründungsstaates liegt, solange wird es in der EU auch Briefkastengesellschaften geben. Deutschland hat schon deshalb keinen Anlass, dies grundsätzlich in Frage zu stellen, weil das deutsche Recht seit 2008 auch der deutschen GmbH oder AG gestattet, den Verwaltungssitz im Ausland anzusiedeln.[43] Wer selbst Briefkastengesellschaften in die Welt setzt, hat schon aus Gründen der Konsistenz und Diskriminierungsfreiheit keine andere Wahl als ebensolche Gesellschaften ausländischer Provenienz gleichfalls zu akzeptieren.

Mit der Gründung einer Gesellschaft entsteht nach dem Recht des Gründungsstaates eine juristische Person. Diese genießt als „Gesellschaft" im Sinne

---

39 EuGH, Rs C-210/06 (*Cartesio*), Slg. 2008, I-9641, Rn. 110, und EuGH, Rs. C-378/10 (*Vale*), ECLI: EU: C:2012:440, Rn. 28 f.

40 EuGH, Rs. C-106/16 (*Polbud*), ECLI: EU: C:2017:804.

41 EuGH, Rs. C-106/16 (*Polbud*), ECLI: EU: C:2017:804, Rn. 35. Näher zur dogmatischen Verortung der Entscheidung im System der Niederlassungsfreiheit *Teichmann/Knaier*, GmbHR 2017, 1314 ff.; eine Entscheidungsanalyse aus polnischer Sicht findet sich bei *Mucha/Oplustil*, ECFR 2018, 270 ff.

42 Zu diesem Aspekt der nachträglichen Rechtswahlfreiheit *Kieninger*, NJW 2017, 3624 ff.

43 So jedenfalls das herrschende Verständnis der Neufassung der §§ 4a GmbHG, 5 AktG (näher *Schmitz* in: Gehrlein/Born/Simon, GmbHG, 4. Aufl., 2019, § 4a Rn. 21 ff.).

des Art. 54 AEUV Niederlassungsfreiheit. Einzige Voraussetzung dafür ist, dass die Gesellschaft nach dem Recht eines Mitgliedstaats wirksam gegründet wurde und ihren satzungsmäßigen Sitz, ihre Hauptverwaltung oder ihre Hauptniederlassung innerhalb der Europäischen Union hat. Diese Voraussetzungen erfüllt auch eine „Briefkastengesellschaft".

Will eine solche Gesellschaft in anderen Mitgliedstaaten tätig werden, muss es sich im Aufnahmestaat um eine „Niederlassung", also die tatsächliche Ausübung einer wirtschaftlichen Tätigkeit mittels einer festen Einrichtung im Aufnahmestaat auf unbestimmte Zeit, handeln.[44] Diese Anforderung erfüllen Auslandsgesellschaften, die in Deutschland ein Unternehmen betreiben, ohne Zweifel. Entscheidend ist daher der nächste Prüfungsschritt: Wenn der Aufnahmestaat einer ausländischen Gesellschaft Regelungen auferlegen will, die sie nach ihrem Heimatrecht nicht kennt, kann dies eine „Beschränkung" der Niederlassungsfreiheit darstellen, die nach dem Vierstufentest der EuGH-Rechtsprechung einer Rechtfertigungsprüfung unterzogen werden muss.[45]

2. Beschränkungen der Niederlassungsfreiheit und ihre Rechtfertigung

a) *Problematik eines Eingriffs in das Gesellschaftsstatut*

Kernelement der Niederlassungsfreiheit ist der barrierefreie Zutritt über die Grenze.[46] Der Aufnahmestaat darf daher einer im Ausland gegründeten Gesellschaft die Einrichtung einer Niederlassung nicht mit dem pauschalen Argument verweigern, dass sie im Heimatstaat keine Tätigkeit ausübe. Er muss die Gesellschaft ins Land lassen; erst danach kann er ihre Tätigkeit, soweit dies zum Schutze Dritter erforderlich ist, einer innerstaatlichen Regulierung unterziehen. Gemäß Art. 49 Abs. 2 AEUV darf ein Aufnahmestaat durchaus verlangen, dass sich eine niederlassungswillige Gesellschaft den Regeln des Aufnahmestaates unterwirft, die auch für seine eigenen Angehörigen gelten.[47] Aus diesem Grunde ist beispielsweise die Anwendung des deutschen Betriebsverfassungsrechts auf eine ausländische Briefkastengesellschaft ohne weiteres

---

44 Zum in der Rechtsprechung fest etablierten Begriff der „Niederlassung" siehe nur EuGH, Rs. C-378/10 (*Vale*), ECLI: EU: C:2012:440, Rn. 34.

45 Zur Rechtfertigung von Beschränkungen: EuGH, Rs. C-212/97 (*Centros*), Slg. 1999, I-1459, Rn. 34; EuGH, Rs. C-208/00 (*Überseering*), Slg. 2002, I-9919, Rn. 92; EuGH, Rs. C-167/01 (*Inspire Art*), Slg. 2003, I-10155, Rn. 133.

46 Siehe dazu *Teichmann*, ZGR 2011, 639, 649.

47 *Teichmann*, ZGR 2011, 639, 665 ff.

möglich, sobald sie in Deutschland einen Betrieb im Sinne des Betriebsverfassungsgesetzes errichtet. Ebenso gilt selbstverständlich das inländische Individualarbeitsrecht, wenn die ausländische Gesellschaft in Deutschland Arbeitnehmer beschäftigen will.

Derartige Restriktionen dürfen allerdings nicht die vom Gründungsstaat verliehene Eigenschaft als Gesellschaft des Gründungsstaates in Frage stellen. Eine nach Art. 54 AEUV zur Niederlassungsfreiheit berufene Gesellschaft ist als Gesellschaft ihres Herkunftsstaates zu beurteilen.[48] Auf der Ebene des Internationalen Privatrechts führte dies in Deutschland zu einem Wechsel von der traditionell vorherrschenden Sitztheorie[49] zur Gründungstheorie. Diese bestimmt das auf eine Gesellschaft anwendbare nationale Recht nach dem Ort der Gründung.[50]

Die Problematik der unternehmerischen Mitbestimmung liegt darin, dass sie einen Eingriff in die Organisationsstruktur der Gesellschaft mit sich bringt. Daher wird die Mitbestimmung in Deutschland auch, obwohl es sich der Sache nach um Arbeitnehmerschutz handelt, üblicherweise gesellschaftsrechtlich qualifiziert.[51] Denn die Interessen der Arbeitnehmer werden dadurch gefördert, dass sich die Zusammensetzung des Aufsichtsrats verändert. Die Arbeitnehmer sitzen dort in einem Organ der Gesellschaft, und zwar in demjenigen, das in einer Aktiengesellschaft für die Bestellung des Geschäftsführungs- und Vertretungsorgans (Vorstand) zuständig ist. Sie partizipieren damit an einer Kompetenz, die gesellschaftsrechtlich grundsätzlich den Gesellschaftern zusteht. Mit diesem Eingriff in die gesellschaftsrechtliche Kompetenzordnung verlässt der Gesetzgeber die Domäne des Arbeitsrechts und wechselt über in diejenige des Gesellschaftsrechts.

Dieser Einbruch in das Gesellschaftsrecht macht es so schwierig, eine Gesellschaft ausländischen Rechts der Mitbestimmung zu unterwerfen. Am Beispiel des englischen Rechts wird das besonders deutlich. Denn eine englische Gesellschaft, gleich welcher Größe, hat überhaupt keinen Aufsichtsrat. Es fehlt somit schon am Organ, in das die Arbeitnehmer bei einer Anwendung des

---

48 EuGH, Rs. C-208/00 (*Überseering*), Slg. 2002, I-9919, Rn. 80: „Überseering, die in den Niederlanden wirksam gegründet worden ist und dort ihren satzungsmäßigen Sitz hat, genießt aufgrund der Artikel 43 EG und 48 EG das Recht, *als Gesellschaft niederländischen Rechts* in Deutschland von ihrer Niederlassungsfreiheit Gebrauch zu machen." (Hervorhebung durch *Verf.*).

49 Vgl. oben Fn. 5.

50 Zusammenfassend BGH, NJW 2009, 289 ff. („*Trabrennbahn*").

51 Siehe die Nachw. in Fn. 23.

deutschen Mitbestimmungsrechts Vertreter entsenden könnten. Mit dem Brexit entfällt naturgemäß das englische Recht als Paradebeispiel der Auslandsgesellschaft. Aber auch viele andere, wenn nicht sogar die meisten ausländischen EU-Rechtsordnungen kennen kein dem deutschen Aufsichtsrat vergleichbares Aufsichtsorgan. Es bleiben daher rechtstechnisch nur zwei Möglichkeiten: Entweder zwingt man die ausländische Gesellschaft, einen Aufsichtsrat einzurichten; oder man entwickelt für Auslandsgesellschaften ein neues Modell der Mitbestimmung. Diese Weichenstellung wird für die unionsrechtliche Zulässigkeit der Mitbestimmungserstreckung entscheidend sein.

b) Beschränkungen der Niederlassungsfreiheit

Eine Beschränkung der Niederlassungsfreiheit sieht der Gerichtshof in jeder nationalen Maßnahme, die eine Niederlassung im Aufnahmestaat behindert oder weniger attraktiv macht.[52] Dabei geht es häufig um die letztlich auch hier relevante Frage der Anwendbarkeit einzelner Vorschriften des nationalen Gesellschaftsrechts auf eine ausländische Gesellschaft. Die Schwelle für die Annahme einer Beschränkung liegt vergleichsweise niedrig. Schon die verpflichtende Einhaltung eines Mindestkapitals oder die besondere Kennzeichnung als Briefkastengesellschaft, durch die letztlich nur eine Angleichung an die Erfordernisse des nationalen Gesellschaftsrechts im Aufnahmestaat erreicht bzw. eine Warnfunktion erfüllt werden soll, werden als Beschränkungen gewertet.[53]

Häufig wenden die betroffenen Mitgliedstaaten ein, es handle sich im konkreten Fall um eine einzig der bewussten Umgehung nationaler Rechtsregelungen dienende missbräuchliche Berufung auf die durch das Primärrecht eingeräumte Grundfreiheit, so dass der für die Anwendung des Vertrages vorausgesetzte grenzüberschreitende Bezug in tatsächlicher Hinsicht gar nicht vorliege; doch dies lässt der EuGH nicht gelten.[54] Ein Missbrauch könne sich nicht bereits daraus ergeben, dass jemand eine Gesellschaft nach der ihm günstig erscheinenden Rechtsordnung gegründet habe.[55]

---

52 *EuGH*, Rs. C-299/02 (*Kommission/Niederlande*), Slg. 2004, I-9761 Rn. 15.

53 Vgl. EuGH, Rs. C-167/01 (*Inspire Art*), Slg. 2003, I-10155, Rn. 95 ff.

54 St. Rspr.: EuGH, Rs. C-79/85 (*Segers*), Slg. 1986, 02375, Rn. 16 und Rs. C-212/97 (*Centros*), Slg. 1999, I-1459, Rn. 29.

55 Vgl. Rs. C-212/97 (*Centros*), Slg. 1999, I-1459, Rn. 27; EuGH, Rs. C-167/01 (*Inspire Art*), Slg. 2003, I-10155, Rn. 137 ff.

In der rechtsdogmatischen Aufbereitung der EuGH-Entscheidungen wird häufig die Schlussfolgerung gezogen, jede Anwendung inländischen Gesellschaftsrechts auf eine ausländische Gesellschaft sei eine Beschränkung der Niederlassungsfreiheit. Dabei wird jedoch nicht hinreichend beachtet, dass es dem Europäischen Gerichtshof in erster Linie um einen freien Marktzugang geht.[56] Die Leitentscheidungen *Centros*, *Überseering* und *Inspire Art* betrafen stets Maßnahmen, mit denen die Mitgliedstaaten bereits die Aufnahme einer inländischen Tätigkeit behindert haben. Wollte man dies mit der Freizügigkeit von natürlichen Personen vergleichen, käme es der Einführung einer Grenzkontrolle gleich, bei der alle Personen, die nicht bereits einen inländischen Gewerbeschein vorlegen können, am Grenzübertritt gehindert werden. Dass ein europäisches Gericht solche Maßnahmen im EU-Binnenmarkt nur höchst ausnahmsweise hinzunehmen bereit ist, kann nicht überraschen.

Anders verhält es sich bei nachgelagerten Schutzmaßnahmen. Wer ausländischen Staatsbürgern die freie Einreise und Aufnahme einer Tätigkeit gestattet, wird anschließend ohne weiteres seine inländischen Schutzregeln zur Anwendung bringen dürfen, wenn ganz konkrete Schutzinteressen des inländischen Rechtsverkehrs betroffen sind. Bei Gesellschaften, die gemäß Art. 54 AEUV den natürlichen Personen gleichgestellt sind, gilt nichts Anderes. Die Rechtsprechung des EuGH gestattet den Mitgliedstaaten durchaus, Maßnahmen zu ergreifen, die an einem bestimmten Fehlverhalten anlässlich der Tätigkeit ansetzen. Die Mitgliedstaaten müssen in einem solchen Fall nicht das Recht des Gründungsstaates zur Anwendung bringen, sondern können ihre eigenen Schutzregeln durchsetzen.[57]

Die bereits erwähnte *Cadbury Schweppes*-Entscheidung ist dafür ein Beispiel. Sie richtet sich nicht gegen die Briefkastengesellschaft also solche. Weder die Gründung noch die Tätigkeit der irländischen Briefkastengesellschaft wurden vom Gerichtshof in Frage gestellt. Dem Schutz der Niederlassungsfreiheit entzogen wurde lediglich der konkrete Versuch der englischen Muttergesellschaft, sich durch Vermögensverlagerung auf die irische Briefkastengesellschaft ihrer Steuerpflicht nach englischem Recht zu entledigen.

Andere Beispiele aus der europäischen Rechtsprechung beziehen sich auf den Gerichtsstand. So sind die Gerichte des Staates, in dem das Insolvenzverfahren eröffnet wurde, für die Entscheidung über eine Haftung des

56 Nähere Begründung hierzu bei *Teichmann*, ZGR 2011, 639, 646 ff.

57 Eingehend zur Reichweite des Gesellschaftstatuts gegenüber der Niederlassungsfreiheit *Teichmann*, ZGR 2017, 543, 562 ff.

GmbH-Geschäftsführers nach § 64 S. 1 GmbHG (Zahlungen nach Eintritt der Insolvenzreife) zuständig.[58] Für die im schwedischen Recht geregelte Haftung von Geschäftsleitern und Anteilseignern, die in pflichtwidriger Weise den Geschäftsbetrieb einer unterkapitalisierten Gesellschaft weitergeführt haben, befürwortet der Gerichtshof den Gerichtsstand der unerlaubten Handlung.[59] Zuständig sind also die Gerichte des Staates, in dem die schädigende Handlung vorgenommen worden ist oder sich das schädigende Ereignis ausgewirkt hat. Dies sei bei der fraglichen Haftung der Geschäftsleiter und Anteilseigner derjenige Ort, an dem sich der Geschäftsbetrieb der Gesellschaft befunden hat.[60]

Die soeben genannten Entscheidungen klären zwar vorerst nur die gerichtliche Zuständigkeit; darin liegt aber eine gewisse Präzedenzwirkung für die materiell-rechtliche Anknüpfung. Wenn der Gerichtshof die Klagen prozessual dem deliktischen oder insolvenzrechtlichen Gerichtsstand zuweist, spricht eine gewisse Wahrscheinlichkeit dafür, dass der betreffende Mitgliedstaat die Rechtsfrage auch materiell-rechtlich in zulässiger Weise am Delikts- oder Insolvenzstatut anknüpfen und damit auf den Ort der tatsächlichen Tätigkeit abstellen darf.[61] Dieser Ansatz findet seine Bestätigung in der *Kornhaas*-Entscheidung.[62] Dort wollte ein deutsches Gericht die Geschäftsführerin einer englischen Limited, deren Aktivität überwiegend oder sogar ausschließlich in Deutschland lag, der persönlichen Haftung nach § 64 S. 1 GmbHG unterwerfen, weil sie nach Eintritt der Insolvenzreife noch Zahlungen an Dritte geleistet hatte. Der EuGH sah darin keinen Verstoß gegen die Niederlassungsfreiheit. Inwieweit diese Überlegungen auch für eine eventuelle Anwendung der deutschen Mitbestimmungsregeln auf ausländische Gesellschaften tragen, soll nachfolgend ermittelt werden.

c) Rechtfertigungstest nach der „Gebhard-Formel"

Um den Mitgliedstaaten auch im dogmatischen Kontext des Beschränkungsverbots hinreichende Regelungsmöglichkeiten offenzuhalten, entwickelte der Europäische Gerichtshof schon vor längerer Zeit eine eigenständige ungeschriebene

58 EuGH, Rs. C-295/13 (*H*), ECLI: EU: C:2014:2410.

59 EuGH, Rs. C-147/12 (*ÖFAB*), ECLI: EU: C:2013:490, Rn. 42.

60 EuGH, Rs. C-147/12 (*ÖFAB*), ECLI: EU: C:2013:490, Rn. 54 f.

61 *Teichmann*, ZGR 2017, 543, 568.

62 EuGH, Rs. C-594/14 (*Kornhaas*), ECLI: EU: C:2015:806, besprochen beispielsweise bei *Kindler*, EuZW 2016, 136 ff. und *Schall*, ZIP 2016, 289 ff.

Rechtfertigungsmöglichkeit.[63] In der sog. *Gebhard*-Entscheidung[64] prägte er eine Formel, die mittlerweile auf alle Grundfreiheiten erstreckt wurde[65]: Demnach müssen nationale Maßnahmen, die die Ausübung der durch den Unionsvertrag garantierten Freiheiten in irgendeiner Weise behindern oder weniger attraktiv machen können, vier grundlegende Voraussetzungen erfüllen, um einer Überprüfung am Maßstab des unionsrechtlichen Primärrechts standzuhalten. Erforderlich dafür sind eine unterschiedslose, nicht diskriminierende Anwendung der nationalen Vorschriften, die Verfolgung zwingender Gründe des Allgemeinwohls, die generelle Geeignetheit der Regelungen zur Erreichung dieses vom Gesetzgeber in Aussicht genommenen legitimen Ziels sowie deren Erforderlichkeit im Sinne eines verhältnismäßigen[66] Ausgleichs zwischen dem Gewährleistungsgehalt der betroffenen Grundfreiheit und dem nationalen Regelungsinteresse. An diesem Prüfungsmaßstab müsste sich auch eine gesetzliche Regelung zur Mitbestimmungserstreckung messen lassen.[67]

aa) Anwendung nationalen Rechts in nicht-diskriminierender Weise

Eine gesetzliche Erstreckungsregelung müsste also in nicht-diskriminierender Weise die Mitbestimmung auf Auslandsgesellschaften übertragen. Dies dürfte unproblematisch sein, da – soweit ersichtlich – nicht beabsichtigt ist, gegenüber Auslandsgesellschaften ein strengeres Modell der Mitbestimmung anzuwenden als gegenüber deutschen. Die Unterwerfung der betreffenden ausländischen Unternehmen unter das Regime der deutschen Mitbestimmung würde formale Rechtsgleichheit überhaupt erst herstellen, so dass zumindest bei einer unterschiedslosen Einbeziehung keine Rede von einer nicht rechtfertigungsfähigen offenen Diskriminierung sein kann.[68]

---

63 Zur dogmatischen Einordnung als Rechtfertigungsgrund vgl. *Jarass*, EuR 2000, 705, 719 (m.w.N.)

64 Vgl. EuGH Rs. C-55/94 (*Gebhard*), Slg. 1995, I-4165, Rn. 37.

65 Für die Niederlassungsfreiheit von Gesellschaften siehe etwa EuGH, Rs. C-167/01 (*Inspire Art*), Slg. 2003, I-10195, Rn. 113.

66 Ausf. zur Verhältnismäßigkeitsprüfung: *Jarass*, EuR 2000, 705, 721 f. (m. w. N.)

67 Diesen Ausgangspunkt teilen, soweit ersichtlich, alle Autoren, die sich mit der Frage einer gesetzlichen Mitbestimmungserstreckung auf Auslandsgesellschaften befassen. Siehe etwa: *Weiss/Seifert*, ZGR 2009, 542, 548; *Behme*, ZIP 2008, 351, 355; *Eberspächer*, ZIP 2008, 1951, 1952; *Forsthoff*, Niederlassungsfreiheit für Gesellschaften, 2006, 181; *Thüsing*, ZIP 2004, 381, 384.

68 So insb. *Weiss/Seifert*, ZGR 2009, 542, 558 (m. w. N.), *Franzen*, RdA 2004, 257, 262, *Eidenmüller/Rehm*, ZGR 2004, 159, 184; einschränkend *Eberspächer*, ZIP 2008, 1951 1953.

bb) Zwingende Gründe des Allgemeininteresses

Zu prüfen ist in einem nächsten Schritt, ob sich die Erstreckung der Mitbestimmung mit zwingenden Gründen des Allgemeinwohls rechtfertigen lässt. Der Schutz der Arbeitnehmer gehört nach ständiger Rechtsprechung zu den zwingenden Gründen des Allgemeinwohls, die eine Beschränkung der Niederlassungsfreiheit rechtfertigen können.[69] Viele Autoren beziehen dies aber allein auf den Individualschutz und nicht die unternehmerische Mitbestimmung.[70] Die Mitbestimmung im Aufsichtsrat diene nicht dem Schutz der individuellen Arbeitnehmer, sondern orientiere sich am Unternehmensinteresse. Außerdem sei sie in Deutschland umstritten und werde zunehmend als Standortnachteil empfunden.[71] In kaum einem EU-Mitgliedstaat sei das Prinzip der Arbeitnehmermitbestimmung verfassungsrechtlich verankert, geschweige denn allgemein anerkannt und akzeptiert.[72]

Diese Auffassung verkennt allerdings den Sinngehalt des zwingenden Allgemeinwohlinteresses, wie ihn *Epinay* beispielhaft herausgearbeitet hat.[73] Es kommt nicht darauf an, dass ein Regelungsanliegen in der Mehrzahl der Mitgliedstaaten oder auf Unionsebene als zwingend angesehen wird. Denn es geht um nationale Maßnahmen in Bereichen, die der europäische Gesetzgeber nicht geregelt hat, in denen also die Regelungskompetenz weiterhin bei den Mitgliedstaaten liegt. Diese können nach der allgemeinen Kompetenzordnung des AEUV überall dort Regelungen treffen, wo die Europäische Union untätig bleibt. Das gilt jedenfalls für die sog. geteilte Zuständigkeit, zu der auch die kollektive Interessenwahrnehmung der Arbeitnehmerrechte gehört (Art. 153 Abs. 1 lit. f i.V.m. Art. 2 Abs. 2 AEUV).

Mithin greift der EuGH im Wege des Beschränkungsverbots in die fortbestehende mitgliedstaatliche Regelungshoheit ein.[74] Das ist insoweit berechtigt,

---

69 EuGH, Rs. C-208/00 (*Überseering*), Slg. 2002, I-9919, Rn. 92.

70 Vgl. *Behme*, ZIP 2008, 351, 356; *Eidenmüller*, ZIP 2002, 2233, 2242; *Veit/Wichert*, AG 2004, 14, 17; in diese Richtung auch *Ebke*, JZ 2003, 927, 931; *Junker*, ZfA 2005, 1, 10 ff., *Windbichler*, AG 2004, 190, 191.

71 *Veit/Wichert*, AG 2004, 14, 17 f.

72 *Behme*, ZIP 2008, 351, 356; *Eidenmüller*, ZIP 2002, 2233, 2242; *Veit/Wichert*, AG 2004, 14, 17; in diese Richtung auch *Ebke*, JZ 2003, 927, 931; *Junker*, ZfA 2005, 1, 10 ff., *Merkt*, ZIP 2011, 1235, 1240 sowie *Windbichler*, AG 2004, 190, 191.

73 *Epiney* in: FS Müller-Graff, 2015, S. 467 ff.

74 Zum Konflikt zwischen Grundfreiheiten und mitgliedstaatlicher Gestaltungshoheit *Teichmann*, Binnenmarktkonformes Gesellschaftsrecht, 2006, S. 126 ff. Die Überprüfung von Sekundärrecht am Maßstab der Grundfreiheiten ist eine andere, davon zu trennende Frage (*Teichmann* in: FS Scheuing, 2011, S. 735 ff.).

als er den Mitgliedstaaten dort Grenzen aufzeigt, wo ihre Regelungen gegen Grundsätze des Unionsrechts verstoßen. Die Ausgangsentscheidung, ob ein bestimmtes Gebiet überhaupt als regelungsbedürftig anzusehen ist, muss indessen den Mitgliedstaaten überlassen bleiben.[75] In der europarechtlichen Literatur wird daher zu Recht vertreten, dass die zwingenden Gründe des Allgemeinwohls weit zu fassen sind und im Grunde „beliebige Allgemeinwohlbelange verfolgt werden" können.[76] Daher scheitert die Rechtfertigungsprüfung auch nur sehr selten am Prüfungspunkt des zwingenden Allgemeinwohlinteresses. Zumeist sind das Fälle, in denen ein Mitgliedstaat für seine Maßnahme lediglich wirtschaftliche Gründe vorzuweisen hat;[77] denn hinter dieser Begründung verbergen sich regelmäßig protektionistische Maßnahmen. Alle übrigen Regelungsziele werden in aller Regel anerkannt.[78] Daher ist nicht anzunehmen, dass eine Regelung zur Arbeitnehmer-Mitbestimmung am Kriterium des zwingenden Allgemeinwohls scheitern könnte.[79]

Ergänzend ist darauf hinzuweisen, dass die Mitbestimmung durchaus ein Anliegen des Unionsrechts darstellt. Art. 153 Abs. 1 lit. f AEUV weist der Union eine Regelungskompetenz für die „kollektive Wahrnehmung der Arbeitnehmer- und Arbeitgeberinteressen, einschließlich der Mitbestimmung" zu. Damit ist die Mitbestimmung als unionsrechtliches Anliegen ausdrücklich benannt.[80] Dass der europäische Gesetzgeber dazu bislang nichts geregelt hat, begründet – wie soeben erläutert – gerade die Kompetenz der Mitgliedstaaten, eine eigene Regelung zu treffen. Zu bedenken sind außerdem die Richtlinien zur Europäischen Aktiengesellschaft (SE) und zur grenzüberschreitenden Verschmelzung. Diese favorisieren zwar kein bestimmtes Modell der Arbeitnehmerbeteiligung. Sie verfolgen aber ganz dezidiert das Ziel, die existierenden

---

75 *Epiney* (o. Fn. 73), S. 467, 469.

76 *Jarass*, EuR 1995, 202, 224; in diesem Sinne auch *Behrens*, EuR 1992, 145, 153, *Basedow*, RabelsZ 1995, 1, 24, *Teichmann* (o. Fn. 74), S. 138 ff.

77 EuGH, 15.04.2010, Rs. C-96/08 (*CIBA*), Slg. 2010, I-2911, Rn. 48; EuGH, 24.03.2011, Rs. C-400/08 (*Kommission/Spanien*), Slg. 2011, I-1915, Rn. 74.

78 Hierzu mit Nachw. aus der Rspr. Schwarze/*Schlag*, EU-Kommentar, 4. Aufl., 2019, Art. 49 AEUV Rn. 54.

79 Ebenso *Weiss/Seifert*, ZGR 2009, 542, 551 ff. (jeweils m. w. N.) (ausdr. S. 557) sowie *Borsutzky*, Unternehmensmitbestimmung bei grenzüberschreitender Sitzverlegung, 2014, S. 280 ff., *Kisker* (o. Fn. 30), S. 187 ff.; *Franzen*, RdA 2004, 257, 262; *Thüsing*, ZIP 2004, 381, 386; *Bayer*, AG 2004, 534, 537; *Eberspächer*, ZIP 2008, 1951, 1954; *Forsthoff* (o. Fn.), 181 ff.

80 Schwarze/*Rebhahn/Reiner*, EU-Kommentar, 4. Aufl., 2019, Art. 153 AEUV Rn. 52.

nationalen Mitbestimmungsmodelle gegen eine Aushöhlung durch internationale Sachverhalte zu schützen.[81] Ebendieses Regelungsanliegen würde der deutsche Gesetzgeber mit einem Gesetz verfolgen, das die in Deutschland tätige Belegschaft gegen Umgehungen der Mitbestimmung schützen will.

Man mag kritisch einwenden, der deutsche Gesetzgeber habe das hier relevante Allgemeinwohlinteresse nicht hinreichend konsequent im Rahmen eines einheitlichen Schutzkonzeptes umgesetzt.[82] Indessen sind die konkret geltenden Mitbestimmungsregeln immer auch das Ergebnis von rechtspolitischen Kompromissen. Einzelne Durchbrechnungen, wie etwa die Ausnahme für Personengesellschaften, lassen sich durchaus sachlich begründen. Der Gerichtshof hat überdies in der Entscheidung *Erzberger/TUI* deutlich werden lassen, dass er die nationale Regelungsautonomie im Bereich der Mitbestimmung respektiert.[83] Die dort streitige Begrenzung der Mitbestimmung auf im Inland tätige Arbeitnehmer verstoße nicht gegen Unionsrecht.

cc) Geeignetheit

Sieht man in der Mitwirkung der Arbeitnehmer an unternehmerischen Entscheidungsprozessen ein legitimes Regelungsziel, dürfte die Eignung der unternehmerischen Mitbestimmung keinen tiefgreifenden Zweifeln unterliegen.[84] Sie verschafft den Arbeitnehmern die Möglichkeit, in denjenigen Organen, die wichtige Weichen für das Unternehmenswohl stellen, ihre Auffassung zu Gehör zu bringen. Hinsichtlich der Geeignetheit einer nationalen Maßnahme gewährt der Gerichtshof den Mitgliedstaaten üblicherweise ein weites Ermessen. In der *Inspire Art*-Entscheidung wurde dieser Prüfungspunkt sogar übersprungen, weil der Gerichtshof seine Argumente wesentlich passender am Merkmal der Erforderlichkeit festmachen konnte.[85] Es ist daher unwahrscheinlich, dass eine Mitbestimmungserstreckung an diesem Punkt scheitern würde.

---

81 *Seifert* in: Schlachter/Heinig (Hrsg.), EnzEuR, Band 7, § 20 Rn. 11 (S. 766).

82 In diesem Sinne etwa *Eberspächer*, ZIP 2008, 1951, 1954; die punktuellen Durchbrechungen hält hingegen *Forsthoff* (o. Fn. 62), S. 194, nicht für ausreichend, um von inkonsequenter Zielverfolgung zu sprechen.

83 EuGH, Rs. 566/15 (*Erzberger/TUI*), ECLI: EU: C:2017:562. Vgl. die eingehende Würdigung bei *Seifert*, ZGR 2019, 702 ff. sowie monographisch *Schütt*, Die deutsche Unternehmensmitbestimmung – Reformdruck aus Europa?, 2017.

84 Vgl. *Weiss/Seifert*, ZGR 2009, 542, 562 f. (m. w. N.); *Eidenmüller/Rehm*, ZGR 2004, 159, 185.

85 In EuGH, Rs. C-167/01 (*Inspire Art*), Slg. 2003, I-10195, Rn. 135, wendet sich der EuGH „ohne weitere Prüfung, ob die Vorschriften über das Mindestkapital als solche einen geeigneten Schutzmechanismus bilden" unmittelbar der Erforderlichkeit zu.

dd) Erforderlichkeit

Die größte Hürde für die Rechtfertigung nationaler Maßnahmen liegt stets in der Erforderlichkeit. Die *Inspire Art*-Entscheidung zeigt dies besonders deutlich: Das in den Niederlanden geltende Mindestkapital scheiterte deshalb am Merkmal der Erforderlichkeit, weil es nach Auffassung des Europäischen Gerichtshofes ein milderes Mittel gab. Die Gläubiger einer ausländischen Gesellschaft seien bereits auf Basis der sekundärrechtlichen Publizitätsregeln hinreichend geschützt, weil diese ihnen die nötigen Informationen liefern, um sich gegebenenfalls selbst vor dem Risiko eines Forderungsausfalls zu schützen.[86]

Dies nehmen zahlreiche Autoren zum Anlass, in Bezug auf die Mitbestimmung gleichfalls auf weniger einschneidende Alternativlösungen zu verweisen. So liege in der betrieblichen Mitbestimmung ein milderes, den Arbeitnehmerschutz aber dennoch hinreichend gewährendes Mittel.[87] Alternativ wird noch die Verlagerung der unternehmerischen Mitbestimmung in einen sog. Konsultationsrat als gesetzgeberische Option genannt.[88] Dieses Gremium wäre gerade für monistisch organisierte ausländische Gesellschaften weniger belastend, da die gesellschaftsrechtliche Unternehmensverfassung davon nicht betroffen sei. Der Verweis auf ein milderes Mittel, das möglicherweise in seiner Wirksamkeit hinter dem existierenden nationalen Modell zurückbleibe, sei von der europäischen Dogmatik der Erforderlichkeit gedeckt. Der EuGH bevorzuge mitunter statt einer gleichen Wirksamkeit auch eine etwas geringere, aber dennoch hinreichend effektive Realisierung des angestrebten Schutzziels, wenn hierdurch ein sachgerechter Interessenausgleich erreicht werden könne.[89]

Dieser Argumentation ist grundsätzlich entgegenzuhalten, dass sich betriebliche und unternehmerische Mitbestimmung in Regelungsziel und Funktionsweise deutlich voneinander unterscheiden. Sie ergänzen einander

---

86 EuGH, Rs. C-167/01 (*Inspire Art*), Slg. 2003, I-10195, Rn. 135: Die „potenziellen Gläubiger sind hinreichend darüber unterrichtet, dass sie anderen Rechtsvorschriften (...) unterliegt (...)“

87 So etwa *Müller-Bonanni*, GmbHR 2003, 1235, 1238; *Eidenmüller/Rehm*, ZGR 2004, 159, 185.

88 Vgl. hierzu *Eberspächer*, ZIP 2008, 1951, 1952, unter Hinweis auf: Vorschlag des Berliner Netzwerks Corporate Governance, AG 2004, 200 f.

89 Differenzierend zum Erforderlichkeitskriterium insb. *Eberspächer*, ZIP 2008, 1951, 1954 f. (m. w. N.); EuGH, Rs. C-49/98 (*Finalarte*), Slg. 2001, I-7831, Rn. 45, verlangt, dass die Maßnahme bei geringerer Eingriffsintensität einen zumindest „im Wesentlichen gleichen Schutz“ verspricht.

zu einem konsistenten Schutzkonzept des institutionalisierten Arbeitnehmerschutzes und können nicht isoliert voneinander betrachtet und als funktional austauschbar angesehen werden.[90] Das gilt im Übrigen für andere Rechtssysteme in gleicher Weise.[91] Im deutschen Recht bezieht sich das betriebsverfassungsrechtliche Mitspracherecht auf andere Bereiche als die unternehmerische Mitbestimmung. Die Kompetenzen des Aufsichtsrates, an denen die Arbeitnehmervertreter partizipieren (insb. Personalhoheit gegenüber dem Vorstand, Überwachung der Rechnungslegung, Zustimmungsvorbehalte in unternehmerischen Belangen), finden im System der Betriebsverfassung keine hinreichende Entsprechung. Auch das Modell des Konsultationsrates bietet keine vergleichbaren Mitspracherechte. Sie würden vielmehr ersatzlos entfallen, wenn man die Mitbestimmung zu Gunsten der Betriebsverfassung opfern wollte. Betriebsverfassung und unternehmerische Mitbestimmung sind als komplementäre Systembausteine zu begreifen, deren einer nicht gegen den anderen ausgespielt werden kann.

Daraus leiten einige Autoren wiederum ab, die unternehmerische Mitbestimmung müsse gewissermaßen „eins zu eins" auf ausländische Gesellschaften erstreckt werden. Denn alle alternativ diskutierten Lösungsmöglichkeiten ließen das Schutzniveau spürbar absinken.[92] Dabei wird implizit angenommen, dass auf der Suche nach dem milderen Mittel immer nur gleich wirksame Mittel verglichen werden dürften.[93] In Übereinstimmung mit den oben bereits genannten Stimmen ist allerdings festzuhalten, dass der Europäische Gerichtshof einem anderen Verständnis von Erforderlichkeit folgt. Er verweist die Mitgliedstaaten mitunter auf eine geringere, aber dennoch hinreichend effektive Realisierung des angestrebten Schutzziels, wenn der gegenläufige Sinngehalt der EU-Grundfreiheit dadurch besser zur Entfaltung gebracht werden kann.[94]

---

90 Dieses Fazit ziehen nach ausführlicher Diskussion *Weiss/Seifert*, ZGR 2009, 542, 567; vgl. auch *Bayer*, AG 2004, 534, 538, *Borsutzky* (o. Fn. NOTEREF _Ref51858886 \h 74), S. 285, *Franzen*, RdA 2004, 257, 263; *Kisker* (o. Fn.), S. 195 f.; *Thüsing*, ZIP 2004, 381, 387.

91 Vgl. den Beitrag von *Seifert* in diesem Band für das System der kollektiven Interessenvertretung in Frankreich (S. 42 ff.) und Luxemburg (S. 68 ff.).

92 Eingehend und m. w. N. *Weiss/Seifert*, ZGR 2009, 542, 563 ff., ebenso im Ergebnis *Borsutzky* (o. Fn. 79), S. 285.

93 So wird die „Erforderlichkeit" im deutschen Verfassungsrecht verstanden (siehe nur *Grzeszick* in: Maunz/Dürig, Grundgesetz-Kommentar, 90. EL, 2020, Art. 20, VII, Rn. 113 ff.).

94 Ausführlich *Teichmann* (o. Fn. 74), S. 143 ff.; differenzierend auch *Eberspächer*, ZIP 2008, 1951, 1954 f. (m. w. N.).

Dieses Verständnis lässt sich an der *Inspire Art*-Entscheidung illustieren. Der EuGH verwirft dort das gesetzliche Mindestkapital mit dem Argument, die Gläubiger könnten durch Information über die Rechtsform und die Vermögensverhältnisse der Gesellschaft geschützt werden.[95] Er nimmt damit sehenden Auges ein geringeres Schutzniveau in Kauf. Denn selbstredend können Gläubiger auch im System des gesetzlichen Mindestkapitals die rechtlich verfügbaren Informationen nutzen und sich auf diese Weise selbst schützen. Das Mindestkapital ist ein zusätzlicher Schutz, der im Gründungsstadium eine gewisse Vorfeldwirkung entfaltet und im Kontext der Ausschüttungssperre einen zusätzlichen Puffer schafft.[96] Wenn der EuGH dies verwirft, versteht er die Erforderlichkeit im Bereich der Grundfreiheiten so, dass bisweilen eine geringere Schutzintensität hingenommen werden muss, sofern es eine Alternative gibt, die dem Gedanken des freien Marktzugangs deutlich besser gerecht wird. Daher kann die Mitbestimmung nicht unverändert auf Auslandsgesellschaften erstreckt werden, solange es eine annähernd gleich effektive Maßnahme gibt, die einen spürbar geringeren Eingriff bedeutet. Als solche kommt namentlich die Verhandlungslösung in Betracht (vgl. *unten III.*).

ee) Gleichwertige Schutzmechanismen des ausländischen Rechts

Der Grundfreiheitendogmatik liegt die Überlegung zu Grunde, dass die Mitgliedstaaten das Schutzniveau anderer Staaten grundsätzlich als gleichwertig respektieren und nicht ohne Not eigene Schutzmechanismen aufsatteln sollen.[97] Für den Bereich der Mitbestimmung lässt sich darauf hinweisen, dass andere Staaten teilweise eigene Mechanismen kennen, mit deren Hilfe die Arbeitnehmer ihre Interessen durchsetzen können.[98] So manche ausländische Rechtsordnung kompensiert das Fehlen von Mitbestimmung durch ein extensives Streikrecht oder durch weitreichende Einflussmöglichkeiten der Betriebsräte. Allerdings knüpfen diese Rechtsgebiete am Arbeitsort an,[99] weshalb sie in den hier interessierenden Fällen einer überwiegend in Deutschland tätigen Belegschaft gerade nicht greifen.

---

95 EuGH, Rs. C-167/01 (*Inspire Art*), Slg. 2003, I-10195, Rn. 135.

96 Zur Funktion des Stammkapitals etwa *Drygala*, ZGR 2006, 587 ff.

97 Dieser Gedanke wird häufig als „Herkunftslandsprinzip" bezeichnet (*Teichmann* (o. Fn. 74), S. 120 ff. m. w. N.).

98 Dazu etwa *Weiss/Seifert*, ZGR 2009, 542, 569–572, *Franzen*, RdA 2004, 257, 262, *Kisker* (o. Fn. 30), S. 200, *Eberspächer*, ZIP 2008, 1951, 1955.

99 Siehe nur *Riesenhuber*, Europäisches Arbeitsrecht, 2009, § 5 Rn. 7 ff. (S. 128 ff.) und § 5 Rn. 34 ff. (S. 137 ff.) sowie *Merkt*, ZIP 2011, 1237, 1238.

Der Verweis auf vergleichbare Schutzstandards trägt daher nur dann, wenn im Ausland gesellschaftsrechtlich anzuknüpfende Mitbestimmungsrechte existieren. Beispiele dafür finden sich in Österreich und in den skandinavischen Staaten[100], auch Frankreich und Luxemburg kennen mitbestimmungsrechtliche Varianten[101]. In derartigen Fällen könnte in der Tat ein Schutzbedürfnis entfallen. Dies setzt allerdings voraus, dass die ausländische Rechtsordnung die überwiegend in Deutschland ansässige Belegschaft an der Mitbestimmung teilhaben lässt. Derartige grenzüberschreitende Bezugnahmen sind selten.[102]

Selbst wenn das ausländische Gesellschaftsrecht eine dem deutschen Recht vergleichbare Form der Mitbestimmung anbietet, stößt der Systemvergleich bei einer klassischen Briefkastengesellschaft an seine Grenzen. Denn die realen Einflussmöglichkeiten der Arbeitnehmer ergeben sich stets aus dem Zusammenspiel verschiedener Instrumente, insbesondere der Mitbestimmung im Unternehmensorgan und der betriebsverfassungsrechtlichen Mitspracherechte. Eine ausländische Gesellschaft mit alleiniger Tätigkeit in Deutschland verlässt zumindest im Betriebsverfassungsrecht den systematischen Kontext der Heimatrechtsordnung. Soweit das Mitbestimmungssystem eng mit dem Betriebsverfassungsrecht verzahnt ist, wofür Frankreich ein anschauliches Beispiel gibt[103], geht der Systemvergleich nicht mehr auf[104]. Ungeachtet der theoretisch denkbaren Möglichkeit ist daher rechtspraktisch kaum ein Fall denkbar, in dem das Defizit an Mitbestimmung durch Anwendung des ausländischen Rechts ausgeglichen werden könnte. Im Regelfall wird daher selbst die Existenz eventueller Schutzmechanismen des ausländischen Rechts der Erstreckung der deutschen Mitbestimmung nicht entgegenstehen.

III. Gestaltungselemente einer Mitbestimmungserstreckung

Bevor über den konkreten Inhalt eines Mitbestimmungserstreckungsgesetzes gesprochen werden kann (*unter 2.*), ist dessen kollisionsrechtliche Entkoppelung vom Gesellschaftsstatut zu erörtern (*unter 1.*). Zuletzt sollen die Eckpunkte

---

100 Vgl. die rechtsvergleichende Übersicht in Baums/Ulmer (Hrsg.), Unternehmens-Mitbestimmung der Arbeitnehmer im Recht der EU-Mitgliedstaaten, ZHR-Beiheft 72, 2004. Zur Mitbestimmung in Österreich *Kalss*/Nowotny/Schauer, Österreichisches Gesellschaftsrecht, 2008, Rn. 3/507 ff. (S. 732 f.).

101 Dazu *Seifert*, in diesem Band, S. 39 ff.

102 Siehe nur *Schütt* (o. Fn. 78), S. 88 (m. w. N.).

103 Hierzu *Seifert*, in diesem Band, S. 61 ff.

104 Vgl. zu diesem Problem *Weiss/Seifert*, ZGR 2009, 542, 572.

einer Erstreckungsregelung behandelt werden, die auf Mitbestimmungsverhandlungen setzt (*unter* 3.).

1. Kollisionsrecht: Entkoppelung von Mitbestimmung und Gesellschaftsrecht

Will man Elemente der deutschen Mitbestimmung auf eine Gesellschaft ausländischen Rechts anwenden, muss die Mitbestimmung kollisionsrechtlich vom Gesellschaftsstatut gelöst und separat angeknüpft werden. Mit welcher kollisionsrechtlichen Theorie dies zu leisten wäre oder ob es sich dabei um eine grundsätzlich neue Art der Anknüpfung handelte, soll hier offen bleiben.[105] Nähere Betrachtung verdient stattdessen der konkrete Anknüpfungspunkt, den der deutsche Gesetzgeber sinnvollerweise wählen sollte.

Denkbar wäre eine Anknüpfung am *Verwaltungssitz* der Gesellschaft.[106] Im Sinne der Sitztheorie ist dies der Ort, an dem die unternehmerischen Entscheidungen fallen.[107] Gerade an diesen Entscheidungen sollen die Arbeitnehmer im Wege der Mitbestimmung beteiligt werden. Der Nachteil einer solchen Anknüpfung liegt in der Schwierigkeit, den konkreten Verwaltungssitz festzustellen. Dabei fallen die allgemeinen Bedenken, im elektronischen Zeitalter könne man bei manchen Unternehmen einen Verwaltungssitz überhaupt nicht mehr feststellen,[108] hier rechtspraktisch weniger ins Gewicht. Denn es geht angesichts der mitbestimmungsrechtlichen Schwellenwerte um Gesellschaften, die 500 oder mehr Arbeitnehmer beschäftigen. In diesen Größenordnungen dürfte zumeist ein Ort ermittelbar sein, der schon aus Gründen der regelmäßig erwünschten Sichtbarkeit am Markt als „Unternehmenszentrale" erkennbar ist.

Gegen die Eignung des Verwaltungssitzes für die Zwecke der Mitbestimmungserstreckung spricht allerdings, dass es gerade um Unternehmen geht, die typischerweise einen transnational-hybriden Charakter aufweisen. Die Gesellschaftsgründung fand im Ausland statt, die unternehmerische Tätigkeit und die damit verbundenen Arbeitnehmer sind jedoch überwiegend im Inland

---

105 Vgl. den Überblick bei *Weller* (o. Fn. 6), S. 1275, 1285 ff., sowie eingehend *Borsutzky* (o. Fn. 74), S. 205 ff., der nach Durchsicht vielfältiger Ansätze (eingeschränkte Gründungstheorie, Überlagerungstheorie, Differenzierungslehre etc.) zu einer eigenen „gestuften Anknüpfung" gelangt.

106 So *Borsutzky* (o. Fn. 74), S. 245 ff.; vergleichbar *Hommelhoff/Krause/Teichmann*, GmbHR 2008, 1193, 1200 f., zur Mitbestimmung in der Europa-GmbH (SPE).

107 Vgl. BGHZ 97, 269, 272.

108 Vgl. hierzu MüKo-GmbHG/*Weller*, 3. Aufl., 2018, Einl., Rn. 322.

anzutreffen. In derartigen Konstellationen würde die Anknüpfung am Verwaltungssitz eher zufällige Ergebnisse zeitigen und wäre zudem von der Unternehmensleitung allzu leicht manipulierbar, indem man die Geschäftsleitung auf der einen Seite der Grenze und die Belegschaft auf der anderen ansiedeln würde.

Vorzugswürdig erscheint daher eine Anknüpfung am *Arbeitsort* der Belegschaft. Dies aus zweierlei Gründen: Erstens folgt die Legitimation dafür, dass der deutsche Gesetzgeber einer ausländischen Gesellschaft seine Vorstellungen von Arbeitnehmerrepräsentanz aufzwingt, nicht aus der geographischen Lage des Verwaltungssitzes, sondern aus der Tatsache, dass innerhalb Deutschlands 500 oder mehr Arbeitnehmer von den Entscheidungen betroffen sind. Zweitens lässt sich der Arbeitsort der Belegschaft zumeist leichter feststellen als der Verwaltungssitz. Selbst dort, wo dies einmal nicht der Fall sein sollte, führt an der Klärung des Arbeitsortes ohnehin kein Weg vorbei, weil das individualschützende Arbeitsrecht daran anknüpft.[109] Die Mitbestimmungserstreckung würde keine zusätzlichen Komplikationen schaffen; sie könnte an dem Befund anknüpfen, der für das individuelle Arbeitsrecht (und für das Betriebsverfassungsrecht) ohnehin getroffen werden muss.

Der Frage, ob in Deutschland auch die *Mehrheit* der Arbeitnehmer beschäftigt ist, sollte bei der kollisionsrechtlichen Anknüpfung noch keine Bedeutung beigemessen werden.[110] Denn die Tatsache, dass auch in anderen Staaten Arbeitnehmer beschäftigt sind, erlaubt keine unmittelbare Aussage darüber, ob der Geltungsanspruch des deutschen Mitbestimmungsstatuts deshalb zurücktreten kann. Welches Mitbestimmungsstatut angemessen ist, hängt nicht zuletzt davon ab, in welchen anderen Staaten weitere Arbeitnehmer beschäftigt sind und ob es dort eventuell vergleichbare Mitbestimmungssysteme gibt. Diese Feinabstimmung der Interessenlage von Belegschaften aus unterschiedlichen Staaten kann nicht über eine IPR-Regel getroffen werden, sondern muss in der materiell-rechtlich anwendbaren Mitbestimmungsregelung geleistet werden, insbesondere indem diese eine maßgeschneiderte Mitbestimmungsvereinbarung ermöglicht.

2. Mitbestimmungserstreckung durch Verhandlungslösung

Gelangt deutsches Recht nach Maßgabe der zuvor erörterten Anknüpfungsmethode zur Anwendung, muss es so ausgestaltet werden, dass es dem

---

109 Vgl. Art. 8 VO (EG) Nr. 593/2008 („Rom-I-VO“).

110 Anders *Borsutzky* (o. Fn. 79), S. 247 ff., der für eine gestufte Anknüpfung an Verwaltungssitz und mehrheitlich deutscher Belegschaft eintritt.

Prüfungsmaßstab der Niederlassungsfreiheit standhält. Im Lichte dessen kommt eine schematische Erstreckung von Drittelbeteiligungs- und Mitbestimmungsgesetz in ihrer heutigen Fassung kaum in Betracht. Eine undifferenzierte Übertragung des deutschen Modells ließe die nötige Rücksicht auf die Besonderheiten des ausländischen Gesellschaftsrechts vermissen, das auf Basis der Gründungstheorie weiterhin berücksichtigt werden muss.[111]

Die Erstreckung der Mitbestimmungsregelungen in ihrer heutigen Gestalt ist schon deshalb nicht erforderlich,[112] weil die Verhandlungslösung bei vergleichbarer Eignung als milderes Mittel anzusehen ist. Das Verhandlungsmodell, wie es für SE und grenzüberschreitende Verschmelzung bereits praktiziert wird, mag schwerfällig und kostspielig sein. Es wurde aber genau für solche Sachverhalte geschaffen, bei denen verschiedene Rechtsordnungen und -kulturen aufeinandertreffen. Deutschland hat dieser Lösung seinerzeit auf europäischer Ebene zugestimmt, wird also kaum überzeugende Gründe dafür finden, dass sie für Auslandsgesellschaften auf deutschem Boden nicht passen soll. Der denkbare Hinweis, die Verhandlungslösung habe im Praxistest gewisse Funktionsdefizite gezeigt, wäre jedenfalls kein Argument; denn bei einer national zu konzipierenden Verhandlungslösung hätte man es in der Hand, dies zu korrigieren.

Nicht ohne Grund sehen daher viele Stellungnahmen in der Verhandlungslösung das Mittel der Wahl.[113] In diesem Rahmen könnte die ausländische Gesellschaft mit ihrer Belegschaft ein Modell aushandeln, das sich in die nach ihrem Gründungsrecht maßgebliche Unternehmensverfassung funktionsäquivalent einfügt. Das gilt erst recht in komplexen und womöglich grenzüberschreitenden Konzernstrukturen.[114] Allein die Option eines grenzüberschreitend vereinbarten Interessenausgleiches vermag es auch zu rechtfertigen, dass auf der kollisionsrechtlichen Ebene nur auf die Zahl der in Deutschland tätigen Arbeitnehmer abgestellt wurde.[115] Denn die Interessen der ausländischen Belegschaft

---

111 Dazu oben Fn. 45.

112 Gemeint ist hier Erforderlichkeit im unionsrechtlichen Sinne, wie oben Gliederungspunkt II. 2. c) dd) erläutert.

113 *Bayer*, AG 2004, 534, 538; *Eidenmüller*, JZ 2004, 24, 29; *Eberspächer*, ZIP 2008, 1951, 1957; *Habersack*, ZHR 171 (2007), 613, 643; *Kisker* (o. Fn. 30), S. 200 f.; *Thüsing*, ZIP 2004, 381, 387 f.

114 Hierzu eingehend *Veil*, Beilage zu ZIP 48/2009, S. 26 ff. sowie monographisch *Ludwig*, Mitbestimmung im europäischen Konzern, 2014.

115 Vgl. oben III. 1.

können nun bei der konkreten Ausgestaltung des Verhandlungsverfahrens Berücksichtigung finden.

Der Einwand, die Verhandlungslösung sei als Instrument zur Sicherung der deutschen Mitbestimmung weniger effektiv als die Erstreckung der Regelungen des DrittelbetG und des MitbestG,[116] verkennt den spezifischen Maßstab der Niederlassungsfreiheit.[117] Im Übrigen ist schon die Prämisse fragwürdig, wonach es eine effektive Lösung sei, ausländischen Gesellschaften das Korsett der deutschen Mitbestimmung überzustülpen. Aus der rechtsvergleichenden Literatur ist bekannt, dass „legal transplants" häufig erhebliche Effizienzverluste erleiden, wenn sie aus ihrem angestammten Regelungsumfeld in andere Rechtsordnungen übertragen werden.[118] Im Einzelfall ist daher mit deutlichen Reibungsverlusten zu rechnen, wenn das für deutsche Aktiengesellschaften geschaffene Regelungsmuster in einem Umfeld zur Anwendung gelangt, das gänzlich andere Funktionsbedingungen aufweist. Die Verhandlungslösung bietet insoweit das Potenzial, am Ende sogar effizientere Strukturen zu schaffen als es bei einer gesetzlich modellierten Vorgabe möglich wäre, die auf die Besonderheiten des weiterhin anwendbaren ausländischen Gesellschaftsrechts keine Rücksicht nimmt.

3. Eckpunkte einer Verhandlungslösung

Folgende Eckpunkte wären bei einer spezifisch für Auslandsgesellschaften konzipierten Verhandlungslösung zu bedenken: Der Anwendungsbereich einer solchen Regelung (*unter a*), die Bestimmung der konkreten Verhandlungspartner (*unter b*), der rechtliche Rahmen für den Vereinbarungsinhalt (*unter c*) und die Auffanglösung, die bei einem Scheitern der Verhandlungen greifen soll (*unter d*). Dabei kann auf verdienstvolle Vorarbeiten zurückgegriffen werden. Zu nennen sind namentlich das Gutachten von *Raiser* zum 66. Deutschen Juristentag[119] und der ausformulierte Gesetzesvorschlag des Arbeitskreises „Unternehmerische Mitbestimmung".[120]

---

116 So namentlich *Weiss/Seifert*, ZGR 2009, 542, 574.

117 Dazu bereits oben II. 2. b) cc).

118 Siehe hierzu den instruktiven Überblick bei *Deipenbrock*, ZVglRWiss 2008, 343 ff.

119 *Raiser*, Unternehmensmitbestimmung vor dem Hintergrund europarechtlicher Entwicklungen, Gutachten B, 66. DJT, Stuttgart, 2006.

120 Entwurf einer Regelung zur Mitbestimmungsvereinbarung sowie zur Größe des mitbestimmten Aufsichtsrats, ZIP 2009, 885–899. Vgl. dazu die Beiträge in: Auslaufmodell AG? Reform der unternehmerischen Mitbestimmung, ZIP 2009, Beilage zu Heft 48 sowie *Hommelhoff*, ZGR 2010, 48–74.

a) *Anwendungsbereich*

Der Arbeitskreis „Unternehmerische Mitbestimmung" schlägt eine Gesetzesänderung vor, die Verhandlungen zum Abschluss einer Mitbestimmungsvereinbarung ermöglichen soll. Als rechtspolitischer Anlass wird die *unter I.* beschriebene internationale Entwicklung genannt.[121] Allerdings will der Arbeitskreis dieses Defizit nicht vollständig beheben. Er bietet zwar deutschen paritätisch mitbestimmten Gesellschaften die Modifikationen, die heute schon bei einer Umwandlung in die SE bestehen (insb. Verkleinerung des Aufsichtsrates und Erstreckung der Vereinbarung auf Betriebe und abhängige Unternehmen im Ausland)[122]. Das ist durchaus zu begrüßen. Denn diejeingen, die sich für eine Rechtsform des deutschen Rechts entschieden haben, sollten dafür nicht dadurch bestraft werden, dass ihnen Gestaltungsmöglichkeiten vorenthalten bleiben, die andernfalls nur durch das Ausweichen auf die SE zu haben wären.

Gesellschaften ausländischer Rechtsform will der Arbeitskreis jedoch nicht regeln. Damit bleibt er auf halbem Wege stehen. Denn die von ihm beklagte „Flucht aus der AG"[123] führt nun einmal häufig in ausländische Rechtsformen. Wenn man diese nicht in den Anwendungsbereich der Verhandlungslösung einbezieht, wird gerade für diejenigen Unternehmen, die mit der deutschen Mitbestimmung generell unzufrieden sind, der Weg in die ausländische Rechtsform weiterhin attraktiv bleiben.[124] Die Verhandlungslösung muss daher auch für ausländische Kapitalgesellschaften gelten, die in Deutschland mehr als 500 Arbeitnehmer beschäftigen und damit die mitbestimmungsrechtliche Schwelle zur Drittelbeteiligung überschreiten.

b) *Verhandlungspartner*

Die Regelung von Verhandlungen, die es bislang so im deutschen Recht nicht gibt, wirft die Frage auf, wer die Verhandlungen führen soll. Verhandlungsgegenstand ist eine Mitwirkung der Arbeitnehmer an der internen Willensbildung

121 AK „Unternehmerische Mitbestimmung", ZIP 2009, 885.

122 §§ 33a/b MitbestG-E, ZIP 2009, 885, 887; *Habersack*, Beilage zu ZIP 48/2009, S. 1, 2.

123 So der einleitende Vorspann, ZIP 2009, 885.

124 Für eine Einbeziehung ausländischer Rechtsformen auch *Hommelhoff*, ZGR 2010, 48, 55. Inkonsequent erscheint insoweit die gewerkschaftliche Position, die einerseits ausländische Gesellschaften und im Ausland tätige Arbeitnehmer einbeziehen will, letzteren aber keine echte Mitsprache bei Ausgestaltung der Mitbestimmung gewähren will (sie seien „nicht legitimiert, das Mitbestimmungsrecht deutscher Kapitalgesellschaften abzuändern", so *Hexel*, Beilage zu ZIP 48/2009, S. 36, 37).

der Gesellschaft. Betroffen sind also einerseits die Anteilseigner, deren Entscheidungsgewalt eingeschränkt wird, und andererseits die Arbeitnehmer, deren Einfluss ausgedehnt wird. Auf beiden Seiten handelt es sich regelmäßig um heterogen zusammengesetzte, große Personengruppen, die strukturell nicht in der Lage sind, komplizierte Verhandlungen zu führen. Es bedarf daher jeweils eines geeigneten Verhandlungsführers.

Der Arbeitskreis „Unternehmerische Mitbestimmung" unterbreitet folgenden Vorschlag: Für das Unternehmen führt das Vertretungsorgan die Verhandlungen; die abgeschlossene Vereinbarung bedarf anschließend der Zustimmung der Anteilseigner mit satzungsändernder Mehrheit.[125] Damit klärt der Vorschlag die zur SE aufgeworfene Legitimationsfrage.[126] Eine Vereinbarung, die in die Unternehmensverfassung eingreift, kann nicht alleine vom Vertretungsorgan abgeschlossen werden; sie bedarf einer Billigung durch die Anteilseigner. Dies gilt jedenfalls für das deutsche Rechtsverständnis. In Bezug auf Rechtsformen anderer Staaten wird man sich damit begnügen können, dem Geschäftsführungs- und Vertretungsorgan Abschlussvollmacht zu gewähren. Ob die Anteilseigner intern zustimmen müssen, wäre eine Angelegenheit, die nach ausländischem Gesellschaftsrecht zu beantworten ist.

Für die Arbeitnehmer soll ein Besonderes Verhandlungsgremium (BVG) gebildet werden, wie es bereits in SEBG und MgVG vorgesehen ist.[127] Der Arbeitskreis bindet also nicht die bestehenden Organe der Betriebsverfassung ein, sondern plädiert für ein eigens zu konstituierendes Gremium, weil allein dieses auch die im Ausland tätigen Arbeitnehmer repräsentieren könne.[128] Das verdient im Grundsatz Zustimmung.[129] Als regelungstechnisch einfacher zu realisierende Alternative wäre die Einbindung des Europäischen Betriebsrats denkbar; damit könnte insbesondere das Territorialitätsproblem gelöst werden, das einem Ausgreifen des deutschen Gesetzgebers auf ausländische

---

125 § 33a Abs. 1 i.V.m. Abs. 4 MitbestG-E, ZIP 2009, 885, 887. Ebenso *Raiser* (o. Fn. 119), S. B 69.

126 *Kiem*, ZHR 171 (2007), 713 ff.; *Teichmann*, AG 2008, 798, 805–808; grundsätzlich zustimmend *Hanau*, Beilage zu ZIP 48/2009, S. 6, der allerdings nicht in jedem Fall eine Zustimmung für geboten hält. Vgl. auch *Hommelhoff*, in diesem Band, S. 18.

127 §§ 33c-33h MitbestG-E, ZIP 2009, 885, 888 f. Eingehend *Jacobs*, Beilage zu ZIP 48/2009, S. 18 ff.

128 Begr. zu § 33a bis § 33o MitbestG-E, ZIP 2009, 885, 892. Für eine Mitwirkung der ausländischen Arbeitnehmer bei Mitbestimmungsverhandlungen auch *Hommelhoff*, in diesem Band, S. 10.

129 So auch *Raiser* (o. Fn. 119), S. B 70; ebenso *Hommelhoff*, in diesem Band, S. 16.

Sachverhalte entgegensteht.[130] Eine differenzierte Lösung könnte vorsehen, dass die inländische Belegschaft nach Maßgabe der SEBG-Regelung Delegierte entsendet und die ausländische Belegschaft nur dann zu beteiligen ist, wenn es einen Europäischen Betriebsrat gibt. Denn dieser ist erst dann zu bilden, wenn das Unternehmen auf Arbeitnehmerseite eine europäische Dimension erlangt hat.[131]

Anders als auf Anteilseignerseite schlägt der Arbeitskreis keine Abstimmung der Belegschaft über die konkret abgeschlossene Vereinbarung vor. Offenbar sieht er das BVG als hinlänglich legitimiert an, die Vereinbarung stellvertretend für die Belegschaft abzuschließen. Der Repräsentativität dienen dabei auch besondere Beschlussmehrheiten, die insbesondere bei Mitbestimmungsminderungen zu beachten wären.[132] Bedenkt man allerdings, dass im Wege der Nominierung durch die Betriebsverfassungsorgane häufig genau diejenigen Personen im BVG sitzen, die später auch als Aufsichtsratsmitglieder in Betracht kommen, lässt sich ein vergleichbarer Interessenkonflikt, wie er auf Seiten der Gesellschaft bei einem Aushandeln der Vereinbarung durch den Vorstand besteht, nicht ganz von der Hand weisen. Die Notwendigkeit, das Endergebnis der Verhandlungen einer Urabstimmung in der Belegschaft zu unterwerfen, könnte durchaus disziplinierende Wirkung auf die Verhandlungsführer im BVG entfalten. Ob dieser zusätzliche Legitimationseffekt den nicht unerheblichen Aufwand einer Urabstimmung rechtfertigt, mag man allerdings bezweifeln.[133]

Geht man davon aus, dass das BVG bereits hinreichend repräsentativ zusammengesetzt und dadurch legitimiert sei, die Interessen der Belegschaft abzubilden, wäre eine Korrektur in entgegengesetzter Richtung angezeigt.[134] Das BVG kann gerade wegen seiner Funktion, verschiedene Personengruppen im In- und Ausland zu repräsentieren, eine Größe erreichen, die keine sinnvolle

---

130 Dazu bereits *Teichmann*, Beilage zu ZIP 48/2009, S. 10, 13 ff.

131 Das Unternehmen muss mindestens 1.000 Arbeitnehmer beschäftigen, von denen jeweils mindestens 150 in mindestens zwei Mitgliedstaaten beschäftigt sein müssen (§ 3 Abs. 1 EBR-Gesetz). Problematisch bleiben Fälle, in denen es keinen EBR gibt, weil ein anderes Verfahren der Unterrichtung und Anhörung vereinbart wurde (*Fischer*, NZG 2014, 737, 739).

132 § 33k MitbestG-E, ZIP 2009, 885, 889.

133 *Raiser* (o. Fn. 119), S. B 71, erwägt daher eine Billigung durch die Belegschaft nur in kleineren Unternehmen; kritisch gegenüber einer Urabstimmung auch *Jacobs*, Beilage zu ZIP 48/2009, S. 18, 24.

134 Ebenso *Raiser* (o. Fn. 119), S. B 71, sowie *Jacobs*, Beilage zu ZIP 48/2009, S. 18, 23.

Verhandlungsführung mehr erlaubt. Wer mit gutem Grund einen Aufsichtsrat von zwanzig Personen für zu groß hält, der muss bei einem BVG, das noch wesentlich mehr Mitglieder umfassen kann, erst recht an dessen Eignung zur Verhandlungsführung zweifeln. Sinnvoll wäre die Schaffung eines Ausschusses, der für das BVG verhandelt und sich das Verhandlungsergebnis am Ende durch das BVG-Plenum absegnen lässt.[135] Ebenso wie auf Anteilseignerseite müsste dieser Zustimmungsbeschluss mit qualifizierter Mehrheit gefasst werden. Nur dann wäre sichergestellt, dass die Verhandlungsführer alle im BVG vertretenen Belange angemessen berücksichtigen.[136]

c) Vereinbarungsinhalt

Der zulässige Inhalt einer Mitbestimmungsvereinbarung ist im SE-Modell heftig umstritten.[137] Die Diskussion dreht sich inbesondere um die Frage, ob die europäische Vereinbarungsautonomie die deutsche Satzungsstrenge überlagert oder ob es sich umgekehrt verhält. Für einen Reformvorschlag *de lege ferenda* wäre der deutsche Gesetzgeber frei, hierzu eine eigene Konzeption zu entwickeln.

Der Arbeitskreis „Unternehmerische Mitbestimmung“ spricht sich für einen hohen Grad an Mitbestimmungsautonomie aus.[138] Regelungsfähig sind nicht allein der Anteil der Arbeitnehmervertreter, sondern beispielsweise auch die Größe des Aufsichtsrats, die Zusammensetzung seiner Ausschüsse und seine Kompetenzen in Form von Zustimmungsvorbehalten.[139] Der Reformvorschlag ist ausreichend flexibel, um den Verhandlungspartnern Spielraum für Kompromisse zu bieten. Er lässt auch Detailregelungen zu, die aus Sicht der

---

135 § 33i Abs. 3 MitbestG-E, ZIP 2009, 885, 889, würde dies ermöglichen.

136 § 33k Abs. 2 MitbestG-E, ZIP 2009, 885, 889, der nur bei Mitbestimmungsminderung eine qualifzierte Beschlussmehrheit verlangt, erscheint demgegenüber zu eng gefasst. Wegen der nicht selten heterogenen Interessenlage auf Arbeitnehmerseite – zumal bei transnationalen Sachverhalten – sollte in jedem Fall eine qualifizierte Mehrheit des BVG der Vereinbarung zustimmen.

137 Für die restriktive Auffassung siehe etwa *Habersack*, AG 2006, S. 345 ff., *Forst*, Die Beteiligungsvereinbarung nach § 21 SEBG, 2010, S. 259 ff. und *Kiem*, KK-AktG, 3. Aufl., 2010, Art. 12 SE-VO Rn. 59 ff., für weiterreichende Vereinbarungsautonomie *Teichmann*, AG 2008, 797 ff., eine mittlere Position nimmt *Oetker*, ZIP 2006, 1113 ff. ein.

138 ZIP 2009, 885, 893; im Grundsatz zustimmend *Hommelhoff*, ZGR 2010, 48, 56–60 sowie *ders.* in diesem Band, S. 14.

139 Vgl. § 33a Abs. 2 und 3 MitbestG-E, ZIP 885, 887.

Arbeitnehmer vorteilhaft erscheinen mögen, und schafft so die Grundlage für ein ausgewogenes Verhandlungsergebnis.[140]

Allerdings droht eine derart weitreichende Vereinbarungsfreiheit, die Organisationsautonomie des Aufsichtsrats in unzuträglicher Wesie einzuengen.[141] Entweder lässt man die Vereinbarungsautonomie insoweit generell zurücktreten, oder man gestattet dem Aufsichtsrat, sich über verfahrensrechtliche Vorgaben der Vereinbarung hinwegzusetzen, wenn er sie in begründeten Einzelfällen mit einer ordnungsgemäßen Aufgabenerfüllung nicht für vereinbar hält.[142]

Für die Erstreckung auf Auslandsgesellschaften müsste der Bereich der Vereinbarungsfreiheit wiederum weiter gesteckt werden. Denn hier kann nicht einmal die Existenz eines Aufsichtsrats vorausgesetzt werden. Den Parteien stellt sich die Aufgabe, den Gedanken der Mitbestimmung in einem gänzlich anderen gesellschaftsrechtlichen Regelungsumfeld zu verwirklichen. Eine gesetzliche Zielvorgabe könnte so aussehen, dass den Parteien aufgegeben wird, die Mitwirkung der Arbeitnehmer an unternehmerischen Entscheidungen durch die Bestellung von Mitgliedern des Geschäftsführungs-, Verwaltungs- oder Aufsichtsorgans oder durch Schaffung funktionsäquivalenter anderer Strukturen zu verwirklichen. Diese weite Formulierung ist deshalb notwendig, weil eine nach deutschem Recht abgeschlossene Mitbestimmungsvereinbarung die innere Struktur der ausländischen Gesellschaft im Grundsatz so nehmen muss, wie sie sich aus ihrem Gründungsstatut ergibt. Häufig wird sich eine Mitbestimmungsvereinbarung im Interesse aller Beteiligten eng an die Organisationsverfassung des ausländischen Gesellschaftsrechts anlehnen. Denn darin liegt im Zweifel der effizienteste Weg, um die Arbeitnehmer sinnvoll einzubeziehen und funktionale Reibungsverluste zu vermeiden.

d) Auffanglösung

Die Erfahrungen mit den SE-Verhandlungen haben gezeigt, welche Bedeutung der gesetzlichen Auffanglösung zukommt. Wenn die Verhandlungen scheitern, gilt in der SE das „Vorher-Nachher-Prinzip".[143] Diese Auffanglösung haben die Verhandlungspartner fest im Blick: Die bestehenden Rechte werden zumeist

---

140 *Hanau*, Beilage zu ZIP 48/2009, S. 6, 8 f.

141 *Hommelhoff*, ZGR 2010, 48, 57 f.; *ders.*, in diesem Band, S. 19.

142 Dies sollte zumindest dann gelten, wenn auf Basis einer qualifizierten Beschlussmehrheit Vertreter beider Bänke für eine Abweichung plädieren.

143 Näher *Brandes*, MünchHdBGesR, Band 6 IntGesR, 2013, § 57 (S. 1273 ff.).

klaglos in die Vereinbarung übernommen, darüber hinausgehende Zugeständnisse jedoch ebenso konsequent abgelehnt.[144]

Dieser Zustand droht das Verhandlungsmodell ad absurdum zu führen. Der Charme von Verhandlungen liegt darin, dass die Parteien situationsadäquate und innovative Lösungen für ihre konkreten Bedürfnisse entwickeln. In der Möglichkeit, für das eigene Unternehmen maßgeschneiderte Lösungen zu schaffen, sehen alle Befürworter der Verhandlungslösung deren eigentlichen Wert. Wenn am Ende ohnehin alles auf eine gesetzlich vorgezeichnete Auffanglösung hinausläuft, könnte man sich den nicht unerheblichen Aufwand der Verhandlungen auch sparen.

Die Diskussion um die passende Auffanglösung droht allerdings in dieselbe Sackgasse zu führen wie die allgemeine Diskussion über die Reform der Mitbestimmung.[145] In einem Anflug von Realpolitik sieht daher der Arbeitskreis „Unternehmerische Mitbestimmung" die Auffanglösung schlicht im geltenden Mitbestimmungsgesetz.[146] Man kann das mit *Raiser* gefälliger formulieren und von einer „Leitbildfunktion" des Gesetzes sprechen.[147] Das heißt aber im Klartext: Scheitern die Verhandlungen, bleibt alles beim Alten.[148] Damit kann man politisch wenig falsch machen, vergibt allerdings auch die Chance auf ein Verhandlungsmodell, das tatsächlich maßgeschneiderte Lösungen generiert.

Für ausländische Gesellschaften ist der Verweis auf das deutsche Mitbestimmungsrecht ohnehin nicht gangbar, denn er würde tief in die Corporate Governance der Gesellschaft eingreifen: Sie müsste einen Aufsichtsrat einrichten, den das Heimatrecht nicht kennt und für den es keinerlei Kompetenz- und Verfahrensregeln bereithält. Zwar muss auch eine GmbH bei Überschreiten

---

144 Die Auswertung von SE-Beteiligungsvereinbarungen durch *Rose/Köstler*, Mitbestimmung in der Europäischen Aktiengesellschaft (SE), 2. Aufl., 2014, S. 25 ff., zeigt, dass so gut wie nie eine Regelung getroffen wird, die den o. g. Zementierungseffekt (vgl. Fn. 13) vermeiden oder abmildern würde.

145 Von einer „faktischen Handlungsunfähigkeit des parlamentarischen Gesetzgebers" spricht *Weber* in: FS Scheuing, 2011, S. 773, 780. Ein Grundkonsens der Sozialpartner wäre zwar wünschenswert, ist aber nicht erreichbar. Symptomatisch hierfür sind der Verzicht auf eine Abstimmung beim 66. DJT und die Unfähigkeit der 2. Biedenkopf-Kommission, einen gemeinsamen Abschlussbericht zu verfassen.

146 ZIP 2009, 885. Vgl. auch die Erläuterungen von *Habersack*, Beilage zu ZIP 48/2009, S. 1, 4.

147 *Raiser* (o. Fn. 119), S. B 72, der ebda., S. B 74 ff., dafür plädiert, diesem Leitbild im Wesentlichen das geltende System zu Grunde zu legen.

148 Kritisch gegenüber einer Auffanglösung, die zur Perpetuierung des Status quo führe, daher *Reichold*, JZ 2006, 812, 818.

der Mitbestimmungsschwellen einen Aufsichtsrat einrichten, der in ihrem Normalstatut nur fakultativ vorgesehen ist (§ 52 Abs. 1 GmbHG). Auch hier ist die Implementierung der dualistischen Struktur aber nur dadurch funktionsfähig, dass in erheblichem Umfang auf das Aktiengesetz verwiesen wird. Gegenüber einer Auslandsgesellschaft würde dies zu einer Mixtur aus ausländischem Gesellschaftsrecht und inländischem Aktienrecht führen, die für diese funktional kaum verkraftbar sein dürfte. Sie wäre in ihrer Tätigkeit jedenfalls wesentlich stärker beeinträchtigt als eine vergleichbare deutsche Rechtsform. Die undifferenzierte Anwendung des deutschen Mitbestimmungsmodells wäre daher ein unzulässiger Eingriff in die Niederlassungsfreiheit.

Andererseits kommt der völlige Verzicht auf eine Auffanglösung nicht ernsthaft in Betracht. Denn eine Vereinbarung mit Richtigkeitsgewähr gibt es nur zwischen gleich starken Verhandlungspartnern.[149] Zwischen der Gesellschaft und dem BVG besteht kein solches Verhandlungsgleichgewicht.[150] Denn die Erzwingung von unternehmerischer Mitbestimmung ist kein legitimes Streikziel;[151] das BVG hätte einer einigungsunwilligen Gegenseite nichts entgegenzusetzen. Der Streik als konfrontatives Kampfmittel wäre indessen im Bereich der Mitbestimmung, die auf Kooperation angelegt ist, höchst kontraproduktiv. Vermutlich führt tatsächlich nur eine gesetzliche Auffanglösung zu Verhandlungen auf Augenhöhe.[152] Rechtsökonomisch betrachtet bieten sog. *penalty default rules*, an deren Vermeidung beide Seiten ein gewisses Interesse haben, durchaus einen Anreiz für ernsthafte Verhandlungen.[153] Andererseits sprechen gute Gründe dafür, den Beteiligten einen langwierigen Verhandlungsprozess dadurch zu ersparen, dass sie direkt für die Auffanglösung optieren.[154] Dann sollte diese nicht allzu dysfunktional ausgestattet sein.

Nach Abwägung all dieser Aspekte sprechen letztlich gute Gründe dafür, sich bei der Auffanglösung für deutsche Gesellschaften doch weitgehend am geltenden Mitbestimmungsrecht zu orientieren.[155] Ausländischen Gesellschaften

149 Vgl. für den Tarifvertrag *Löwisch/Rieble*, Tarifvertragsgesetz, 3. Aufl., 2012, § 1 Rn. 13 ff.

150 Vgl. *Raiser* (o. Fn. 114), S. B 69; weiterhin *Weber* in: FS Scheuing, 2011, 773, 792.

151 *Hanau*, ZGR 2001, 75, 80 ff. (m. w. N.).

152 Zum Zusammenhang zwischen Auffanglösung und Verhandlungsgleichgewicht namentlich *Weber* in: FS Scheuing, 2011, 773, 791–793.

153 Vgl. *Windbichler* in: Jürgens/Sadowski/Schuppert/Weiss (Hrsg.), Perspektiven der Corporate Governance, S. 282, 294; *Fleischer*, ZHR 2004, 673, 693 ff.

154 *Raiser* (o. Fn. 119), S. B 72. Ebendies ist heute schon bei einer grenzüberschreitenden Verschmelzung möglich (vgl. *Habersack*, ZHR 171 (2007), 613, 624).

155 Siehe bereits die Hinweise in Fn. 146.

darf dieses Modell allerdings, wie bereits erläutert, nicht „eins zu eins" aufgezwungen werden. Ihnen gegenüber muss auf die andersartige Corporate Governance-Struktur Rücksicht genommen werden. Man wird sich daher damit begnügen müssen, den proportionalen Anteil an Arbeitnehmervertretern festzuschreiben, den sie in eines ihrer Unternehmensorgane aufnehmen muss. Bei einer monistischen Struktur kann dies nicht die volle Parität sein, da die Implementierung der Parität in ein Geschäftsführungsorgan eine gravierende Schlechterstellung gegenüber der vergleichbaren deutschen Rechtsform bedeuten würde. Schließlich ist hierzulande das Geschäftsführungsorgan komplett mitbestimmungsfrei.[156] Eine funktionale Übertragung der Mitbestimmung in das monistische Modell kann daher über eine Drittelbeteiligung nicht hinausgehen.[157]

Eine Drittelparität für die monistische Leitungssstruktur wäre kein materieller Verlust an Einfluss und würde aller Voraussicht nach vollkommen ausreichen, um das rechtspolitische Ziel zu erreichen, die mitbestimmungsinduzierte Flucht in ausländische Rechtsformen hinreichend unattraktiv zu machen. Ein deutsches Unternehmen könnte mit der ausländischen Rechtsform zwar die Parität vermeiden, aber der Preis dafür wäre hoch. Die Arbeitnehmer würden ihre Vertreter in das Geschäftsleitungsorgan bestellen, das wesentlich mehr Kompetenzen hat als ein deutscher Aufsichtsrat. Hinzu kommt die generell höhere Komplexität, die mit der Organisation als ausländische Gesellschaft verbunden ist. Ein überwiegend in Deutschland tätiges Unternehmen, das sich eine ausländische Rechtsform zulegt, benötigt kostspielige Beratung in allen Alltagsfragen des ihm fremden Gesellschaftsrechts und muss mit manchen rechtlichen Fallstricken umgehen.[158] Dieser Aufwand wird sich in vielen Fällen als nicht mehr lohnend darstellen, wenn die Vermeidung von Mitbestimmung als Motiv entfällt.

---

156 Eingehend zu dieser Thematik am Beispiel der dualistischen und monistischen SE *Teichmann*, BB 2004, 53, 56 f.

157 Ebenso *Raiser* (o. Fn. 119), S. B 108.

158 Diese rechtspraktischen Nachteile bieten eine plausible Erklärung dafür, dass die Zahl der von Deutschland aus gegründeten Limiteds bereits rückläufig war, bevor der deutsche Gesetzgeber die „Unternehmergesellschaft (haftungsbeschränkt)" als Alternative eingeführt hatte (vgl. *Teichmann*, ZGR 2017, 543, 556 ff.; umfangreiches Zahlenmaterial bei *Niemeier* in: Hirte/Teichmann (Hrsg.), The European Private Company, 2013, S. 293, 304 ff. sowie *Ringe*, ECFR 2013, 230 ff.).

IV. Zusammenfassung

Die deutsche Aufsichtsrats-Mitbestimmung unterliegt einer zunehmenden Erosion. Durch Umwandlung in eine SE oder Verwendung einer ausländischen Rechtsform können die Anteilseigner die Anwendung von Drittelbeteiligungs- oder Mitbestimmungsgesetz vermeiden. Auch die verschiedenen grenzüberschreitenden Umwandlungsformen (Verschmelzung, Spaltung, Formwechsel) können dazu führen, dass in Deutschland tätige Arbeitnehmer keine oder verringerte Mitbestimmungsrechte genießen.

Sollte der deutsche Gesetzgeber angesichts dessen ausländische Gesellschaften, die in Deutschland mehr als 500 Arbeitnehmer beschäftigen, künftig der Mitbestimmung unterwerfen wollen, wäre dabei der Maßstab der EU-Niederlassungsfreiheit zu beachten. Die unternehmerische Mitbestimmung lässt sich zwar als zwingendes Allgemeinwohlinteresse ansehen, darf aber nur im Rahmen des Erforderlichen auf ausländische Gesellschaften angewandt werden. Da mit der Verhandlungslösung ein spezifisch für grenzüberschreitende Sachverhalte geschaffenes Modell bereitsteht, wäre ein Erstreckungsgesetz, das diese Option nicht anbieten wollte, unionsrechtlich kaum zu rechtfertigen.

Bei der gesetzlichen Ausgestaltung des Verhandlungsverfahrens ist die Auffanglösung der archimedische Punkt. Sie muss einerseits einen Anreiz für ernsthafte Verhandlungen schaffen, darf ausländische Gesellschaften andererseits in ihrer Funktionsweise nicht übermäßig beeinträchtigen. Für monistische Leitungsstrukturen des ausländischen Rechts ist daher nur eine Drittelparität als Auffanglösung denkbar. Rechtspolitisch gesehen wäre dies ausreichend, um die mitbestimmungsindizierte Flucht in die ausländische Rechtsform hinreichend unattraktiv zu machen.

Dr. *Martin Kraushaar*

Vom Anfang und Ende der Mitbestimmungsverhandlung aus Sicht der Leitenden Angestellten

Abstract: *The author considers the role of executive employees in the co-determination negotiations as proposed by the working group. In particular, he discusses the scaling and quorum of the supervisory board as well as procedural measures with regard to the participation of executive employees.*

I. Zweck der Unternehmensmitbestimmung: Integration der Arbeitnehmer in die Organisationsverfassung der Gesellschaft 146
II. Weiter Arbeitnehmerbegriff in der Unternehmensmitbestimmung 146
III. Gesetzesvorschlag des Arbeitskreises „unternehmerische Mitbestimmung“ 147
1. Neue Größenstaffel 147
a) Grundsatzkonflikt um Primat der Satzungsautonomie 148
b) Pragmatisches Votum für weiten Gestaltungsspielraum bei Mitbestimmungsvereinbarung 150
2. Beschlussquoren 151
a) Erweiterung der Schutzquorentatbestände bei 2/3-Lösung 151
b) Erweiterung der Schutzquorentatbestände und Einstimmigkeitsprinzip 152
3. Verfahrensregelungen 153
a) Gatekeeper-Funktion des Betriebsrates – „Mitbestimmungsdoppeldecker“ 154
b) „Große Senat“ aller Arbeitnehmervertretungen 155
c) Wahlvorschlagsrecht nach Zufall des Proporzes? 156
d) Wegfall der Rangordnung für Wahlvorschlagsrechts der Sprecherausschüsse 156
e) Wahlvorschlagrecht unabhängig von der Zahl der zu entsendenden BVG-Mitglieder 157
4. Initiativrecht nach Vorbild des EBR 157
5. Qualitative Vereinbarungsoptionen 158
a) Feste Obergrenze der Aufsichtsratsgröße 158
b) Vereinbarung über Ausschussbildung und -besetzung 158

c) Zustimmungspflichtige Geschäfte und Rechtsumfang der Arbeitnehmervertreter 159
IV. Zusammenfassung 160

Das A und O einer Verhandlung zur Unternehmensmitbestimmung aus Sicht der Leitenden Angestellten kann nicht das olympische Prinzip sein. Selbst dieses, bei der Verhandlung über das künftige Mitbestimmungsstatut dabei gewesen zu sein, ist faktisch aufgrund der bestehenden Regelung in der Vergangenheit bei SE-Gründungen nur in einer geringen Zahl der Fälle gewährleistet gewesen.

I. Zweck der Unternehmensmitbestimmung: Integration der Arbeitnehmer in die Organisationsverfassung der Gesellschaft

Unternehmensmitbestimmung bedeutet: Integration der Arbeitnehmer in die Organisationsverfassung der Gesellschaft[1]. Ziel der Unternehmensmitbestimmung ist es demnach, alle jene in die Organisationsverfassung zu integrieren, die persönlich abhängig sind. Leitende Angestellte erfüllen dieses Merkmal. Mögen sie unternehmerische Aufgaben wahrnehmen, sie tun dies als Arbeitnehmer. Weitgehend weisungsfrei, treffen sie für den Bestand und die Entwicklung des Unternehmens oder Betriebs bedeutsame Entscheidungen. Allerdings nicht um des Zweckes willen, für sich persönlich Marktchancen zu eröffnen. Sie betätigen sich nicht unmittelbar am Markt, sind in diesem Sinne nicht selbstständig.

II. Weiter Arbeitnehmerbegriff in der Unternehmensmitbestimmung

Der deutsche Gesetzgeber hat mit §§ 2 Abs. 1 SEBG, 2 Abs. 1 MgVG deshalb die zutreffende und durch § 3 Abs. 2 MitbestG vorgezeichnete Konsequenz der Einbeziehung der Leitenden Angestellten gezogen. Schließlich hat das Besondere Verhandlungsgremium im Rahmen einer SE-Gründung nicht nur über die Errichtung eines SE-Betriebsrates, sondern eben auch über die künftige Verfassung der Unternehmensmitbestimmung zu verhandeln.

---

1 *Teichmann*, AG 2008, 797, 799.

Wenn schon bei der doppelspurigen, betriebliche und Unternehmensmitbestimmung betreffenden, europäischen Verhandlungslösung der Arbeitnehmerbegriff Leitende Angestellte ohne Zweifel umfasst, muss dies erst recht für Überlegungen de lege ferenda gelten, wenn die angedachten Reformen allein auf das deutsche Recht der Unternehmensmitbestimmung und des Aktienrechts zielen.

III. Gesetzesvorschlag des Arbeitskreises „unternehmerische Mitbestimmung"

Der 2009 zur Diskussion gestellte Entwurf des Arbeitskreises „unternehmerische Mitbestimmung"[2] unterstützt nicht nur die vorstehende Rechtsansicht zur zwingend gebotenen Einbeziehung der Leitenden Angestellten in die Unternehmensmitbestimmung. Er enthält sogar Verbesserung gegenüber der geltenden Rechtslage im SEBG oder im MgVG.

Deshalb seien zunächst zwei Punkte hervorgehoben, durch die sich dieser Gesetzesentwurf aus Sicht der Leitenden Angestellten als positive Weiterentwicklung der sogenannten „europäischen Verhandlungslösung" darstellt.

1. Neue Größenstaffel

Die Verfasser dieses Gesetzesentwurfs schlagen vor, § 7 MitbestG zur Zusammensetzung des Aufsichtsrates um eine Zwischenstufe zu erweitern. Demnach soll es künftig möglich sein, auch einen Aufsichtsrat mit 14 Mitgliedern zu bestellen. Damit steigt die Wahrscheinlichkeit, dass der bei den SE-Gründungen in der Vergangenheit häufig wiederkehrende Verhandlungsverlauf nicht mehr ohne weitere Begründung mit der geltenden Rechtslage gerechtfertigt werden kann. Bislang verbanden sich stets die beiden Motive der Verkleinerung und der Internationalisierung. Daraus wurde von den beteiligten Unternehmensleitungen noch vor dem eigentlichen Verhandlungsbeginn die Zielvorgabe abgeleitet, dass ein bislang 16- oder 20-köpfiger Aufsichtsrat einer Aktiengesellschaft im Zuge der SE-Gründung auf einen zwölfköpfigen Aufsichtsrat reduziert und mit einem ausländischen Arbeitnehmervertreter besetzt werde. Im Ergebnis vereinbarten die Verhandlungsparteien der Mitbestimmungsverhandlungen oft, dass zur Integration der ausländischen Belegschaftsanteile ein Vertreter zumeist aus dem europäischen Nachbarland, in dem der stärkste Auslandsstandort gelegen

---

2 *Bachmann, Baums, Habersack, Henssler, Lutter, Oetker, Ulmer*, ZIP 2009, 885, 899.

ist, in den Aufsichtsrat gewählt oder entsandt wird. Dafür musste dann ein leitender Angestellter seinen Platz im Aufsichtsrat räumen. An die Stelle des Funktionsproporzes nach § 7 Abs. 2 i.V.m. § 15 Abs. 1 Satz 2 MitbestG trat also im Ergebnis ein Territorialproporz unter den einschränkenden Rahmenbedingungen eines verkleinerten Aufsichtsrats.

a) Grundsatzkonflikt um Primat der Satzungsautonomie

Zumeist verlangten die Verhandlungsführer des Besonderen Verhandlungsgremiums zu Beginn der Verhandlung eine weniger einschneidende Verkleinerung der Aufsichtsräte. Allerdings hatten die Verhandlungsführer in der Praxis überwiegend einen engeren Verhandlungsspielraum, als es nach dem Normtext von § 17 SEAG in Verbindung mit Art. 40 Abs. 2 der SE-Verordnung 2157/2001 EG zu erwarten gewesen wäre. Art 40 Abs. 2 SE-VO und § 17 Abs. 2 SE-AG bestimmen immerhin wortgleich: „Die Beteiligung der Arbeitnehmer nach dem SE-Beteiligungsgesetz bleibt unberührt". Allein infolge eines gesellschaftsrechtlich geprägten Vorverständnisses von § 17 Abs. 1 Satz 3 SEAG reduzierte sich der Verhandlungsspielraum der BVG-Mitglieder. Insbesondere aus Art. 40 Abs. 3 Satz 1 SE-VO ergebe sich in der Zusammenschau mit § 12 Abs. 4 SE-VO, dass die Mitbestimmungsautonomie nicht weiter reichen könne als die Satzungsautonomie[3]. Vielmehr sei die Satzungsautonomie notwendige Voraussetzung für die Mitbestimmungsautonomie[4]. Soweit Art 40 Abs. 3 Satz 1 SE-VO abschließend die Regelung der Größe des Aufsichtsrates durch den Satzungsgeber anordne, bestehe zu dieser Frage kein Verhandlungsspielraum mehr. Zudem ordnet § 17 Abs. 1 Satz 3 SEAG an, dass die Zahl der Aufsichtsratsmitglieder durch drei teilbar sein soll, mithin also 12, 15, 18 oder 21 Mitglieder umfassen sollte. Damit konnte der Forderung nach einer maßvolleren Verkleinerung aus rein gesellschaftsrechtlicher Sicht folgendes entgegengehalten werden: Selbst wenn man sich einmal hypothetisch darauf einlassen wollte, auch über die Größe des Aufsichtsrates zu verhandeln, lasse einem das Erfordernis der Dreiteilbarkeit zu wenig Verkleinerungsspielraum, wenn anstelle einer Verkleinerung von 20 auf 12 nur die auf 18 Mitglieder eines Aufsichtsrates in Betracht komme.

Der Einfluss, der dieser gesellschaftsrechtlichen Position, welche die Autonomie der Vereinbarung der Satzungsautonomie ohne weiteres unterordnet,

---

3 *Habersack*, AG 2006, 345.

4 *Schäfer*, SE und Gestaltung der Mitbestimmung aus gesellschaftsrechtlicher Sicht, in: Rieble, Junker (Hrsg.), ZAAR-Schriftenreihe, Bd. 12, S. 13–44, S. 28, Rn. 36.

im faktischen Verhandlungsgeschehen zugewachsen ist, löst Erstaunen aus. Der Normtext sowohl von Art. 40 Abs. 2 der SE-Verordnung 2157/2001 EG als auch § 17 Abs. 2 SE-AG legen anderes mindestens so sehr anderes nahe, wie der vielfach zur Rechtfertigung des Primats der Satzungsautonomie herangezogene Art. 12 Abs. 4 der SE-VO auch genau entgegengesetzt aufgefasst werden kann. Wenn die Satzung nach Art. 12 Abs. 4 der SE-VO so zu ändern ist, dass sie mit der Mitbestimmungsvereinbarung übereinstimmt, kann der formale Aspekt, dass es der Satzungsänderung bedarf, kaum die Einsicht verdecken, dass die materiell-inhaltliche Gestaltung offenkundig Sache der Mitbestimmungsvereinbarung ist. Das haben neben *Teichmann* auch andere an der Position derer kritisiert, die das Primat der Satzung nachdrücklich einforderten[5]. Vor allem Oetkers Hinweis, dass jedenfalls über Zahl und Anteil der Arbeitnehmervertreter verhandelt werden muss, und damit implizit doch die Gesamtgröße des Aufsichtsrats zur Verhandlung steht, hat die Eigenschaft, das Leitinteresse der gesellschaftsrechtlichen Position an der uneingeschränkten Deutungshoheit über die Unternehmensverfassung zu entlarven.

Trotz aller zuvor erwähnten, faktischen und (vermeintlichen) rechtlichen Verhandlungsrestriktionen zeigte sich – wider alle Bedenken der Spiel- und Verhandlungstheoretiker[6] – dass bereits mit der Eröffnung der Verhandlung nach der Offenlegung und Unterrichtung des Verschmelzungs- oder Gründungsplanes im Sinne von § 4 SEBG die Verstrickung in das verhandlungstypische Aufbauen und Tauschen von Positionen sehr rasch eine Eigendynamik entwickelt hatte, die kaum Umkehr- oder Haltepunkte kannte.

Auf Seiten der Unternehmensleitung blieb man bei der Aufsichtsratsgröße – gewissermaßen in einem ‚esprit de corps' beim Seitenblick auf andere erfolgreiche Abschlüsse – hart, gab aber dafür den Widerstand gegenüber einer verbesserten Rechtsausstattung des SE-Betriebsrates auf. Die meisten SE-Betriebsräte von deutschen SE verfügen über Handlungsmöglichkeiten, die

---

5 Vgl. Darstellung des Streitstandes bei *Oetker*, ZIP 2006, S. 1113 – 1121, 1115 ff.

6 Vgl. *Rehberg*, Chancen und Risiken der Verhandlung über Arbeitnehmerbeteiligung, in: Rieble, Junker (Hrsg.), ZAAR-Schriftenreihe, Bd. 12, 45 – 72, im Bericht der Kommission Mitbestimmung von BDA/BDI, November 2004, schwingt der Topos stets mit, dass Auffanglösungen auf dem Niveau Status Quo Ante echten Verhandlungen abträglich seien, vgl. dazu auch die mit faktischer Verhandlungsdynamik durch „Selbstverstrickung" in Verhandlungserwartungen argumentierende Gegenposition des Verfassers, *Kraushaar*, Ist die europäische Verhandlungslösung bereits ein ausgereiftes System, in: Jürgens, Sadowski, Schuppert, Weiss: Perspektiven der Corporate Governance, Schriften zur Governance-Forschung, Bd 8, 2007, S. 305–330.

über das im SEBG vorgezeichnet Mitbestimmungsniveau hinausgehen. Aufseiten der Verhandlungsführer im BVG hat die Risiko-Nutzen-Abwägung bislang in den wesentlichen Fällen durchgängig, soweit ersichtlich, zu folgendem Ergebnis geführt: Die Risiken, die mit der gerichtlichen Klärung der Grundsatzfrage des Verhältnisses von Satzung zu Mitbestimmungsvereinbarung in Bezug auf die Größe des Aufsichtsrates (aber auch anderer Fragen) verbunden sind, wurden als höher eingestuft als die Chancen durch eine solche Klärung für die eigene Verhandlung und für die Zukunft. Die Aussichten, für den mit zu regelnden SE-Betriebsrat ein Mehr an Rechtsausstattung – etwa wie bei der BASF Beratungsrechte anstelle von Unterrichtungs- und Anhörungsrechten – zu erlangen, waren relativ konkret. Die längerfristigen Folgen eines Grundsatzurteils zum Verhältnis von Satzungsautonomie zu Vereinbarungsautonomie sind dagegen ersichtlich eher abstrakte Gegenstände der Motivation.

Im Ergebnis muss damit festgehalten werden: Der im Schrifttum heftig geführte Grundsatzstreit hat noch nicht zu einer gefestigten, obergerichtlichen Rechtsprechung zu dieser Grundsatzfrage geführt. Das Verhältnis von Satzungsautonomie zu Vereinbarungsautonomie bleibt noch ungeklärt.

b) Pragmatisches Votum für weiten Gestaltungsspielraum bei Mitbestimmungsvereinbarung

Deshalb ist es einerseits folgerichtig, wenn die Verfasser des Entwurfes in dieser entscheidungsoffenen Situation pragmatisch Lösungswege aufzeigen wollen. So wird verständlich, weshalb sie in § 7 MitBestG eine feiner gestufte Staffel zur Aufsichtsratsgröße anbieten. Diese Staffel würde es theoretisch erleichtern, alle in bestehenden Aufsichtsräten an Bord befindlichen Gruppen der Arbeitnehmervertreter auch nach einer verhandelten Verkleinerung an Bord zu behalten. Der Konflikt zwischen Funktionsproporz und Landesproporz – also zwischen Vertreter der Leitenden Angestellten und Vertreter eines ausländischen Standorts und auch externer Gewerkschaftsmitglieder – wäre deutlich entschärft. Nur fragt sich, ob diese gut gemeinte Pragmatik wirklich ohne theoretische Fundierung zum Verhältnis von Satzungsautonomie und Vereinbarungsautonomie und damit letztlich auch der weitergehenden Klärung der Rechtsnatur einer Mitbestimmungsvereinbarung auf Dauer auskommt?

Welchen Anlass hätten Unternehmensleitungen, nach den ersten, vorprägenden Erfahrungen mit SE-Verhandlungen nicht weiterhin den Primat der Satzung für sich zu reklamieren? Den Esprit de corps der treibenden Akteure sollte man in Rechnung stellen. Deshalb ist damit zu rechnen, dass Unternehmensleitungen auch weiterhin mit der Maximalforderung nach einer Verkleinerung der Aufsichtsräte auf zwölf Mitglieder in die Verhandlungen einsteigen. Allein, dass der Sprung von 12 nach 14 relativ wenig, dafür der von 20 auf 14 doch deutlich beachtlicher als der von 20 auf 18 ist, macht das Argumentieren gegen eine moderate Preisgabe der eigenen Ausgangsposition schwerer. Insbesondere im Verhältnis zu den Leitenden Angestellten würde der Rechtfertigungsdruck beider Seiten, der Unternehmensleitung und der Mehrheitsfraktion im BVG, steigen. Dennoch spräche vorerst einiges dafür, dass § 7 Abs. 2 Ziff. 2 – 4 dieses MitbestG-E toter Buchstabe bliebe, freilich von girlandenhafter Schönheit im Geschäft der politischen Werbung für das Konzept. Das sei eingeräumt.

Bei aller Skepsis gegenüber der Praxisrelevanz, die die ersichtlich zur Versöhnung von Kritikern und Befürwortern der Verhandlungslösung angebotene, differenzierten Größenstaffel des § 7 Abs. 2 erlangen mag, ist allerdings als weiterer positiver Punkt an dem Gesetzesvorschlag des Arbeitskreises hervorzuheben, dass er seinem pragmatischen Ansatz auch an anderer Stelle treu bleibt. In dem sehr erbittert geführten, dogmatischen Streit um den Vorrang der Satzungsautonomie vor der Vereinbarungsautonomie bezieht er gegen allzu dogmatisch behauptete Vorrangansprüche der Satzungsautonomie Stellung: Denn er schlägt vor, zur Klarstellung § 95 AktG um einen Satz 6 zu erweitern. Dieser soll regeln, dass die Mitbestimmungsvereinbarung nicht anders als die im Übrigen fortbestehenden Regeln des Mitbestimmungsgesetzes der aktienrechtlichen Vorschrift zur Zusammensetzung eines nichtbestimmten Aufsichtsrates vorgeht.

2. Beschlussquoren

Nicht zu übersehen ist außerdem, dass der Weg zur Verkleinerung des Aufsichtsrates durch den Gesetzesvorschlag bewusst und mit guten Gründen erschwert worden ist.

a) Erweiterung der Schutzquorentatbestände bei 2/3-Lösung

Hier geht der Gesetzesvorschlag des Arbeitskreises „unternehmerische Mitbestimmung" einen Mittelweg zwischen dem SEBG und dem Bericht der wissenschaftlichen Mitglieder der Biedenkopf-Kommission II. Der Arbeitskreis „unternehmerische Mitbestimmung" schlägt in § 33 k vor, dass die Beschlussfassung grundsätzlich mit der Mehrheit seiner Mitglieder erfolgen soll. Hätten die Beschlüsse indes eine Minderung der Mitbestimmung zur Folge, erhöht sich das Quorum auf zwei Drittel der Arbeitnehmer, die mindestens zwei Drittel der Arbeitnehmer vertreten. Er definiert dann, Minderungstatbestände. Aus Sicht der Leitenden Angestellten ist § 33k Abs. 3 c) besonders hervorzuheben.

Denn es wird als Minderung der Mitbestimmung im Aufsichtsrat definiert, wenn dem Aufsichtsrat künftig kein leitender Angestellter mehr angehören sollte. Diese ausdrückliche Anerkennung des Leitenden Angestellten – übrigens gilt gleiches nach dem Entwurf für die Vertreter von Gewerkschaften – ist im Ausgangspunkt positiv zu werten.

Sie ist bei einer etwaigen Reform des deutschen Mitbestimmungsrechts auch folgerichtiger Weise geboten; eine Mitbestimmungsvereinbarung ohne Berücksichtigung der Leitenden Angestellten wiche von dem ja weiterhin – auch nach dem Vorschlag des Arbeitskreises – fortbestehenden gesetzgeberischen Modell ab. Dieses sieht gem. § 15 Abs. 1 Satz 2 MitbestG eine Beteiligung eines Leitenden Angestellten mit guten Gründen vor. Deshalb ist es richtig, wenn das Abweichen von diesem Normalmodell unter den Schutz eines erhöhten Quorums gestellt wird.

b) Erweiterung der Schutzquorentatbestände und Einstimmigkeitsprinzip

Dabei stellt sich die Frage, ob die aus dem SEBG und dem MgVG bekannte 2/3-Schwelle für einen mitbestimmungsmindernden Beschluss ausreichend ist? Die Sachverständigen der Biedenkopf-Kommission verlangten für den vollständigen Wegfall eines Sitzes des Leitenden sowie auch für den vollständigen Wegfall eines Gewerkschaftsvertreters einen einstimmigen Beschluss[7]. Sie begründeten das wie folgt: „Für weiterreichende Eingriff, wie den Wegfall aller oder der Mehrheit der Gewerkschaftssitze oder des Sitzes des leitenden Angestellten, erscheint den wissenschaftlichen Mitgliedern allerdings eine einstimmige Beschlussfassung verfassungsrechtlich geboten. In der Abwägung gegenüber dem gesetzlich gewollten Schutz dieser Position ist das Gewicht der Zweckmäßigkeitsgründe, die für eine Verkleinerung des Aufsichtsrats streiten können, recht gering. Sie reichen nicht aus, um abweichend vom Regelungskonzept des Gesetzes eine Beseitigung des Schutzes gegen den Willen der Geschützten zu rechtfertigen“[8].

Das Votum der wissenschaftlichen Mitglieder der Biedenkopf-Kommission verdient den Vorzug vor dem Vorschlag des Arbeitskreises. Zu unterscheiden ist zwischen qualitativen und quantitativen Änderungen der Mitbestimmung. Einer Veränderung der Größe des Aufsichtsrats unter Beibehaltung der

---

7 Kommission zur Modernisierung der Unternehmensmitbestimmung, Bericht der wissenschaftlichen Mitglieder der Kommission vom 20.12.2006, S. 23

8 Ebenda, S. 25.

Struktur der Zusammensetzung des Aufsichtsrats kommt quantitative Bedeutung zu. Dass sich das relative Gewicht der Gewerkschaftsvertreter und der Leitenden Angestellten in einem Aufsichtsrat mit zwölf Mitgliedern gegenüber einem Aufsichtsrat mit 20 Mitgliedern erhöht, liegt in der Natur der Sache. Wird aber einer bislang vertretenen Arbeitnehmergruppe oder den Gewerkschaften durch eine Mitbestimmungsvereinbarung strukturell die Möglichkeit der Mitbestimmung verwehrt, dann wird die Mitbestimmung in ihrer Qualität verändert. Die Anforderungen, die an die Legitimation einer solchen Mitbestimmungsvereinbarung zu stellen sind, sind deshalb qualitativ andere, als jene Legitimationserwartungen, die in Bezug auf eine quantitative Veränderung zu befriedigen sind. Je stärker die strukturelle Änderung in bestehende Rechte eingreift, umso höher liegt die Messlatte der Legitimation. Verliert eine Gruppe ihr Mitbestimmungsrecht ganz, dann kann das nicht ohne ihre ausdrückliche Zustimmung geschehen.

Der Verweis auf einen einfachen Mehrheitsbeschluss eines Besonderen Verhandlungsgremiums kann die erforderliche Legitimation gegenüber der einen Rechtsverlust erleidenden Gruppe nicht herstellen. Das gilt insbesondere dann, wenn das Besondere Verhandlungsgremium über Interessen verhandelt, die aufgrund des Bestellungsverfahrens der Vertreter nicht repräsentiert sind. Wenn der Vorschlag des Arbeitskreises „Unternehmerische Mitbestimmung“ hier mit § 33e MitbestG-E wiederum Anleihe beim Vorbild des § 6 Abs. 4 SEBG und des MgVG nimmt, dann überträgt er damit die dort bereits angelegten konstruktiven Vorzüge und Schwächen.

3. Verfahrensregelungen

Es hat augenscheinlich Vorzüge, an die bekannten Regeln der SE anzudocken. Der SE wird als Gesellschaftsrechtsform jedenfalls in Deutschland nachträglich doch noch zu dem einheitlichen europäischen Charakter verholfen, der ihr bislang aufgrund des jahrzehntelangen Ringens um die beiden europäischen SE-Gesetze verwehrt geblieben ist. Diesen europäischen Regelungsgehalt sollte sie nach der ursprünglichen Vision des französischen Notars Thibièrge im Jahr 1959 von vorneherein haben.[9] Nie war bei diesem stolzen Flaggschiff des europäischen Gesellschaftsrechts daran gedacht, eine magere Rumpfregelung zu schaffen, die nur deshalb trägt, weil sie durch die in Art. 9 SE-VO erzeugte Normenpyramide auf die 27 verschiedenen Fundamentpfeiler der nationalen

---

9 *Thibièrge*, Le statut des Sociétés étrangères, in: 57ème Congrès des notaires de France tenu à Tours 1959, S. 270 (352, 360 ff.).

Aktienrechtsordnungen gestellt wurde. Wenn der Berg nicht zum Propheten kommt, muss der Prophet eben zum Berg; soll sagen: Es liegt demnach nahe, die erstrebte Einheitlichkeit nunmehr herzustellen, indem europaweit geltende Verhandlungsmodalitäten einfach ins deutsche Recht übernommen werden. Da alle europäischen Staaten die Pflicht zur Umsetzung der Richtlinie 2001/86/EG trifft, ist somit Vorsorge für die Entsendung von Mitgliedern des Besonderen Verhandlungsgremiums aus dem Ausland getragen. Das macht die Sache so attraktiv.

a) Gatekeeper-Funktion des Betriebsrates – „Mitbestimmungsdoppeldecker"

Eine der nicht zu übersehenden Schwächen aus Sicht der Leitenden Angestellten besteht darin, dass sie außer dem Wahlvorschlagsrecht nach §§ 33e Abs. 4, 33g i.V.m. § 8 Abs. 1 Satz 4 SEBG an dem Wahlgremium selbst nicht unmittelbar beteiligt sind. Das Wahlgremium soll der teilrepräsentative Betriebsrat bleiben. Es geht allerdings bei dem Vorschlag des Arbeitskreises nicht um betriebliche Mitbestimmung auf europäischer Ebene, sondern einzig und allein um die Modalitäten der Unternehmensmitbestimmung. Deshalb ist die Gatekeeper-Funktion, die dem Betriebsrat damit für die Wahl der BVG-Mitglieder zugestanden wird, nicht ohne weitere Begründung plausibel. Zumal man berücksichtigen muss, dass das Modell der Bestellung der BVG-Mitglieder durch die zentrale, allerdings nur teilrepräsentative Arbeitnehmervertretung zumeist zur künftigen Vermeidung aufwändiger Aufsichtsratswahlen in den nachfolgenden Mitbestimmungsvereinbarungen fortgeschrieben wird. Im Ergebnis wird damit die Unternehmensmitbestimmung im Verbund mit der sie unterbauenden betrieblichen Mitbestimmung genau zu dem Mitbestimmungs-Doppeldecker, der noch Ende der 70er Jahre als Kumulation zweier Mitbestimmungsebenen auf das stärkste kritisiert wurde.[10]

Bezeichnend ist, dass die Warnung vor einer systembedingten Parallelschaltung beider Mitbestimmungsebenen heute blass bleibt. Es ist nicht verwunderlich, dass der Appell einer kleinen Gruppe von Arbeitnehmern an das historische Erinnerungsvermögen kaum verfängt. Erinnerungen an die schrillen, ideologischen Spitzen und Höhenlagen wachzurufen, in denen damals beim Kampf um das Mitbestimmungsgesetz 1976 insbesondere von Arbeitgeberseite vor

---

10 Zur Kritik insbesondere *Badura/Rittner/Rüthers*, Mitbestimmungsgesetz 1976 und Grundgesetz („Kölner Gutachten"), 1977; zur Verfassungsmäßigkeit BVerfG NJW 1979, 699, 700.

der Gefahr einer Zangenbewegung von Aufsichtsrat und Betriebsrat gewarnt wurde, ist für alle Beteiligten nicht eben erquicklich. Der Betriebsratsvorsitzende ist ganz überwiegend auch der stellvertretende Aufsichtsratsvorsitzende. Er gehört dem nach gem. § 27 Abs. 3 MitbestG zu bildenden ständigen Ausschuss des Aufsichtsrates an. Damit ist der besondere Einfluss auf die Personalpolitik des Aufsichtsrates gem. § 31 MitbestG sichergestellt. Deshalb entspricht es in der Praxis längst seit Jahren den sozialpartnerschaftlichen Usancen, dass beide Mitbestimmungsebenen verzahnt sind und beide Seiten ihr Arrangement in den Umständen getroffen haben[11]. Das gilt, selbst wenn berufene Kritiker der ihrer Ansicht nach allzu trauten Harmonie auf den Vorstands- und Aufsichtsratsetagen gerne mehr mutige Kronzeugen sähen, die gegen das vermeintliche Gängelband der mitbestimmten Personalpolitik Stellung beziehen.[12] Deshalb heißt, vor ihrer weiteren Verfestigung durch das Zugeständnis einer Gatekeeper-Funktion an den Betriebsrat zu warnen, in rechtspraktischer Hinsicht auch Eulen nach Athen zu tragen. In dogmatischer Hinsicht bleibt der Hinweis ebenso richtig wie folgenlos.

b) „Große Senat“ aller Arbeitnehmervertretungen

Ließe man den Aspekt der aufgrund der bereits geschaffenen SE-Umsetzungsgesetze leicht zu gewährleistenden Einbindung ausländischer Arbeitnehmervertreter außer Acht, dann wäre jedenfalls der Vorschlag der wissenschaftlichen Mitglieder der Biedenkopf-Kommission noch pragmatischer und vor allem folgerichtiger[13]. Sie plädieren dafür, dass als Wahlkörper die Gesamtheit aller Arbeitnehmervertreter in den jeweils obersten Arbeitnehmervertretungen fungiert. Das heißt, dass die Gremien des (Gesamt-, Konzern-) Betriebsrats und (Gesamt-, Konzern-)Sprecherausschuss nebst Vertretern der bislang im Aufsichtsrat vertretenen Gewerkschaften quasi zu einer Sitzung des „Großen Senats“ zusammenkommen und entweder sechs, acht oder zehn Verhandlungsführer wählen. Ersichtlich entfällt durch diesen Vorschlag das Problem der Legitimation des BVG gegenüber den Leitenden Angestellten nach den Zufällen des Proporzes, die mal zu einem Wahlvorschlagsrecht für die Leitenden führen und in anderen Fällen wiederum nicht. Deshalb sollte dringend

11 Zwischenzeitlich kritisch *Kübler*, in: Liber Amicorum Manfred Weiss (2005), S. 235.

12 Vgl. die Bemerkung *Hensslers* zu den Aussagen des ehemaligen Vorstandsmitglieds der DaimlerChrysler AG Manfred Gentz auf den Bitburger Gesprächen 2006.

13 Biedenkopf-Kommission II S. 25, abrufbar unter https://www.boeckler.de/pdf/mbf_biedenkopfkommission.pdf.

erwogen werden, den Weg der Bestellung der Mitglieder des Besonderen Verhandlungsgremiums mehrsträngig in Abhängigkeit von dem tatsächlichen Beteiligungsinteresse ausländischer Belegschaftsteile zu gestalten. Von den Mitgliedern des Arbeitskreises wird unausgesprochen unterstellt, dass es erstes Anliegen der ausländischen Belegschaftsteile sein müsste, in den Aufsichtsrat einer deutschen Aktiengesellschaft zu gelangen. Dass es in der Praxis anderer Länder durchaus nicht nur für Investoren, sondern auch für Arbeitnehmervertreter ein gewöhnungsbedürftiger Gedanken sein kann, wenn Arbeitnehmer Verantwortung als vollwertiges Aufsichtsratsmitglied übernehmen und dergleichen Ansinnen zurückgewiesen werden könnten, sollte als Möglichkeit nicht gänzlich außer Betracht geraten. Immerhin gibt es Berichte von Besonderen Verhandlungsgremien bei SE-Gründungen, die Mühe hatten, sich vollzählig zu versammeln.

c) Wahlvorschlagsrecht nach Zufall des Proporzes?

Weiterhin würde sich die Zufälligkeit des Wahlvorschlagsrechts nach Proporz umso mehr als Systemwidrigkeit im Recht der Unternehmensmitbestimmung bemerkbar machen, als ja die Unternehmensmitbestimmung, wie eingangs bereits gesagt, jedenfalls sicherstellen soll, dass alle Arbeitnehmer in die Organisationsverfassung integriert werden. Dagegen resultiert aus dem Wahlvorschlagsrecht nach Proporz die Gefahr der Fremdbestimmung einer relevanten Minderheit von Arbeitnehmern durch eine Mitbestimmungsvereinbarung. Da sich am Ziel der umfassenden Integration aller Arbeitnehmer auch durch die Einführung einer Verhandlungsoption grundsätzlich nichts ändern soll und darf, muss sich die Gestaltung einer möglichen Reform deutschen Rechts auf alle Fälle weiterhin aus diesem Oberziel ableiten.

d) Wegfall der Rangordnung für Wahlvorschlagsrechts der Sprecherausschüsse

Man kommt dem Ziel jedenfalls näher, sollte man sich aus Rücksicht auf die Einbindung der Arbeitnehmervertretungen aus dem Ausland weiterhin am Vorbild der SE orientieren, wenn man zumindest die nicht erklärliche Rangordnung der national zu besetzenden Plätze aufgibt. Derzeit ist in § 6 SEBG bestimmt, dass der dritte und der siebente Platz mit Wahlvorschlagsrechten der Gewerkschaft und dem Sprecherausschuss bzw. der Leitenden Angestellten belegt sind. Zum ersten wäre bei der Übernahme dieser Regel folgender Widerspruch erklärungsbedürftig: Warum soll in einem gesetzlich verfassten zwölfköpfigen Aufsichtsrat nach § 15 Abs. 1 Satz 2 MitbestG ein Leitender

Angestellter garantiert sitzen und in einem auf einer Mitbestimmungsvereinbarung gem. § 33 a ff. MitbestG-E beruhenden ebenso garantiert nicht? Denn die Verhandlungsoption soll ja nach dem Vorschlag des Arbeitskreises nur zusätzlich eröffnet werden, jedoch das gesetzliche Mitbestimmungsmodell nicht verdrängen.

Das ist ein Widerspruch, der kaum aufzulösen sein dürfte. Deshalb wäre es wesentlich besser vereinbar mit dem Ziel der Integration aller Arbeitnehmer in die Unternehmensverfassung, wenn der Sprecherausschuss oder die leitenden Angestellten selbst in jedem Fall ein Wahlvorschlagsrecht haben, das nur nicht in jedem Fall als bindendes Wahlvorschlagsrecht ausgeübt werden kann. Im Ausgangspunkt muss es egal sein, wieviel Vertreter aus Deutschland in das Besondere Verhandlungsgremium entsandt werden. Allerdings ist der Wahlvorschlag der Leitenden bzw. des Sprecherausschusses in Anlehnung an § 7 Abs. 2 Nr. 1 MitbestG nur solange für das Wahlgremium bindend, solange nicht durch die Ausübung des Wahlvorschlagsrechts als bindendes Recht das Wahlgremium nur noch weniger als ein Drittel aller Vertreter mit internen Arbeitnehmervertretern besetzen könnten.

e) Wahlvorschlagrecht unabhängig von der Zahl der zu entsendenden BVG-Mitglieder

Es ist nämlich nicht einzusehen, warum das Wahlvorschlagsrecht an die Voraussetzung eines siebten Platzes im Verhandlungsgremium geknüpft ist: Es gibt keine einleuchtende Erklärung dafür, warum man den Leitenden, wenn man schon überhaupt an der eher systemfernen Konstruktion eines teilrepräsentativen Wahlkörpers wie dem Betriebsrat aus Praktikabilitätsgründen festhalten sollte, damit von vorneherein die Möglichkeit nimmt, ihre Vorschläge zur Wahl zu stellen. Vielmehr ist aus Sicht der weiteren Arbeitnehmervertreter lediglich sicherzustellen, dass nicht bindende Wahlvorschläge zu einer Unterrepräsentation der internen Arbeitnehmervertreter führen. Hierzu ist aus § 15 Abs. 2 Nr. 1 MitbestG abzuleiten, dass der Gesetzgeber jedenfalls eine Repräsentation der internen, nicht zum Kreis der leitenden Angestellten gehörenden Arbeitnehmervertreter durch zwei Drittel der zu vergebenden Plätze für angemessen hält.

4. Initiativrecht nach Vorbild des EBR

Diesen Verfahrensfragen voraus liegt allerdings die viel grundsätzlichere Frage danach, warum der Urahn der Verhandlungslösung, der Europäische Betriebsrat, auf der Grundlage der Richtlinie 94/95/EG und dem EBRG-Gesetz nicht auch in dem entscheidenden Punkt der Antragsbefugnis nach § 9 Abs. 1

EBRG Model gestanden hat. Was hält den Arbeitskreis davon ab, nachdem die Erschwernis der Verschmelzung zweier Gesellschaften und Belegschaften, die für die Gründung einer SE ja häufig prägend ist, entfällt, ein derartiges Antragsrecht nicht gleichermaßen mindestens 100 Arbeitnehmern oder auch bestehenden Arbeitnehmervertretungen zuzubilligen?

5. Qualitative Vereinbarungsoptionen

Einen Hinweis darauf, wie die Antwort wohl ausfallen würde, erlangt man beim Blick auf § 33 a Abs. 3 Ziff. 3 und 4 MitbestG-E.

a) Feste Obergrenze der Aufsichtsratsgröße

Ziff. 3 bestimmt, dass die Gesamtzahl der Mitglieder des Aufsichtsrates nicht über 20 liegen darf. Damit entfällt ein denkbares Motiv für die Arbeitnehmerseite. Sie kann die Verhandlungen nicht mit dem Ziel einer Vergrößerung des Aufsichtsrates anstreben.

b) Vereinbarung über Ausschussbildung und -besetzung

Umgekehrt ist Ziff. 4 zu entnehmen, dass die Mitbestimmungsvereinbarung auch bereits auf die innere Ordnung des Aufsichtsrats vorgreifen kann. Ausschüsse mit Ausnahme des ständigen Ausschusses nach § 27 Abs. 3 MitbestG und deren Besetzung sollen bereits in der Mitbestimmungsvereinbarung geregelt werden können. Dabei handelt es sich um eine Bestimmung, die, je nachdem wie sie ausgefüllt wird, sehr leicht qualitativen Charakter erhält. Das wäre zum Beispiel dann der Fall, wenn sie etwa den mächtigen Prüfungsausschuss ausschließlich der Besetzung durch Vertreter der Anteilseignerseite vorbehielte.

Dieser Tage hat der Gesetzgeber durch das Gesetz zur Angemessenheit der Vorstandsvergütung (VorstAG) ausdrücklich dem Aufsichtsratsplenum durch die Änderung von § 107 Abs. 3 Satz 3 AktG die Entscheidung über die Vorstandsvergütung vorbehalten hat. Der Erlass des VorstAG muss als grundsätzliche Wertentscheidung für das Aufsichtsratsplenum und das Organprinzip verstanden werden. Er spricht dafür, dass Mitbestimmungsvereinbarungen, die auf eine allzu deutliche qualitative Umgestaltung der Mitbestimmung hinauslaufen, einer zusehends intensiveren gerichtlichen Inhaltskontrolle ausgesetzt sein würden.

c) Zustimmungspflichtige Geschäfte und Rechtsumfang der Arbeitnehmervertreter

Umso mehr Fragen werfen daher die Vorschläge zu § 33 a Abs. 3 Ziff. 5 und 6 auf. Hier wird gem. Ziff. 5 einerseits die Möglichkeit eröffnet, im Wege der Mitbestimmungsvereinbarung den Kreis der zustimmungspflichtigen Geschäfte festzulegen. Andererseits sollen nach Ziff. 6 die Rechte der von den Arbeitnehmern gewählten Mitglieder des Aufsichtsrates festgelegt werden. Beiden Vorschlägen steht ihre qualitative Änderungspotenz gewissermaßen auf die Stirne geschrieben.

Man kann zwar die Auffassung vertreten, dass damit die Möglichkeit eröffnet sei, in einer Mitbestimmungsvereinbarung Doppelstimmrechte für Arbeitnehmervertreter in bestimmten Angelegenheiten zuzugestehen und dafür den Kreis der zustimmungspflichtigen Geschäfte klein zu halten. Es braucht indes nicht viel, um zu erkennen, dass das Geschäft eher umgekehrt laufen soll: Beschränkung der Arbeitnehmerrechte, womöglich im Gegenzug gegen eine Ausweitung der Kompetenzen des Aufsichtsratsgremiums als Ganzem. Kurz: So herum gewendet, würde die Tür zur Zweiklassengesellschaft im Aufsichtsrat weit aufgestoßen. Außerdem könnte das Ticket für die Fahrt vom dualistischen System ins monistische System gelöst werden: Macht man nur den Aufsichtsrat via zustimmungspflichtiger Geschäfte zu einem semioperativen Organ, die Anteilseigner zu midioperativen Supervisoren und fasst die Arbeitnehmervertreter zu Miniaufsichtsräten in einem Konsultationsausschuss zusammen. Mit anderen Worten: Der schöne, aber sterbende Schwan eines Konsultationsrats könnte hier in verjüngtem Gefieder frisch blitzend und ganz unvermutet auf den Wellen der Mitbestimmungsdebatte wieder auftauchen.

Jenseits solcher Spekulationen sollte man sich allerdings keiner Illusion darüber hingeben, dass das Haftungsrecht (§ 116 AktG) aufgrund der Prinzipien der Organhaftung vermeintliche Vereinbarungsspielräume auf ein vertretbares Mindestmaß reduzieren wird. Aktiengesellschaften mit allzu ungewöhnlichen Aufsichtsratsverfassungen hätten erhebliche Rekrutierungsprobleme. Außerdem würde durch allzu deutliche Statusdifferenzierungen unter den Aufsichtsratsmitgliedern die Komplexität des Vergütungsrechts exponentiell wachsen und damit unerfreulicher Erklärungsbedarf bei der Compliance-Erklärung nach § 161 AktG auslösen. Schließlich fände der Versuch der Überführung des Aufsichtsrats ins operative Geschäft etwa an § 111 Abs. 4 i.V.m. § 76 AktG und Grundsätzen der Gewaltenteilung zwischen den Organen seine Grenzen.

IV. Zusammenfassung

Fasst man bewertend zusammen, dann ist an dem Entwurf des Arbeitskreises „unternehmerische Mitbestimmung" hervorzuheben:

1.) Mit der Klarstellung, dass die Mitbestimmungsverhandlungen nicht ins Prokrustesbett der Satzungsstrenge nach § 23 Abs. 5 AktG gezwängt werden sollen, ist aus Sicht des Gesellschaftsrechts ein mutiger, aus Sicht des Arbeitsrechts ein unerlässlich notwendiger Schritt getan.

2.) Der Gesetzgeber wäre – unabhängig davon, ob es in der kommenden Legislaturperiode einen Vorstoß zur Reform des MitbestG je geben sollte – gut beraten, entsprechende Klarstellungen in § 17 SEAG und vorzunehmen.

3.) Der Entwurf enthält keinen Versuch einer Legaldefinition der Mitbestimmungsvereinbarung. Er unternimmt insofern auch keinen Anlauf, die noch zahlreichen Rechtsfolgenprobleme zu lösen, die sich aus Fehlern bei der Zusammensetzung und Bildung des BVG, Fehlern bei der Willensbildung und Beschlussfassung ergeben mögen. In diesem Kontext harrt das spannende Problem der Lösung, dass mit der Mitbestimmungsvereinbarung Rechte geschaffen werden, deren rechtssubjektive Schöpfer im Moment der Erzeugung aufseiten der Arbeitnehmer erlöschen, Rechte also uno actu entstehen und sogleich auf Rechtsnachfolger übergehen sollen, die durch die Vereinbarung erst konstituiert werden. An sich müsste man ehrlicherweise zugestehen, dass die Mitbestimmungsvereinbarung ein einseitig subjektfreier Vertrag ist: Denn wer wacht denn über seine Einhaltung, wer ist bei Verstößen gegen die Vereinbarung in seinen Rechten verletzt, und wer schlösse es aus, dass Arbeitnehmer unter Berufung auf untermittelbare Beschwer durch die normative Vereinbarung selbst, zumindest die Klagebefugnis erfolgreich für sich reklamieren? In Anbetracht der langen Liste hier nur angerissener Probleme mag es deshalb ratsam erscheinen, dass die Rechtswissenschaft zuvor noch Gelegenheit zu dogmatischen Vorarbeiten hat. Über die Abweichungen ist nachzudenken, welche die Figur der Mitbestimmungsvereinbarung sowohl von den Regeln der allgemeinen Rechtsgeschäftslehre als auch von den kollektivrechtlichen Grundsätzen der Betriebsverfassung mit sich bringt. Diese Grundlegungen sollte der Gesetzgeber abwarten, ehe er ein derartiges Reformvorhaben wirklich aufgreift. Das Beispiel der Porsche-SE mag Warnung Genug sein.

4.) Trotz allem ist dem Arbeitskreis zuzugeben, dass die Eröffnung einer Verhandlungsoption als erweiternde Modifikation des ansonsten fortbestehenden MitbestG objektiv die größten politischen Realisierungschancen hat, insbesondere in der rechtspolitisch klugen Kombination mit einer feiner gestuften Größenstaffel. Die dabei implizit mitgeteilte Einschätzung, dass Diskussionen über eine Absenkung des Niveaus einer Auffanglösung etwa auf das Drittelbeteiligungsgesetz fern des rechtspolitische Denkbaren und des verfassungsrechtlich Erforderlichen liegen, ist zu begrüßen. Es kann indes nicht überraschen, dass die leitenden Angestellten nicht die geborenen Befürworter einer solchen Verhandlungsoption sein können. Für sie erwachsen daraus in aller Regel Nachteile. Die Risiken des Sitzverlustes würden wohl auch dann, wenn auch in abgemilderter Form, bleiben, wenn die vorstehend angemahnten Verbesserungen beim Wahlvorschlagsrecht umgesetzt werden würden – und zwar nicht nur bei einer etwaigen Reform des MitbestG sondern auch bei einer Revision des SEBG und des MgVG. Freilich wird es kaum in der Macht der leitenden Angestellten stehen, sollte der Zug ins Rollen kommen, Prellbock zu spielen. Ins Rollen könnte er jedoch nur in dem derzeit unwahrscheinlichen Fall kommen, dass die DGB-Gewerkschaften die Zuversicht fassten, zwar insgesamt Aufsichtsratsmandate zu verlieren, jedoch durch die relative Stärkung der einzelnen Gewerkschaftsvertreter im Ergebnis sogar Einfluss auf die Unternehmenspolitiken zu gewinnen. Hinzutreten müsste die Bereitschaft, die bekannten weiteren Nachteile des Verlustes von Aufsichtsratsmandaten für die Aufstellung der DGB-Gewerkschaften, gerade in wissenschaftlicher Hinsicht, in Kauf zu nehmen.

5.) Den meisten Konfliktstoff für die Praxis würden die weitreichenden Gestaltungsoptionen in Bezug auf die innere Verfassung des Aufsichtsrats bergen. Hier geht es den Verfassern ersichtlich darum, teilweise bis an die Grenze des Systemwechsels zum monistischen System durch qualitative Reformoptionen zu kommen. Indes zeichnet sich hier sehr viel Harmonisierungsbedarf zu den Prinzipien der Organhaftung und der Gewaltenteilung ab. Es fragt sich, ob diese Öffnung, die unweigerlich auch den Einfluss von Richterrecht und Case Law wachsen ließe, tatsächlich die Attraktivität hat, die sie in den Augen der Entwurfsverfasser zu haben scheint. Möglicherweise unterschätzen sie die konservative Tugend aller Beteiligten, die Rechtssicherheit durch Gesetzesrecht für ein hohes Gut zu halten.

Kai Kühne und *Dieter Sadowski*[1]

Empirische Mitbestimmungsforschung und Öffentlichkeit: Zur Differenz von sozialwissenschaftlichem und massenmedialem Diskurs über Arbeitsrecht

Abstract: *The authors analyse the perception of co-determination in the academic as well as the public discussion in the timeframe between 1998 and 2007. They observe strong discrepancies between scholarly opinions and the portrayal of workers co-determination in mass media.*

A. Einleitung 163
B. Empirie der Mitbestimmung 164
C. Öffentliche und veröffentlichte Meinung 165
D. Der massenmediale Diskurs über Mitbestimmung 167
  I. Das Design der Analyse 167
  II. Ergebnisse der Analyse 169
E. Fazit: Mitbestimmung in Empirie und Massenmedien 174
F. Literatur 175

A. Einleitung

Das Mitbestimmungsgesetz ist 30 Jahre nach seiner Verabschiedung Gegenstand sowohl einer wissenschaftlichen als auch einer politischen Debatte. Gegenstand des vorliegenden Beitrags ist das Verhältnis dieser beiden Diskurse. Dazu wird zunächst der Stand der empirischen Mitbestimmungsforschung skizziert und anschließend die massenmediale Öffentlichkeit als eine zentrale Determinante der politischen Entscheidungsfindung in modernen Demokratien beschrieben. Danach folgt das Design einer Inhaltsanalyse, die die Interpretationsschemata von Mitbestimmung im Diskurs der deutschen Presse zwischen 1998 und 2007 erfassen soll. Die Ergebnisse dieser Analyse

---

1 Klever Straße 44, 40476 Düsseldorf; Institut für Arbeitsrecht und Arbeitsbeziehungen in der Europäischen Union (IAAEU), Universität Trier, 54286 Trier. E-Mail: kai_kuehe@yahoo.de, sadowski@iaaeu.de. Für hilfreiche Anregungen und konstruktive Kritik danken die Autoren Katharina Gräfin von Schlieffen und Susanne Warning.

lassen eine auffällige Diskrepanz zwischen den Befunden der empirischen Sozialforschung und den Wahrnehmungsmustern der Massenmedien erkennen, deren Implikationen zuletzt diskutiert werden.

B. Empirie der Mitbestimmung

Die betriebswirtschaftlichen Konsequenzen arbeitsrechtlicher Regelungen sind seit langem ein etablierter Gegenstand der ökonomischen Forschung (z. B.: Albach/Clemens/Friede 1985; Weiber/Stöcker 1987), und auch das deutsche System der Unternehmensmitbestimmung ist seit dem Inkrafttreten des Mitbestimmungsgesetzes 1976 unter Effizienzgesichtspunkten eingehend analysiert worden (Küpper 1992: 1414f.). Gemäß einschlägigen Theorien weisen mitbestimmte Aufsichtsräte sowohl Merkmale auf, die sich tendenziell negativ auf die Rentabilität und Produktivität von Unternehmen auswirken, als auch Aspekte, die eine positive Wirkung erwarten lassen (Dilger 2003: 120ff.). Folglich sind empirische Befunde für ein seriöses Urteil von maßgeblicher Bedeutung. Entsprechende Studien kommen zwar teilweise zu unterschiedlichen Ergebnissen, in der überwiegenden Mehrzahl der empirischen Arbeiten ist ein negativer Effekt allerdings nicht nachweisbar, während bisweilen sogar positive Effekte gemessen werden (Renaud 2007: 693ff.). Gerade Studien aus den letzten Jahren, die dem aktuellen Stand ökonometrischer Forschung entsprechen, finden keine Belege für eine abträgliche Wirkung mitbestimmter Aufsichtsräte auf die Unternehmens-Performance.

Kraft und Ugarkovic (2006) etwa haben in einer Längsschnittstudie die Konsequenzen der durch das Mitbestimmungsgesetz erzwungenen Erhöhung der Arbeitnehmerrepräsentation in Aufsichtsräten für die Eigenkapitalrentabilität der Unternehmen untersucht. Sie vergleichen mitbestimmte und nicht mitbestimmte Firmen vor und nach dem Gesetz, stellen also auf den Vergleich von Änderungen ab. Im Ergebnis halten Sie fest, „dass wir keine empirische Evidenz für die populäre Hypothese finden, dass die Erweiterung der gesetzlichen Mitbestimmung die Kapitalrendite negativ beeinflusst hat" (Kraft/Ugarkovic 2006: 600). Renaud (2007) kommt mit einem ähnlichen Untersuchungsdesign sogar zu dem Schluss, dass die erzwungene Quasi-Parität die Gewinne langfristig erhöht hat.

Fauver und Fuerst (2006) untersuchen, wie sich unterschiedliche Mitbestimmungsintensitäten – von Null bis überparitätisch – in den Aufsichtsräten auf den Börsenwert von deutschen Unternehmen im Jahr 2003 auswirken. Sie stellen nicht nur fest, dass die durch die Arbeitnehmerrepräsentanten erhöhte Kontrollqualität den Unternehmenswert deutlich erhöht, sondern auch, dass mit steigendem Mitbestimmungsgrad erhöhte Dividenden ausgezahlt werden, dass die Eigentümer dem Management gegenüber also gestärkt werden. Insbesondere in Branchen mit komplexen Produkten – wie etwa Logistik, Informationstechnologie oder Pharmazie – ist mit einer mehr als drittelparitätischen Mitbestimmung ein höherer Börsenwert zu erzielen.

Gemäß dem aktuellen Stand des empirischen Wissens muss also davon ausgegangen werden, dass Mitbestimmung nicht zu messbaren Effizienzeinbußen führt; aus ökonomischer Sicht ist die deutsche Regelung insofern unproblematisch.

Aus Sicht führender Repräsentanten der Arbeitgeberseite hingegen scheinen mitbestimmte Aufsichtsräte durchaus ein Problem darzustellen: Nachdem die Arbeitgeberverbände Ende 2004 bereits mit eigenen Reformvorschlägen – die auf eine Einschränkung der Mitbestimmungsrechte hinauslaufen – an die Öffentlichkeit getreten waren (BDA/BDI 2004), brachte die Biedenkopf-Kommission im Juni 2006 einen gemeinsamen Abschlussbericht von Vertretern der Unternehmen und der Arbeitnehmer nicht zustande, weil „die unterschiedlichen Positionen (...) sich als unüberwindlich" erwiesen (Kommission zur Modernisierung der deutschen Unternehmensmitbestimmung 2006: 7). Indem sie die deutsche Gesetzgebung als Standortnachteil kritisieren (BDA/BDI 2004: 7ff.), berufen sich die Gegner der Mitbestimmung dabei auf Argumente, die in offensichtlichem Widerspruch zu den Ergebnissen der empirischen Forschung stehen.

Ob eine reale Chance besteht, dass sich die Kritiker mit ihren Reformvorschlägen politisch durchzusetzen, ist allerdings allein durch den Hinweis auf diese Diskrepanz nicht abschließend zu klären. Denn wissenschaftliche Befunde sind für die politische Entscheidungsfindung nicht zwangsläufig ausschlaggebend; entscheidend ist nach gängigen Demokratietheorien nicht die Meinung der empirischen Sozialforschung, sondern die öffentliche Meinung.

C. Öffentliche und veröffentlichte Meinung

Dass die öffentliche Meinung im Kalkül politischer Akteure unbedingt zu berücksichtigen ist, war bereits in der Renaissance eine zentrale These einschlägiger Erörterungen (Machiavelli 1986: 141ff.), bevor Öffentlichkeit im Denken der Aufklärung dann zum konstitutiven Element einer vernünftigen Staatsordnung erklärt wurde (Kant 1923: 468f.). Auch wenn ausgesprochen fragwürdig erscheint, ob und inwiefern die Realität der Gegenwart dem aufgeklärten Ideal einer herrschaftsfrei räsonierenden Öffentlichkeit entspricht (Habermas 1990: 225ff.), ist die grundsätzliche Relevanz öffentlicher Meinung für das politische System unstrittig; „public opinion is uniformly recognized as a powerful force in democratic politics" (Johnson-Cartee 2005: 45). Konkret können Bürger oder kollektive Akteure direkt auf das politische System Einfluss nehmen, indem sie über die Mobilisierung von Öffentlichkeit an den Machterhaltungswillen der Regierenden appellieren. „Nur bei Strafe des Verlusts der nächsten Wahl können in Konkurrenzdemokratien politische Entscheidungsträger die öffentliche Meinung mißachten" (Gerhards 1992: 314). Zweifelhaft ist freilich, inwieweit Bürger Öffentlichkeit mobilisieren (können) und inwieweit sie von Öffentlichkeit, die heutzutage grundsätzlich massenmedial vermittelt ist, manipuliert werden (Habermas 1990: 275ff.).

Der massenmediale Charakter der Öffentlichkeit ist aus demokratietheoretischer Perspektive insofern prinzipiell problematisch, als die Massenmedien kaum als neutrale Agenten der Informationsvermittlung betrachtet werden können, sondern durch die Auswahl und Interpretation von Informationen selbst eine höchst aktive Rolle spielen (McQuail 2005: 523f). Massenmedien spiegeln die gesellschaftliche Realität nicht wider, sondern sind selbst konstitutiv für Realität; „[s]ie leisten einen Beitrag zur Realitätskonstruktion der Gesellschaft" (Luhmann 2004: 183). Die Realität, die der politischen Entscheidungsfindung zugrunde liegt, ist wesentlich die Realität der Massenmedien, die durch die Vorgabe von Interpretationsmustern die Wahrnehmung gesellschaftlicher Phänomene beeinflussen (Jasperson et al. 1998: 205f.). Politik ist demzufolge in erster Linie ein symbolischer Kampf um die Durchsetzung von Interpretationsschemata, der vor allem in den Massenmedien stattfindet (Gamson/Modigliani 1989: 2). Wer die Interpretationshoheit im massenmedialen Diskurs erlangt, verfügt über politische Macht; „der Diskurs (...) ist auch nicht bloß das, was die Kämpfe oder die Systeme der Beherrschung in Sprache übersetzt: er ist dasjenige, worum und womit man kämpft; er ist die Macht, deren man sich zu bemächtigen sucht" (Foucault 2007: 11).

Und diese Macht ist empirisch nachweisbar (McQuail 2005: 511f.), wobei aktuelle Nachweise vielfach auf dem Frame-Konzept basieren, mit dessen Hilfe der komplexe Zusammenhang zwischen massenmedialem Diskurs und öffentlicher Meinung einer systematischen Analyse zugänglich gemacht werden soll (Simon/Jerit 2007: 255f.). Unter „Frames" werden Interpretationsschemata verstanden, die eine spezifische Sichtweise auf ein reales Phänomen vermitteln: „To frame is to select some aspects of a perceived reality and make them more salient in a communicating text, in such a way as to promote a particular problem definition, causal interpretation, moral evaluation, and/or treatment recommendation for the item described" (Entman 1993: 52). Die Fakten, auf denen Medienberichterstattung beruht, haben demnach keine intrinsische

Bedeutung, sondern werden erst durch den Prozess des „Framing" bedeutungsvoll (Gamson 1989: 157f.). Frames generieren Sinn, indem sie die wahrgenommene Realität strukturieren und relevante von irrelevanten Aspekten unterscheiden (Snow/Vliegenthart/Corrigal-Brown 2007: 387). Massenmedien, die ihre Inhalte mit Hilfe von Frames organisieren, beeinflussen dadurch die Realitätswahrnehmung des Publikums und folglich auch die Wahrnehmung politischer Probleme (Scheufele 1999: 105), weshalb sie als wesentliche Determinanten der politischen Entscheidungsfindung in modernen Demokratien betrachtet werden können: „Frames in this light play a major role in the exertion of political power, and the frame in a news text is really the imprint of political power" (Entman 1993: 55).

D. Der massenmediale Diskurs über Mitbestimmung

I. Das Design der Analyse

Um den Verlauf der politischen Auseinandersetzung um die Mitbestimmung in Deutschland nachzuzeichnen und eine begründete Aussage über die politische Relevanz der unterschiedlichen Positionen treffen zu können, wäre es folglich von erheblichem Interesse, die dominanten Deutungsmuster – die Frames – von Mitbestimmung in den deutschen Massenmedien zu identifizieren. Dazu wird im Folgenden die Berichterstattung der Frankfurter Allgemeinen Zeitung (FAZ), der Süddeutschen Zeitung (SZ) sowie der tageszeitung (taz) zum Thema Unternehmensmitbestimmung in der Zeit zwischen 1998 und 2007 analysiert. Diese „Qualitätszeitungen mit hohem journalistischem Niveau" (Staab 1991: 73) erscheinen als Quellen für die Untersuchung des Mitbestimmungs-Diskurses zum einen prädestiniert, weil sie als publizistische Leitmedien fungieren, die von sämtlichen überregionalen deutschen Tageszeitungen von Journalisten am häufigsten als Informationsquellen genutzt werden (Weischenberg/Löffelholz/Scholl 1994: 163) und insofern über den Kreis der jeweiligen Leserschaft hinaus meinungsbildend wirken. Zum anderen decken sie einen großen Teil des politischen Spektrums der deutschen Presse ab: Auf einem „politischen Kontinuum" von 1 bis 3 – wobei 1 für links und 3 für rechts steht – ist die taz mit einem Wert von 1,6 im dezidiert linken Spektrum einzuordnen, während die SZ mit 1,8 eine eher zentrale und die FAZ mit 2,3 eine konservative Position einnimmt (Eilders 2002: 37). Insofern kann ausgeschlossen werden, dass die Analyseergebnisse lediglich die Argumentationsmuster eines bestimmten politischen Milieus widerspiegeln.

Meinungen kommen in der Presse am deutlichsten in den meinungsbildenden Darstellungsformen – also den Kommentaren und Leitartikeln – zum Ausdruck, auf die Normen journalistischer Neutralität keine Anwendung finden. Denn die wesentliche Funktion dieser Darstellungsformen besteht gerade in der Interpretation und explizit wertenden Stellungnahme zu aktuellen Ereignissen, Handlungen und Haltungen von Personen und Institutionen (Pürer 2003: 191). Frames im Sinne von Schemata, die die Interpretation und Bewertung von Phänomenen steuern, sollten folglich aus Kommentaren und Leitartikeln vergleichsweise leicht zu extrahieren sein, weil sie dort explizit gemacht werden (Gamson/Modigliani 1989: 17).

Aus diesem Grunde konzentriert sich die Analyse im Folgenden auf Kommentare und Leitartikel in der FAZ, SZ und taz, die sich im Untersuchungszeitraum mit dem Thema Unternehmensmitbestimmung befasst haben. Zur Identifikation dieser Texte wurde in den Datenbanken LexisNexis und F.A.Z.-BiblioNet nach Artikeln gesucht, die zwischen dem 1. Januar 1998 und dem 31. Dezember 2007 veröffentlicht wurden, als meinungsbildende Darstellungsformen gekennzeichnet sind und die Suchbegriffe „Unternehmensmitbestimmung", „paritätische Mitbestimmung" oder „Mitbestimmung UND Aufsichtsrat" enthalten. Als Ausgangsmaterial wurden so insgesamt 77 Beiträge bestimmt.

In einem nächsten Schritt wurden die ausgewählten Beiträge einer Inhaltsanalyse unterzogen, mit dem Ziel, das Framing von Unternehmensmitbestimmung in diesen Texten zu erfassen. Um das Vorhandensein eines bestimmten Frames nachzuweisen, müssen zunächst dessen konstitutive sprachliche Elemente bestimmt werden – die „framing devices" (Pan/Kosicki 1993: 59). Als Frame-Elemente wurden dabei in Anlehnung an Scheufele (2003: 127f.) Propositionen über Unternehmensmitbestimmung untersucht, wobei eine Proposition einer Informationseinheit entspricht, die ein Objekt über Attribute, Bedingungs- oder Sinnkomplexe sinnhaft einordnet. Betrachtet wurden sämtliche Propositionen, die Unternehmensmitbestimmung zum Objekt haben und als deren Urheber der journalistische Autor fungiert. Aussagen, die sich nicht direkt auf Mitbestimmung, sondern etwa auf das Verhalten von politischen Akteuren beziehen, sowie Aussagen, die explizit als Zitate erkennbar sind, waren also aus der Untersuchung ausgeschlossen. Dadurch sollte verhindert werden, dass Meinungen, die nicht mit der redaktionellen Position übereinstimmen, sondern mitunter Gegenstand einer kritischen Stellungnahme waren, fälschlicherweise als Hinweis auf entsprechendes Framing gedeutet werden.

Tabelle 1: Mitbestimmungs-Frames

Frame	Propositionen
Illegitimität	Unternehmensmitbestimmung ist ein Eingriff in die Eigentumsrechte von Aktionären; sie ist ungerecht gegenüber ausländischen Konzernkollegen.
Ineffizienz	Unternehmensmitbestimmung ist bürokratisch und begünstigt Kungelei in den Aufsichtsräten; dadurch führt sie zu verzerrten und unsachgemäßen unternehmerischen Entscheidungen; sie ist im internationalen Wettbewerb ein Nachteil für den Standort Deutschland.
Kontingenz	Unternehmensmitbestimmung ist eine nationale Eigentümlichkeit; sie ist ein historisch bedingtes Kuriosum des deutschen Wirtschaftssystems.
Systemstabilisierung	Unternehmensmitbestimmung ist eine gewerkschaftliche Errungenschaft, die zur Sicherung des sozialen Friedens beiträgt; sie ermöglicht den Beschäftigten, auf Augenhöhe mit dem Management zu agieren.

Die ermittelten Propositionen wurden in vier Kategorien eingeordnet, die für vier verschiedene Mitbestimmungs-Frames stehen, indem sie jeweils unterschiedliche Aspekte von Mitbestimmung betonen (Tabelle 1).

Als Codiereinheit wurde der Absatz gewählt – die kleinste Bedeutungseinheit in journalistischen Texten (Jasperson et al. 1998: 211). Jeder Absatz, der mindestens eine Proposition über Unternehmensmitbestimmung enthält, wurde in die Inhaltsanalyse einbezogen, indem die Präsenz jeder der vier Frame-Kategorien überprüft und mit 0 oder 1 codiert wurde. Zu jedem erfassten Absatz existieren also vier Beobachtungen.

II. Ergebnisse der Analyse

Insgesamt wurden aus den 77 Artikeln, die dem oben beschriebenen Suchalgorithmus entsprechen, 91 Absätze codiert – 60 aus der FAZ, 24 aus der SZ und sieben aus der taz. Es gibt in diesen Texten also 91 Absätze, die mindestens eine Proposition über Unternehmensmitbestimmung enthalten. Dass fast zwei Drittel der Untersuchungseinheiten aus der FAZ stammen, dürfte dabei mit der inhaltlichen Schwerpunktsetzung dieser Zeitung zusammenhängen, die als „Organ der deutschen Geschäftswelt und Industrie“ (Dohrendorf 1990: 12) Wirtschaftsthemen besonders ausführlich behandelt. Die eher

Tabelle 2: Frame-Präsenz nach Zeitungen

		Präsenz von Frames[a]			
	Codierte Absätze	Illegitimität	Ineffizienz	Kontingenz	System-stabilisierung
FAZ	n = 60	.30 (n = 18)	.65 (n = 39)	.28 (n = 17)	.03 (n = 2)
SZ	n = 24	.13 (n = 3)	.63 (n = 15)	.17 (n = 4)	.33 (n = 8)
taz	n = 7	.14 (n = 1)	.43 (n = 3)	.29 (n = 2)	.43 (n = 3)
Chi^2 (2)		3.2686	1.3136	1.2791	17.6556***

[a]Anteil der codierten Absätze mit entsprechenden Propositionen
*** Signifikanzniveau: 1 Prozent

marginale Bedeutung der taz als Quelle dagegen ist wohl auch auf deren vergleichsweise geringen Umfang zurückzuführen.

Ebenso wenig überraschend sind angesichts der politischen Positionen der untersuchten Blätter die Unterschiede in der Frame-Struktur zwischen den Zeitungen (Tabelle 2). Dass die FAZ im Vergleich zu SZ und taz systemstabilisierende Effekte von Mitbestimmung mit Abstand am seltensten betont, während die taz diesen Aspekt am häufigsten thematisiert, ist unschwer auf die konservative bzw. linke Weltanschauung dieser Zeitungen zurückzuführen.

Eher erklärungsbedürftig erscheinen hingegen die Ergebnisse im Hinblick auf die zeitliche Dimension. Bei der Betrachtung der zeitlichen Verteilung der Untersuchungseinheiten fällt auf, dass die Anzahl von mitbestimmungsbezogenen Propositionen im Laufe des betrachteten Zeitraums starken Schwankungen unterliegt (Abbildung 1). Während im Jahr 2004 insgesamt 18 Kommentare und Leitartikel zum Thema Unternehmensmitbestimmung mit 27 untersuchungsrelevanten Absätzen veröffentlicht wurden, gab es 1999 keinen einzigen entsprechenden Text.

Grundsätzlich kann diese Entwicklung als Indiz für eine zunehmend kritische Wahrnehmung von Mitbestimmung betrachtet werden. Denn als „Selektoren des Nachrichtenwesens" – also Kriterien für die massenmediale Relevanz von Informationen – gelten Brüche in Form von Diskontinuität und Konflikt, nicht aber Konformität, Einvernehmen oder Konstanz (Luhmann 2004: 141). Solange Mitbestimmung als kontinuierlich problemlos funktionierende Institution gilt, hat sie folglich keinen Nachrichtenwert und wird von den Massenmedien überhaupt nicht thematisiert. Erst Abweichungen von einem als Norm

Abbildung 1: Anzahl der codierten Absätze

vorausgesetzten Zustand – eine defiziente Funktionsweise – machen Mitbestimmung zu einem potentiellen Gegenstand des massenmedialen Diskurses. Dass die Anzahl der Texteinheiten zu diesem Thema in den letzten Jahren tendenziell gestiegen ist, spricht insofern für ein größeres Problembewusstsein.

Tabelle 3: Frame-Präsenz nach Zeiträumen

		Präsenz von Frames[a]			
	Codierte Absätze	**Illegitimität**	**Ineffizienz**	**Kontingenz**	**System-stabilisierung**
1998–2002	n = 20	.25 (n = 5)	.45 (n = 9)	.45 (n = 9)	.10 (n = 2)
2003–2007	n = 71	.24 (n = 17)	.68 (n = 48)	.20 (n = 14)	.15 (n = 11)
Chi^2 (1)		0.0095	3.4073*	5.2809**	0.3845

[a] Anteil der codierten Absätze mit entsprechenden Propositionen
* Signifikanzniveau: 10 Prozent; ** Signifikanzniveau: 5 Prozent

Und diese Entwicklung spiegelt sich nicht nur in der Textmenge, sondern auch in den Textinhalten, also dem Framing von Mitbestimmung im Zeitverlauf (Tabelle 3). Vergleicht man die Frame-Präsenz in den ersten fünf Jahren des Untersuchungszeitraums mit der in den letzten fünf Jahren, zeigt sich, dass der Anteil von Absätzen mit Ineffizienz-Propositionen von 45 auf 68 Prozent signifikant gestiegen ist. Die Präsenz der Kontingenz-Kategorie hat dagegen signifikant abgenommen – von 45 auf 20 Prozent.

Dass Unternehmensmitbestimmung in der Presse immer häufiger als ineffizient charakterisiert wird, ist dabei insofern bemerkenswert, als die aktuellen Befunde der empirischen Forschung – wie in Abschnitt 1 dargelegt wurde – gegen die These von der Ineffizienz dieser Institution sprechen. Während sich also in der Wirtschaftswissenschaft in den letzten Jahren zunehmend die Ansicht durchgesetzt hat, dass Mitbestimmung keine negativen Effekte auf die Unternehmensperformance hat, ist im massenmedialen Diskurs eine gegenläufige Tendenz erkennbar: Mitbestimmung erscheint zunehmend als Problem.

Auch dass der Anteil von Kommentaren, die Mitbestimmung unter dem Kontingenzaspekt thematisieren, zurückgegangen ist, spricht für eine Polarisierung der Debatte. Denn dass Mitbestimmung eine spezifische Eigenart des deutschen Wirtschaftssystems darstellt, ist an sich eine eher wertneutrale Feststellung, aus der sich kein zwingender politischer Handlungsbedarf ergibt. Die abnehmende Präsenz entsprechender Propositionen in Pressetexten kann mithin als Ausdruck einer sich verschärfenden Kontroverse interpretiert werden.

In der deutschen Presse hat demnach das Bewusstsein für ein Problem zugenommen, das aus Sicht der empirischen Sozialforschung kein Problem ist. Deren Befunde scheinen also für die Deutungsmuster der Massenmedien – zumindest beim Thema Mitbestimmung – keine entscheidende Rolle zu spielen, womit sich die Frage stellt, welche anderen Faktoren und Bedingungen den massenmedialen Diskurs maßgeblich prägen und die sozialwissenschaftliche Perspektive überlagern.

Dabei ist zu beachten, dass jegliche Information – auch wissenschaftliche Erkenntnis – den Selektionskriterien der Massenmedien genügen muss, um überhaupt Eingang in deren Diskurs zu finden. Obwohl sich meinungsbildende journalistische Darstellungsformen eher mit Hintergründen befassen, müssen auch sie auf einen aktuellen Anlass Bezug nehmen (Reumann 2003: 146f.) und damit dem Kriterium der Aktualität genügen. Die Neuheit eines wissenschaftlichen Befunds alleine garantiert noch keine massenmediale Aufmerksamkeit; die wiederholte Bestätigung dieses Befunds schon gar nicht. Vielmehr sind Informationen aus der Wissenschaft mit den Schemata der massenmedialen Berichterstattung prinzipiell schwer kompatibel, weil Wissenschaft einer verbreiteten Ansicht zufolge in ihren Aussagen möglichst große Allgemeinheit anstrebt (Popper 1976: 85), während das Interesse der Massenmedien gerade konkreten Einzelfällen gilt (Luhmann 2004: 68).

In ihrer grundlegenden Entwicklung dürfte die Karriere des Themas Mitbestimmung demnach vor allem durch die zeitliche Abfolge von Einzelfällen bestimmt worden sein. Und in der Tat lassen sich zumindest die auffälligsten Schwankungen in der massenmedialen Aufmerksamkeit mit konkreten Ereignissen in Verbindung bringen. Das Maximum im Jahr 2004 etwa fällt zusammen sowohl mit dem Abschlussbericht der Kommission Mitbestimmung von BDA und BDI und der viel zitierten Äußerung des damaligen BDI-Präsidenten Rogowski, der die Mitbestimmung als „Irrtum der Geschichte" bezeichnet hatte, als auch mit dem Urteil im Mannesmann-Prozess; auf mindestens eines dieser Ereignisse nimmt ein erheblicher Anteil der Zeitungskommentare des Jahres 2004 ausdrücklich Bezug (FAZ vom 20. Februar, 1. April, 18. Oktober, 23. Oktober und 10. November 2004; SZ vom 3. März, 20. Oktober und 17. November 2004). 2005 wiederum – als die zweitgrößte Textmenge des Untersuchungszeitraums veröffentlicht wurde – war das Jahr der VW-Affäre, auf die sich ebenfalls diverse Texte beziehen (FAZ vom 8. Juli, 1. und 25. August 2005; SZ vom 13. Juli 2005; taz vom 4. und 6. Juli 2005). Zwar sind weder der Mannesmann-Prozess noch die VW-Affäre Ereignisse, die ausschließlich oder auch nur vordergründig das Thema Unternehmensmitbestimmung betreffen würden, weil jedoch in beiden Fällen Arbeitnehmervertreter involviert waren, sind sie geeignet, als Anlass für Erörterungen von Mitbestimmung im Allgemeinen zu fungieren.

Während der Zusammenhang zwischen dem Ablauf realer Ereignisse und dem Ausmaß der Berichterstattung und Kommentierung von Mitbestimmung in Anbetracht der Selektionskriterien massenmedialer Inhalte unmittelbar einleuchtet, erscheint der Umstand, dass mit diesen Ereignissen offenbar auch eine Änderung des Framing von Mitbestimmung einhergeht, durchaus erklärungsbedürftig. Denn die inhaltsanalytisch erfassten Propositionen beziehen sich auf Mitbestimmung als Institution und nicht auf konkrete Einzelfälle. Dass die Wahrnehmung der Institution Mitbestimmung im Zeitverlauf immer kritischer geworden ist – dass die Präsenz des Ineffizienz-Frames zugenommen hat –, wäre nur dann eine logische Folge der realen Ereignisse, wenn aus den Einzelfällen eindeutig auf den Zustand der Institution geschlossen werden könnte. Ein derartiges Schlussfolgern stellt allerdings eine unzulässige Form der Induktion dar; allgemeine Aussagen können nicht aus der Addition von Einzelbeobachtungen abgeleitet werden, sondern bedürfen zu ihrer vorläufigen Bewährung einer methodisch fundierten deduktiven Überprüfung durch die Wissenschaft (Popper 1976: 3ff.).

Dass Mitbestimmung als solche im massenmedialen Diskurs – trotz konträrer Befunde der empirischen Forschung – zunehmend kritischen

Interpretationsmustern unterliegt, könnte insofern als Beispiel dafür betrachtet werden, wie Einzelfälle oder Kumulationen von Einzelfällen durch wissenschaftslogisch unzulässige Verallgemeinerungen eine ganze Institution in Misskredit bringen, und entspricht einer ebenso gängigen wie problematischen Argumentationsfigur der Massenmedien (McQuail 2005: 506).

Zugleich ist aber auch denkbar, dass über den hypothetisch unterstellten Zusammenhang zwischen realen Einzelfällen und dem Framing von Mitbestimmung hinaus noch andere Faktoren wirksam sind, die sich dem Design dieser Untersuchung entziehen. Nicht auszuschließen ist etwa, dass die veränderte Bewertung von Mitbestimmung einem generellen Wandel des politischen Klimas entspricht oder die Folge einer bewussten Diskursstrategie von Interessengruppen darstellt.

E. Fazit: Mitbestimmung in Empirie und Massenmedien

Wie auch immer das Zustandekommen des dominanten Deutungsmusters von Mitbestimmung in der deutschen Presse begründet sein mag – festzuhalten bleibt, dass zwischen dem massenmedialen Diskurs und dem Diskurs der empirischen Sozialforschung eine erkennbare Diskrepanz in der Wahrnehmung dieser Institution besteht. Während Wirtschaftswissenschaftler negative Effekte von Unternehmensmitbestimmung auf Rentabilität und Produktivität zunehmend ausschließen, heben Journalisten genau diese negativen Effekte zunehmend hervor und zwar in einem tendenziell steigenden Umfang. Während der steigende Umfang angesichts korrespondierender realer Ereignisse mit Mitbestimmungsbezug kaum überrascht, bleibt die Tendenz zu dezidiert negativen Frames erklärungsbedürftig, die, da sie sich auf Mitbestimmung im Allgemeinen beziehen, aus Einzelfällen eigentlich nicht ableitbar sind. Dass dies dennoch geschieht, verhilft der Position der Arbeitgeberseite – wie sie im Abschlussbericht der Kommission Mitbestimmung von BDA und BDI zum Ausdruck kommt – zu einer massenmedialen Präsenz, die in deutlichem Kontrast zur empirischen Fragwürdigkeit ihrer Prämissen steht. Zusätzlich heikel erscheint die journalistische Argumentationsweise dabei angesichts analoger Tendenzen im rechtswissenschaftlichen Diskurs. Denn auch auf die Auffassung von Juristen scheinen empirische Ergebnisse zu den ökonomischen Konsequenzen von Arbeitsrecht keinen oder allenfalls einen ambivalenten Einfluss auszuüben (Zachert 2007: 422). Ob sich Positionen, die ungeachtet der sozialwissenschaftlichen Empirie einer konsequenten Abschwächung arbeitsrechtlicher Regelungen das Wort reden, langfristig politisch durchsetzen können, dürfte dabei freilich auch von Faktoren abhängen, die über die Darstellungsmuster in der deutschen Presse und der juristischen Literatur hinausgehen – dem informellen Druck von Interessengruppen etwa (Mitchell 1997: 61ff.) oder Entwicklungen auf europäischer und internationaler Ebene (Windolf 2007: 68ff.). Nichtsdestotrotz stellt die Deutungshoheit im massenmedialen Diskurs ein nicht unerhebliches Moment im politischen Prozess moderner Demokratien dar, das weiterhin einer aufmerksamen Beobachtung bedarf. Auch Sozialforscher sollten also Zeitung lesen.

F. Literatur

Albach, Horst; Reinhard Clemens; Christina Friede (1985): Kosten der Arbeit: Einflußfaktoren der Personalaufwendungen in Abhängigkeit von der Unternehmensgröße. Stuttgart.

BDA; BDI (Hg.) (2004): Mitbestimmung modernisieren – Bericht der Kommission Mitbestimmung. Online im Internet: http://www.bda-online.de/www/bdaonline.nsf/id/958308CD8B487F37C1256F4D003E5994/$file/Bericht%20der%20Kommission%20Mitbestimmung.pdf. Abrufdatum: 15. Mai 2008.

Dilger, Alexander (2003): Economic Effects of Co-determination. In: Müller-Jentsch, Walther; Hansjörg Weitbrecht (Hg.): The Changing Contours of German Industrial Relations. München; Mering: 119–135.

Dohrendorf, Rüdiger (1990): Zum publizistischen Profil der Frankfurter Allgemeinen Zeitung. Frankfurt a. M. et al.

Eilders, Christiane (2002): Conflict and Consonance in Media Opinion: Political Positions of Five German Quality Newspapers. European Journal of Communication 17(2002)1: 25–63.

Entman, Robert M. (1993): Framing: Toward Clarification of a Fractured Paradigm. Journal of Communication 43(1993)4: 51–58.

Fauver, Larry; Michael E. Fuerst (2006): Does Good Corporate Governance Include Employee Representation? Evidence from German Corporate Boards. Journal of Financial Economics 82(2006): 673–710.

Foucault, Michel (2007): Die Ordnung des Diskurses. 10. Aufl. Frankfurt a. M.

Gamson, William A. (1989): News as Framing: Comments on Graber. American Behavioral Scientist 33(1989)2: 157–161.

Gamson, William A.; Andre Modigliani (1989): Media Discourse and Public Opinion on Nuclear Power: A Constructionist Approach. American Journal of Sociology 95(1989)1: 1–37.

Gerhards, Jürgen (1992): Dimensionen und Strategien öffentlicher Diskurse. Journal für Sozialforschung 32(1992)3/4: 307–318.

Habermas, Jürgen (1990): Strukturwandel der Öffentlichkeit. Frankfurt a. M.

Jasperson, Amy E. et al. (1998): Framing and the Public Agenda: Media Effects on the Importance of the Federal Budget Deficit. Political Communication 15(1998): 205–224.

Johnson-Cartee, Karen S. (2005): News Narratives and Framing: Constructing Political Reality. Lanham et al.

Kant, Immanuel (1923): Schriften von 1790–1796. Berlin.

Kommission zur Modernisierung der deutschen Unternehmensmitbestimmung (Hg.) (2006): Bericht der wissenschaftlichen Mitglieder der Kommission. Online im Internet: http://www.bundesregierung.de/Content/DE/Artikel/2001-2006/2006/12/Anlagen/2006-12-20-mitbestimmungskommission,property=publicationFile.pdf. Abrufdatum: 15. Mai 2008.

Kraft, Kornelius; Marija Ugarkovic (2006): Gesetzliche Mitbestimmung und Kapitalrendite. Jahrbücher für Nationalökonomie und Statistik 226 (2006)5: 588–604.

Küpper, Hans-Ulrich (1992): Mitbestimmung. In: Gaugler, Eduard; Wolfgang Weber (Hg.): Handwörterbuch des Personalwesens. 2. Aufl. Stuttgart: 1408–1419.

Luhmann, Niklas (2004): Die Realität der Massenmedien. 3. Aufl. Wiesbaden.

Machiavelli, Niccolò (1986): Il Principe – Der Fürst. Stuttgart.

McQuail, Denis (2005): Mass Communication Theory. 5. Aufl. London et al.

Mitchell, Neil J. (1997): The Conspicuous Corporation: Business, Public Policy, and Representative Democracy. Ann Arbor.

Pan, Zhongdang; Gerald M. Kosicki (1993): Framing Analysis: An Approach to News Discourse. Political Communication 10(1993): 55–75.

Popper, Karl R. (1976): Logik der Forschung. Tübingen.

Pürer, Heinz (2003): Publizistik- und Kommunikationswissenschaft. Konstanz.

Renaud, Simon (2007): Dynamic Efficiency of Supervisory Board Codetermination in Germany. Labour 21(2007)4/5: 689–712.

Reumann, Kurt (2003): Journalistische Darstellungsformen. In: Noelle-Neumann, Elisabeth et al. (Hg.): Fischer Lexikon Massenkommunikation. 2. Aufl. Frankfurt a. M.: 126–152.

Scheufele, Bertram (2003): Frames – Framing – Framing-Effekte: Theoretische und methodische Grundlegung des Framing-Ansatzes sowie empirische Befunde zur Nachrichtenproduktion. Wiesbaden.

Scheufele, Dietram A. (1999): Framing as a Theory of Media Effects. Journal of Communication 49(1999): 103–122.

Simon, Adam F.; Jennifer Jerit (2007): Toward a Theory Relating Political Discourse, Media, and Public Opinion. Journal of Communication 57(2007): 254–271.

Snow, David A.; Rens Vliegenthart; Catherine Corrigal-Brown (2007): Framing the French Riots: A Comparative Study of Frame Variation. Social Forces 86(2007)2: 385–415.

Staab, Joachim (1991): Struktur eines publizistischen Konflikts: Die Berichterstattung über das „Soldatenurteil" in der überregionalen Tagespresse der Bundesrepublik Deutschland. Kölner Zeitschrift für Soziologie und Sozialpsychologie 43(1991)1: 70–85.

Weiber, Rolf; Andreas Stockert (1987): Rechtseinflüsse auf Personalentscheidungen: Eine konfirmatorische Analyse. Stuttgart.

Weischenberg, Siegfried; Martin Löffelholz; Armin Scholl (1994): Merkmale und Einstellungen von Journalisten in Deutschland. Media Perspektiven (1994)4: 154–167.

Windolf, Paul (2007): Mitbestimmung im Institutionen-Wettbewerb. In: Sadowski, Dieter et al. (Hg.): Perspektiven der Corporate Governance. Baden-Baden: 55–75.

Zachert, Ulrich (2007): Der Arbeitsrechtsdiskurs und die Rechtsempirie: Ein schwieriges Verhältnis. WSI Mitteilungen (2007)8: 421–426.

www.ingramcontent.com/pod-product-compliance
Ingram Content Group UK Ltd.
Pitfield, Milton Keynes, MK11 3LW, UK
UKHW021854290926
8980IPUK00005B/840

9 783631 681145